中西會通四聖諦——苦

超越與實在

牟宗三
的科學觀

黃光國 著

校訂序

國家講座教授黃光國先生於 2023 年 7 月 30 日在睡夢中離世，安詳地走完了 80 年的人生旅程，留下我們永恆的追思與感恩。光國老師也是我的恩師，他的突然離去，我想很多人跟我一樣真的無法接受，越想越難過。但我想，他希望我們紀念他的方式，是對其學術進路的「批判性繼承來創造」，這也是他常說的：「你們不要成為我的樣子，你們要利用我」。

我與恩師第一次單獨會面大約在 2000 年左右，他指出我們做的分離獨立研究，是全盤接受西方理論，也就是恩師常提到「怪異」心理學，西方的心理學理論不一定都適用在我們儒釋道的文化，從此我開始採取恩師的知識論與學術路徑。本人 2003 到 2008 年前往英國愛丁堡攻讀心理學博士學位，接著回國教書到現在這 23 年間，以敬慎的心態，實踐恩師融貫西方知識論與東方儒釋道智慧再詮釋的進路。我印象最深刻的是恩師希望我們找到人生的道，本人的人生之道，就是實踐恩師所提出對儒釋道的再詮釋，來對「怪異」（WEIRD-Western、Educated、Industrialized、Rich 和 Developed 縮寫）心理學進行科學革命，提出我們自己文化的心理學理論與實徵研究，可以補足「怪異」心理學的不足，並利益更多人。在這人生的道上，有幸得到恩師超過 20 年的帶領與啟發；我們一起學習、討論、四處講學與旅遊、出版學術專刊與專書，及成立中華本土社會科學學會。

光國老師的著作與演講常常提到牟宗三，在我看來他是借牟宗三的話來說明自己要做的事，恩師常常提到我們華人學者要真正恢復「儒家人文主義」的道統。他提到牟宗三說得很清楚，道統是道德宗教，學統核心是科學，政統就是民主政治。道統是一種比科學知識更具綱維性的聖賢之學，是立國之本與精神實體、是文化創造的源泉，是政統和學統的生命和價值之源，政統和學統是道德的客觀實現，失去了道統，政統和學統就會步步下降，日趨墮落；而失去政統與學統，道統也會日益枯萎和退縮。他以為，三統之建立，就是「儒家人文主義」的真正完成，其中「儒家人文主義」是包含了儒釋道智慧的。但是儒家的「道統」，要「吸納希臘傳統」，開出獨立之「學統」，則他力有未逮，有待後人繼續努力，這是苦

的開始，也隱喻了學術界的苦迫現實。

他由衷希望我們華人學術社群必須懂得如何吸納西方文明之優長，建構「含攝文化的理論」，來說明自己的文化傳統，才能真正恢復「儒家人文主義」的道統，達成牟宗三「三統並建」的心願。他認為華人社會科學界若想走出被邊緣化的困境，一定要對於源自西方的「形構之理」和源自中華文化傳統的「存在之理」有「相應的理解」。將儒釋道智慧進行科學詮釋，並說明清楚，並對「怪異」心理學與社會科學進行科學革命。這也是我們選擇於 2018 年 11 月 3 日（恩師生日的隔天）創立思源學會（中華本土社會科學學會）的最大原因。

恩師生前的最大心願，就是將其執行中的國科會計畫撰寫的四本書出版，他曾跟本人說過，這將是他一生最後與最重要著作。我非常清楚恩師的策略確實可行，並將有助於建立學術研究的主體性，而這四本書是有機會以儒家文化作為主體，吸納西方文明的菁華，「中學為體，西學為用」，建立「儒家人文主義」的學術傳統，並邁向自主的社會科學。恩師突然離世，我悲痛無以言說，但我想，紀念恩師最好的方式，是化悲傷為力量，將其這四本書完成出版。

恩師基本上已經將這四本書寫完，我和國立高雄師範大學諮商心理復健諮商所博士生吳毅宸、碩士生方愉欣、吳宜臻、本土社會科學研究中心張家群博士後研究員及屏東大學教育心理與輔導學系崔珺甯碩士生，校稿三次以上，並確認古文的引用來源與參考文獻。我們完全保留恩師的原句，除非有錯字或不通順處才修改。我在校稿的過程中，恩師就如同陪伴在我身邊一樣，可以感受到他的身影與諄諄教誨，心中跟他對話與詢問問題無數次，只是已少了他一貫有精神與認真的聲音回應。

感謝中央研究院葉光輝研究員協助出版，並引薦五南圖書出版公司。感謝五南圖書王俐文主編及工作同仁的排版與最後的出版事宜。最後感謝恩師遺孀，黃鳳英女士發心大愛，同意將老師的遺作出版，並不時精神與實質的鼓勵我們校稿團隊。

以下也簡介這四本書的內容，讓讀者了解恩師的寫作脈絡與對我們的願望：

「苦」：《超越與實在：牟宗三的科學觀》

　　「苦」如人患病，閱讀相關文獻的過程中，光國老師才發現：曾經獨立將康德三大批判書翻譯成中文的牟宗三，對於康德知識論的理解竟然有著「系統性的偏誤」！

　　這種「系統性偏誤」的產生，在於不了解中西文明的根本差異。這個差異正是華人社會科學本土化運動難以落實的關鍵所在。因此光國老師下定決心撰寫這本書，以牟宗三為例，仔細分析作為華人社會科學家「共業」之「苦」。

「集」：《科學哲學的演化系譜》

　　「集」是生病的原因，就是不了解科學哲學，今天非西方國家的知識分子要想發展本土社會科學，必須對西方科學哲學的發展系譜先有相應的理解，然後才能針對自己在發展本土社會科學時所遭遇到的難題，對症下藥，提出適當的解決方案。「科學」哲學，則是十七世紀啟蒙運動發生之後，才開始萌芽發展。這樣發展出來的科學哲學，可以看作是一個「知識系統」（system of knowledge），它的各個不同副系統之間，存有一定的辯證性關係，並構成一個發展的系譜。在這本書中，光國老師將先說明該書各章節之間的系譜關係，然後再說明光國老師如何以之作為基礎，發展出以多重哲學典範（multiple philosophical paradigms）的知識論策略。

「滅」：《余英時的歷史與思想》

　　「滅」如病已痊癒，在本書中，光國老師提出因為「現代化」或「西化」是中國知識分子的共業，批判余英時，就等於是在批判我們自身。本書分為三大部分，前兩部分從不同的面向，分別討論余英時的「意識形態」和「背景視域」，第三部分則深入批判他的學術著作。書中也提出唯有保持誠敬之心，用儒家「慎獨」的工功夫，以清冷的批判意識，不斷進行反思和自我批判，我們才有可能避免重蹈「自我殖民」的覆轍，才能逐漸揮別「學術買辦」的世代。

「道」：《儒理與般若：自性的修養》

　　「道」如治病的藥方，有兩本書，已經出版的是《宋明理學的科學

詮釋》；這一本書提出西方文化「自我」與中華文化傳統「自性」的形式架構。再從榮格自我心理學的角度，說明中華文化傳統的自性特色，在其為「行動的智慧」。在這些形式架構中，是未來華人文化發展最重要的方向，應當是「轉智成知」，將蘊涵「存在之理」的華人文化傳統，轉化成「客觀知識」，它才有可能進入學校體制，傳授給下一代，讓他們能夠「轉知成智」，將這些知識轉化成為「智慧」，解決自己在日常生活所遭遇的問題。

夏允中

國立高雄師範大學諮商心理與復健諮商研究所教授／國立東華大學榮譽教授
中華本土社會科學會理事長／中華生命電磁科學會理事長

作者簡介

黃光國　國家講座教授（1945 年 11 月 6 日－2023 年 7 月 30 日）

　　黃光國（文後稱黃氏）出身台北大稻埕的世家望族，祖父黃煙篆曾任直系將領孫傳芳的醫生，父親黃子正更長期擔任滿洲國皇帝溥儀的御醫，他在四歲前因國共內戰爆發，在長春圍困戰全面開打前，隨母親逃難至台灣，因而倖免於大難，這個經歷，令他畢生珍惜且倡導兩岸和解共生。

　　黃氏畢業於美國夏威夷大學社會心理學博士，致力於結合東、西方文化，以科學哲學作爲基礎，發展本土心理學與心理治療理論。並於 2018 年 11 月 3 日與一群理念共同的學者成立「社團法人中華本土社會科學會」（Chinese Indigenous Social Science Association，英文簡稱 CISSA，中文簡稱「思源學會」）。創會目的在於推廣本土社會科學、期許世界各國學術研究方向貼合自身文化脈絡，並展開溝通、交流，發展全球本土社會科學。由華人社會科學之實驗場域出發，發揮引領作用，特別著重華人本土社會科學的理論架構與在地實踐，關注如何根據華人社會的實況，研究並且推動相應的自主學術，進而與社會大眾及國際社群介紹最新之學術成果，從而能將華人本土社會科學的發展經驗分享給其他國家，共謀理論與實踐，裨益全球本土社會科學的永續發展。

　　黃氏智慧深厚，著作等身，學貫中西。曾於國際期刊及專書中發表論文 140 篇，並獲得國科會傑出研究獎三次、優良研究獎十餘次、教育部國家講座教授兩次，被認定爲世界頂尖 2% 科學家（2% top scientists of the world）之一，曾任台灣大學終身特聘教授，台大講座、傑出人才講座、總統府國策顧問、海峽交流基金會顧問、文化中國研究中心創辦人、中華本土社會科學會（思源學會）榮譽理事長、亞洲社會心理學會會長、亞洲本土及文化心理學會會長。新冠疫情發生後，綜合歷年研究心得撰寫「中西會通四聖諦」書系。

　　以上簡介其整體學術理念及學術表現，冀能使大眾認識這位貢獻卓著的學者！

自序

本書題爲《超越與實在：牟宗三的科學觀》，是我寫中西會通四聖諦「苦、集、滅、道」的第一本。我從 1980 年代初期開始參與社會科學本土化運動之後，心中經常思考著一個問題：港台學術界在國際上占有一席之地的學派，唯有新儒家而已。爲什麼新儒家對台灣的社會科學本土化運動似乎沒有產生任何影響？

新儒家的困境

1990 年代中期之後，台灣的心理學本土化運動產生路線之爭，我發現：非西方國家的心理學本土化運動之所以未能獲得實質的建展，關鍵並不在於心理學自身，而是在於心理學者對於科學哲學缺乏相應的理解，因而下定決定撰寫《社會科學的理路》（黃光國，2001）。在閱讀相關文獻的過程中，我才發現：曾經獨立將康德三大批判書翻譯成中文的牟宗三，對於康德知識論的理解竟然有著「系統性的偏誤」！

這種「系統性偏誤」的產生，在於牟宗三爲了完成自己的哲學思想體系，而不得不刻意對康德知識論中的核心概念作有系統的扭曲。再深入追索牟宗三這麼做的緣由，我們就可以看出中西文明的根本差異。這個差異正是華人社會科學本土化運動難以落實的關鍵所在。因此我下定決心撰寫這本書，仔細分析作爲華人社會科學家「共業」之「苦」。

本書初稿完成於 2021 年。其後爲了配合我自己的寫作進程，經過幾次大幅度的增刪修改，直到「苦、集、滅、道」整個書系接近完工，才能夠寫出這本書的定稿。因此，在說明本書的內容之前，有必要先對整個書系做簡要的介紹，以便讀者了解這本書在整個書系中的位置。

兩極化的學術評價

多年來，我始終主張以西方的科學哲學作爲基礎，發展本土社會科學。在我看來，非西方國家的本土社會科學之所以無法獲得突破性的進展，其理由跟新儒家難以爲繼一樣，在於對西方的科學哲學缺乏相應的理解。因此，我根據自己多年的研究心得，撰寫了一本《科學哲學演化

系譜》，仔細說明各種哲學思想之間的辯證性關係。將來《社會科學的理路》改版時，會將最後一章〈批判實在論〉調整爲第一章，並在每一章之後加一段「文化反思」，說明它在社會科學本土化運動中的可能運用。

2018 年 8 月 1 日，史學泰斗余英時院士辭世，海內外一片哀悼之聲。大陸學術界盛讚他是「中國學術第一人」，自稱跟他關係「情同師友」的龔忠武，卻公開發表兩篇長文，批評他是「海外買辦學人」。我原本是余院士的「粉絲」，存有許多他的著作。當時覺得十分好奇，一個眞正的「史學泰斗」身後怎麼會有如此兩極化的評價？取出他的著作仔細看過，才發現龔忠武所言不虛。

雙重邊緣化的困境

1991 年余英時教授曾經在夏威夷「文化反思討論會」上作過一場演講〈中國知識分子的邊緣化〉。其講稿的結尾部分感嘆：「這一百年來，中國知識分子一方面自動撤退到中國文化的邊緣，另一方面又始終徘徊在西方文化的邊緣，好像大海上迷失了的一葉孤舟，兩邊都靠不上岸。」

在這篇講稿中，余英時（1991）從歷史學者的角度，檢視清末民初以來，中國知識分子在激烈政治和社會變遷過程中如何被「邊緣化」，並在結論一節中指出：

十八世紀歐洲的「啟蒙」是一種「內明」，它上承文藝復興對於古典的推陳出新和宗教改革對於基督教的改造，再加上十六、七世紀的科學革命。中國「五四」後期所歌頌的「啟蒙」則是向西方去「借光」。這好像柏拉圖在《共和國》中關於「洞穴」的設譬：洞中的人一直在黑暗中，從來看不清本相。現在其中有一位哲學家走出了洞外，在光天化日之下看清了一切事務的本來面貌。他仍然回到洞中，但卻永遠沒有辦法把他所見的眞實告訴洞中的人。

這個洞穴寓言非常貼切地指出華人學術界的根本問題所在。可是，仔細閱讀余院士的著作，我才發現：余院士雖然以那位「走出洞穴」的長者自居，可是，他的學術路線跟本書系主張的「文化系統」研究取向背道而

馳。如果盲目跟從他的主張，根本不可能走出「雙重邊緣化」的困境，僅
倒可能變成同一類的「買辦學人」而不自覺！因此我在《亞洲週刊》和《中
國評論》上發表了一系列批評他學術路線的文章，並決定將這些文字收集
成一本《余英時的歷史與思想》，列於本書系的「滅」部。

朱子的價值世界

從本書系的角度來看，朱熹和玄奘是中國歷史上兩位十分重要的文化
巨人。玄奘大師的《成唯識論》使佛教之義和儒家心性論互相結合，爲漢
傳佛教奠下扎實的基礎；朱子以其理學思想編訂《四書章句集注》，成爲
日後科舉考試的主要內容。然而，余英時晚期煌煌兩鉅冊的名著《朱熹的
歷史世界》卻避而不談其「價值世界」。因此，本書系第四部分包含兩本
書：《宋明理學的科學詮釋》和《玄奘與榮格：自性的探索》，前者聚焦
於分析朱子理學的價值世界，希望能藉此走出本土社會科學之道。

爲了幫助華人學術社群走出這種「雙重邊緣化」的困境，本書系堅持
探取「文化系統的研究取向」（cultural system approach）；本書第一部分
在敘說牟宗三對康德知識論作出「系統性誤譯」的時代背景之後，爲了說
明西方科學哲學中的核心概念具有內在關聯性，本書第二部分「科學哲學
溯源」，追溯西方科學的根源，析論畢達哥拉斯所創立的學派，和柏拉圖
學園形塑出以托勒密「地心說」作爲核心的「知識型」。

康德的「啟蒙」與「遮蔽」

依照傅科（Michel Foucault, 1926-1984）在《詞與物》（1966/1970）
一書中的說法，所謂「知識型」（episteme）是「使知識成爲一定思想形
式的歷史」，它處理必然的、無意識的和匿名的思想形式，它是「歷史的
先在」（historical a prior），「在一已知時期，在總體經驗中劃定知識領域
的界線，定義該領域中之對象所顯現的存在模式（the mode of being），以
理論的方式界定人們每日知覺並視之爲眞實事物的條件」。「知識型」是
思想的基底，在一特定的時代中，它是潛藏在所有人類知識傾向底下的心
靈超結構，是一個類似「先驗歷史」的概念格架。

從西元 476 年西羅馬帝國滅亡，到第十五世紀，鄂圖曼土耳其人攻陷

君士坦丁堡，這長達千年的「中世紀」，基督教徒在第十一世紀發動的十字軍東征，將古希臘文明帶回歐洲，和篤信「三位一體」的基督教信仰互相結合，種下歐洲「文藝復興」的契機。十五世紀，第谷的天文學觀測和克普勒的「天體運行說」則為歐洲的「黑暗時期」帶來了曙光。

牛頓所著《自然哲學的數學原理》一書問世，象徵著歐洲「文藝復興運動」的結束；康德哲學的完成則代表歐洲啟蒙運動的開始。康德可以說是當時歐洲最重要的思想家。他的知識論繼承了歐洲哲學「二元論」的核心理念，成為後來科學哲學的主流。一個文化系統的最大長處，往往也蘊藏著它的最大短處。康德他在著手寫《認識心之批判》之前，先完成一本小書《通靈者之夢》，他的知識論將歐洲文化中的「理性主義」帶上了最高峰，同時也排除了所有的傳統形上學，對於人類心性的理解，造成嚴重的「遮蔽」。

「有機論」與「機械論」的對比

本書第三部分說明：《易經》是中華文化的根源，《易經》的「陰陽氣化宇宙觀」可以溯源至河圖洛書。在這樣的宇宙觀中，「太極」是「體」，大易哲學中的「象、數、氣、理」則為其「用」。道家以「體知」和「觀復」的方法探索外在世界，產生出李約瑟所謂「有機論」的科學，跟西方近代「機械論」的科學形成明顯的對比。

然而，單只用「有機論」和「機械論」來區分中國傳統科學和西方近代科學的不同，並不足以讓我們看出中國文化發展的內部動力。因此，本書第八章以較長的篇幅，回顧天文學和曆數在中間的發展史。以之與本書第二部分互相對照，則可以看出《周易》文化「廣大悉備」而又「漏洞百出」的缺點。

不論是從《宋明理學的科學詮釋》看儒學的發展，或是從本書看天文學和藥理學的發展，整體而言，中華文化發展的四大方向，都是由追求形而上的「道」，轉向追求「理」，亦即在追求客觀的知識體系。為了要達成這樣的目標，中國傳統的「體用觀」是有所不足的。

然而，追求「內在超越」畢竟是中華文化傳統的最大特色。本書第九章追溯《本草綱目》的起源，說明朱熹著《周易參同契考異》，將通靈現

象解釋成「精神之極也」，「非鬼神之力也」，然後析論王世貞著〈本草綱目序〉和《曇陽大師略傳》，寫曇陽子「跨龍升天」的故事，跟康德所作的《通靈者之夢》，正好成爲理解當時中、西兩種文化系統的極佳範例。

徐復觀的學術觀

本書第四部分「體用觀與外在超越」指出：牟宗三的老師熊十力是中國傳統「體用觀」的繼承者，他綜合大易哲學和印度佛學寫成的《新唯識論》，是「援佛入儒」的代表性著作；而「內在超越」則是新儒家爲了解決「中西會通」的困難，所提出的對應性概念。由這個概念所引發的爭議，可以看出「中西會通」的困難所在；由華人學者對翻譯「先驗」和「超越」的猶疑，則可以看出中西兩種文化系統的根本差異。

第十二章「無限智心」及其「自我坎陷」的文化反思進一步說明：牟宗三企圖以「中哲化西哲」的進路傳承儒家，其整體論述所產生的內在矛盾。針對這樣的問題，本章刻意引用徐復觀的學術觀，對於港台新儒家的學術路線做較爲深入的反思與批判。徐復觀早年從政，曾經當過國民黨蔣委員長侍從室的核心幕僚，深受熊十力器重，國民政府撤守台灣之後，決心轉向學術發展。他嚴厲批判其新儒家前輩偏好建構形而上學思想體系的學術路線，主張「形而中學」，並肯定朱子理學的發展方向。

徐氏的學術觀跟本書系主張的文化系統研究取向不謀而合。具體而言，新儒家代表人物牟宗三採取的「哲學進路」，及其老師熊十力採取的「玄學進路」，留下了許多未解的難題，必須用傳承儒家的「科學進路」來加以解決。因此，本書後一章特別引用《內聖與外王：儒家思想的完成與開展》一書中所建構的「自我」與「自性」的心理動力模型，重新詮釋牟宗三所說的「無限智心」和熊十力所說的「性智顯發」，藉以說明：儒家文化必須吸納作爲西方文明之優長，以西方的科學哲學爲基礎，將自己的文化傳統建構成客觀的知識體系，如此才有可能建立儒家人文主義的自主學術傳統，完成牟宗三（1988）「三體並建」的心願。

目　錄

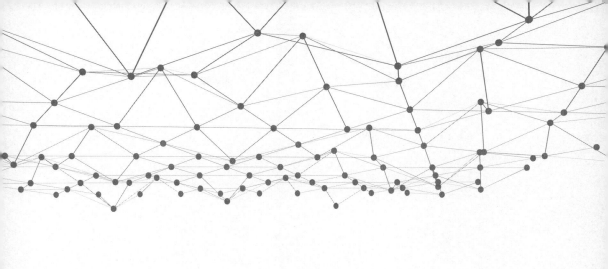

第一部分
牟宗三的時代及其科學觀

第一章
「西化」意識型態下的終極關懷

本書題為《超越與實在：牟宗三的科學觀》。牟宗三（1909-1995）是山東棲霞人，天資聰穎，自青年時期，即潛心精研中、西哲學，二十七歲出版《從周易方面研究中國之玄學與道德哲學》，此後即著述不斷，累積極為豐富的哲學寶藏。臨終時自謂：「一生著述，古今無兩」（顏炳罡，1995；蔡仁厚，1996），堪稱現代新儒家的靈魂人物（方克立、鄭家棟，1995）。

從五四時期以來，對引介西方哲學以整理中國文化傳統下功夫最深者，莫過於牟宗三。他在當時中國知識界「全盤西化」的潮流下，毅然決定以重整儒家「道統」做為終身志業。國共戰爭結束，國民政府撤守台灣，他先是流亡香港，後來又轉到台灣師範學院任教，1954 年設立「人文友會」，開始收受弟子，定期講學，使新儒家成為當時華人學術界唯一的學派。

他在學術上最重要的成就，是獨立將康德的三大批判書翻譯成中文，然後以之作為對照，梳理儒家文化傳統，撰成三巨冊的《心體與性體》（牟宗三，1968-1969）。在當時「實證主義」知識型的壟罩之下，他無法預知康德知識論在科學哲學演化系譜中所扮演的重要角色；又因為要完成自己的哲學思想體系，而刻意曲解康德知識論中的核心概念，致使港台新儒家日後的發展受到侷限，無法達成他「三統並建」的心願。

為了闡明以上的論點，本書第一章將先說明：何謂中國文化之「學統」。在五四時期「全盤西化」的洪流下，牟宗三又如何慧眼獨具，提出「三統並建」的宏願。

第一節　新儒家的宏願

1958 年，張君勱、唐君毅、牟宗三和徐復觀四人在香港發表〈為中國文化敬告世界人士宣言〉，他們指出：「中國文化必當建立一統理論的科學知識之世界，或獨立之科學的文化領域，即科學知識之傳承不斷之統。」

然而，中國人要如何建立這種「學統」呢？他們認為：要具備這種西方理論科學的精神，中國必須要能夠「暫收斂其實用的活動，與進德的目標」，「而此道德的主體之要求建立其自身兼為一認識的主體時，此道德主體須暫忘其為道德的主體，即此道德之主體須暫退歸於此認識之主體之後，成為認識主體的支持者，直俟此認識的主體完成其認識之任務後，然後再施其價值判斷，從事道德之實踐，並引發其實用之活動。此時人之道德主體，遂升進為能主宰其自身之進退，並主宰認識的主體自身之進退，因而更能完成其為自作主宰之道德的主體者。」

普遍的精神實體

此後半個世紀，他們在港台聚徒講學，使新儒家成為二次大戰結束之後，世界上能夠代表中國學術的唯一力量。牟宗三（1988）在他所著的《歷史哲學》中指出：

就個人言，在實踐中，個人的生命就是一個精神的生命，精神的生命涵著一個「精神的實體」。此實體就是個人生命的一個「本」。就民族言，在實踐中，一個民族的生命就是一個普遍的精神生命，此中涵著一個普遍的精神實體。此普遍的精神實體，在民族生命的集團實踐中，抒發出有觀念內容的理想，以指導它的實踐，引生它的實踐。觀念就是它實踐的方向與態度。（頁 1-2）

牟宗三認為：「實踐」是精神生命表現其理想（尤其是道德理想）的活動，脫離了精神生命及其理想，便無「歷史」可言。每一個民族都有其「普遍的精神實體」，歷史即是「普遍的精神實體」在實踐中表現其觀念

的過程。然而，因爲人類有動物性，故精神實體本身只能在動物性底限制下表現其觀念，在這兩種力量的拉扯之下，決定了各民族有不同的文化系統與觀念型態。

對於形塑中國人「普遍的精神實體」而言，影響最大的，莫過於儒家文化傳統。在〈儒家學術之發展及其使命〉中，牟宗三（1982）將儒學哲學的關係分爲三個大時代（three epochs）：

(1)先秦儒學：以孔、孟、荀爲代表。

(2)宋明理學：以周、張、程、朱、陸、王爲代表。

(3)當代新儒家：由熊十力先生開出，以唐（君毅）、牟（宗三）、徐（復觀）爲代表。

三統並建

牟宗三畢生研究中國文化，其目的在於重建中國文化，開出中國文化的新型態。他認爲：唯有道統、學統、政統三統並建，儒家式人文主義徹底透出，才能開出中國文化的新型態。他說：

道統之肯定，此即肯定道德宗教之價值，護住孔子所開闢之人生宇宙之本源。

學統之開出，此即轉出「知性主體」以融納希臘傳統，開出學術之獨立性。

政統之繼續，此即由認識正體之發展而肯定民主政治爲必然。

道統是道德宗教，學統核心是科學，政統就是民主政治。牟宗三認爲：道統是一種比科學知識更具綱維性的聖賢之學，是立國之本、是文化創造的源泉，是政統和學統的生命和價值之源。政統和學統是道德的客觀實現，失去了道統，正統和學統就會步步下降，日趨墮落，而失去政統與學統，道統也會日益枯萎和退縮。他以爲，三統之建立，就是「儒家式人文主義」的眞正完成，也就是儒家眞正轉進第三期之發展。

就中西文化的關係而言，「三統並建」之說可以說是孔孟陸王心性之學同西方的民主與科學相融和的產物。在他看來，儒家道德宗教的「道

統」是中國文化之所長，而民主與科學是西方文化之所長，爲中國文化之所短。中西文化自然融和，長短互補，才能解決彼此的困難；中國文化只有融納了西方的民主與科學，才能開出新的型態，實現其理想。但在這種融和的過程中，中國文化是根本和核心，西方文化是末、是用。在我看來，這個論點基本上是可以接受的。

牟宗三認爲：他在學術研究上畢生所作的努力，就是要梳理「儒家人文主義」的統緒，肯定孔子所開創的儒家文化的「道統」。至於「轉出『知性主體』容納希臘傳統」，以開出「自主的學術傳統」則可謂一事無成。爲什麼呢？

要回答這個問題，我們必須深入探討：他是在什麼樣的時代背景之下，受什麼人的影響，而形成他學術志業的終極關懷。這樣的影響又如何形塑他對中國文化傳統的基本信念，而跟他所引介的西方哲學發生尖銳的衝突。因此，本章將先討論：在五四時期的文化氛圍中，牟宗三如何形成其終極關懷。下一章將進一步析論：熊十力對牟宗三的思想如何產生巨大的影響。再據此析論：在中國文化傳統的影響之下，牟宗三對康德知識論的翻譯和介紹，如何產生「系統性的偏誤」。

第二節　社會達爾文主義

在牟宗三形成其終極關懷並決定其志業的民國初年，盛行於中國知識界的三種意識型態是：社會達爾文主義、科學主義和反傳統主義。這三種意識形態是從清朝末年以來的歷史條件下形成的。中國之開始決心學習西方文化，始自於清末列強勢力的入侵中國。鴉片戰爭（1839-1842）失敗之後，清廷的一班士大夫在感時憂國的情緒下，形成了自強運動。當時魏源主張「師夷之長技以制夷」，馮桂芬主張「鑒諸國」，王韜主張「用夏變夷」，鄭觀應主張「中學爲內，西學爲外」、「中學爲本，西學爲末」；最後則形成張之洞「中學爲體，西學爲用」的理論，爲接受西方科技作了鋪路工作（李恩涵、張朋園，1977）。

物競天擇，適者生存

1895 年，中國在甲午戰爭中敗於新興的日本，嚴復在天津報上連續發表四篇文章，反覆說明「物競天擇」、「弱肉強食」、「優勝劣敗」、「適者生存」的原理，引起知識界的強大震撼。他接著譯成赫胥黎（T. H. Huxley）的《天演論》和斯賓塞（H. Spencer）的《群學肄言》二書，造成廣大的影響。他在翻譯亞當・史密斯（A. Smith）的《原富》和穆勒（J. S. Mill）的《自由論》時，甚至也將社會達爾文主義的文辭滲入他所改寫的譯文之中（Schwartz, 1964），使社會達爾文主義的概念廣為國人所知（Pusey, 1983）。

胡適（1966：49-50）在他的《四十自述》中，曾經追憶當時的情況：《天演論》出版之後，不上幾年，便風行到全國。「讀這書的人，很少人能了解赫胥黎在科學史和思想史上的貢獻，他們能了解的只是那『優勝劣敗』的公式在國際政治上的意義。」「在中國屢次戰敗之後，在庚子辛丑大恥辱之後，這個『優勝劣敗，適者生存』的公式確是一種當頭棒喝，給了無數人一種絕大的刺激。幾年之中，這種思想像野火一樣，延燒著許多少年人的心和血。『天演』、『物競』、『淘汰』、『天擇』等等術語都成為報紙文章的熟語。」

當時有許多人愛用這樣名詞做自己或兒女的名字，甚至胡適自己的名字也是這種風氣下的紀念品。胡適原名叫「胡洪騂」，有一天，他請二哥代取一個表字，二哥一面洗臉，一面問：「就用『物競天擇，適者生存』的『適』字，好不好？」此後，「適之」便成為胡適的表字。胡適同時自認：對他思想影響最大的兩人，一個是講實用主義的杜威，另外一個就是寫《天演論》的赫胥黎。

意識型態與烏托邦

社會達爾文主義的涵意是：社會變遷是循著可辨認的階段，不可避免地往前進的，同時演化的後期一定比前期複雜而且優越（郭正昭，1986）。五四時期的知識菁英大多存有這樣的觀念。譬如，後來掀起「科玄論戰」的地質學家丁文江，十五歲便出國留學，受過完整的西方科學教

育。他在闡述《天演論》的概念時，說道：「綜觀動物生活之景象以及天演施行之方法，而知所謂優劣成敗者，不關於個體而關於全種，不關於一時而關於萬世。然個體一時之利害，往往與全種萬世之利害相衝突，故天演之結果，凡各動物皆有為全種萬世而犧牲個體一時之天性，蓋不如是，不足以生存也。」（丁文江，1923：38）

在他看來，「天演」的概念可以用來說明社會生活的每一個層面，甚至包括宗教的演化：「當上古智識初開之時，有有宗教心者，有無宗教心者；有者為優，無者為劣，故無者滅而有者存。迭世聚積，而成今日宗教之大觀。然宗教者亦天演之產物也，所謂神道設教者非也。」

達爾文「進化論」原本是生物學的理論，當它傳進中國後，跟當時中國的歷史社會條件相結合，卻變成了一種「社會達爾文主義」的意識型態。到了五四時期，更因緣際會衍生出「科學主義」、「反傳統主義」的意識型態。今天我們要解開五四時期未能解決的問題，完成「儒家人文主義」、「三統並建」的任務，必須要深入了解當時盛行於中國社會中的這幾種意識型態。在此，我們必須先從社會學的角度，對「意識型態」（ideology）作一個定義。

所謂「意識型態」是指：對於人、社會及其與宇宙之關係的整體認知與信念，它對與之有關的各種事物都有高度明確的「系統性」意見，要求將系統中的其他成分整合在一個或幾個顯著的價值之下，可是，此種系統性並不蘊含「正確性」，也未必要經過任何客觀的檢驗。這樣的思想系統往往是封閉的，傾向於對系統外的意見採取排斥的態度（Shils, 1982）。

意識型態的形成與傳播，要靠「奇魅型」（charismatic）領袖人物的提倡與領導。它一方面會拒絕任何變革，一方面會要求追隨者絕對服從。追隨者也會覺得絕對服從是一種道德情操的表現。

危機與主義

當一個社會產生社會與政治危機，而面臨重大文化變革的時候，往往也是它最需要意識型態的時候（Geertz, 1973）。從十八世紀啟蒙運動與工業革命發生之後，歐洲人從篤信基督教，以追求彼世的救贖，轉向積極探索此世的外在世界，並相信人類可以改造世界的命運。由於任何一個要求

「進步」或「革命」的運動，都必須要有凝聚群眾的力量，而凝聚群眾又需要有「奇魅型」的領袖，來倡導某種具有系統性、封閉性與道德情操的意識型態。在那個時代，各式各樣的意識型態遂以「主義」之名，蓬勃發展。然而，由於意識型態具有封閉性，它往往與客觀知識甚至生活世界中的常識隔絕，因此受到強烈意識型態支持的改革或革命，便很可能因為具有「烏托邦」的性質，而犯下重大的錯誤，甚至帶來重大的災難（Mannheim, 1936）。

在傳統中國社會，政治秩序與文化、道德秩序呈現出高度整合的狀態。辛亥革命發生後，中國傳統朝代政制的普遍王權宣告崩潰，原本與之高度整合的文化、道德秩序隨之解體。民國初年，中國陷入軍閥混戰，沒有政治秩序，也沒有社會與文化秩序，整個國家處於政治、社會與文化三重危機之中，這時候最需要強而有力的意識型態來幫助他們度過危機。與西方社會不同的是：西方的社會思想是從其文化內部滋生出來的（Nisbet, 1973），清末民初盛行於中國社會中的意識型態，都是由西方輸入的。達爾文和赫胥黎的進化論傳入中國，很快地演變成為「社會達爾文主義」，這個「主義」的訴求重點及其蘊含的價值取向，充分說明了當時中國社會所處的危機。

第三節　反傳統主義

1916 年，袁世凱陰謀恢復帝制，通令全國尊孔讀經，激起了一波新「新文化運動」。到了 1919 年，第一次世界大戰結束，在巴黎召開的和平會議上，中國代表對日本妥協，把德國在山東的權益轉讓給日本。消息傳來，輿論大譁，北京學生立即上街頭抗議，新文化運動也迅速轉變為一場以「內除國賊，外抗強權」做為主要訴求的愛國運動。

在新文化運動期間，在「社會達爾文主義」的籠罩之下，中國知識界其實已經處在一種高度危機的狀態中。台大心理系創系主任蘇薌雨是當年北京大學哲學系的畢業生，他經常跟學生講：當年北大學生的名片上都印著「XX 主義」的字樣，很能夠說明那個時代的社會氛圍。

吃人的禮教

在社會達爾文主義的前提之下，爲了掃除政治和社會上的弊端，參與新文化運動的許多知識菁英企圖用「西方文化」來反對「傳統文化」。譬如「新文化運動」的主要領導人陳獨秀（1918），在他一篇著名的文章〈答佩劍青年〉中，便將中西文化對立起來，而徹底否定清末以來的「中體西用」論：「歐洲輸入之文化與吾華固有之文化，其根本性質極端相反」，「吾人倘以新輸入之歐化爲是，則不得不以舊有之孔教爲非；倘以舊有之禮教爲非，則不得不以新輸入之歐化爲是，新舊之間絕無調和兩存之餘地。」

新文化運動進行時，魯迅（1918）在《新青年》上發表了一篇小說題爲〈狂人日記〉的小說，文中他假借狂人之口，直斥儒家道德「吃人」：「我翻開歷史一看，這歷史沒有年代，歪歪斜斜的每頁上都寫著『仁義道德』幾個字。我橫豎睡不著，仔細看了半夜，才從字縫裡看出字來，滿本都寫著兩個宇，是『吃人』。」

後來被胡適稱讚爲「隻手打孔家店的老英雄」的吳虞（1919）接著寫了一篇〈吃人與禮教〉，抨擊儒家的封建禮教：「孔二先生的禮教講到極點，就非殺人吃人不成功，眞是殘酷極了！一部歷史裡面，講道德、說仁義的人，時機一到，他就直接間接的都會吃起人肉來了。」「我們中國人，最妙是一面會吃人，一面又能夠講禮教。吃人與禮教，本來是極相矛盾的事，然而他們在當時歷史上，卻認爲並行不悖的，這眞正是奇怪了！」「我們如今應該明白了！吃人的就是講禮教的！講禮教的就是吃人的呀！」「什麼『文節公』呀，『忠烈公』呀，都是那些吃人的人設的圈套，來誑騙我們的！」

三綱革命

陳、吳二人的文章引起了知識界的強烈反應。有些自命爲「新派」的「前進」青年紛紛寫文章呼應，主張「打倒孔家店」、「把線裝書丟到茅廁坑」；有些衛道人士則挺身而出，譴責他們言行狂謬，破壞綱常。陳獨秀（1919）因而在《新青年》上發表了一篇〈本志罪案之答辯書〉，他說：

「要擁護那德先生，便不得不反對孔教、禮法、貞節、舊政治；要擁護那賽先生，便不得不反對舊藝術、舊宗教；要擁護那德先生，要擁護那賽先生，便不得不反對國粹和舊文學」，陳獨秀批判漢儒所提倡的「三綱」之說：「儒者三綱之說，為一切道德政治之大原。君為臣綱，則民於君為附屬品，而無獨立自主之人格矣；父為子綱，而子於父為附屬品，而無獨立自主之人格矣；夫為妻綱，則妻於夫為附屬品，而無獨立自主之人格矣。率天下之男女，為臣，為子，為妻，而不見有一獨立自主之人格，三綱之說為之也。緣此金科玉律之道德名詞，曰忠、曰孝、曰節，皆非推己及人之主人道德，而為以己屬人之奴隸道德也。」因此，他號召全國青年男女，「各其奮鬥以脫離此附屬品之地位，以恢復獨立自主之人格」。胡適（1919）也立刻寫文章回應，認為舉揚「科學先生」（以及「民主先生」）的意義，是要「重估一切價值」。「我們現在認定：只有這兩位先生，可以救中國政治上、道德上、學術上、思想上一切的黑暗。」他非常堅定地表示：「若因為擁護這兩位先生，一切政府的壓迫，社會的政策，就是斷頭流血，都不推辭。」這段出名的宣言，變成「新文化運動」的主題。

第四節　科學主義

陳獨秀和胡適的說法顯示：他們心目中的「科學」跟當時西方「實證主義」者強調科學活動必須「價值中立」（value-natural）或「與價值無關」（value-free）的要求完全相反，根本是一種「科學主義」。所謂「科學主義」（scientism）可以說是一種信仰或意識型態，這種信仰認為，只有自然科學家所使用的科學方法，才是獲得可靠知識的唯一手段；極端的「科學主義」者甚至將科學當做是全知全能的人類救世主，而盲目地加以崇拜（Wellmuth, 1944）。

科學的崇信

胡適（1923）曾經描述當時中國社會對於科學的崇拜：「這三十年來，有一個名詞在國內幾乎做到了無上尊嚴的地位；無論懂與不懂的，無論守舊和維新的人，都不敢公然對它表示輕視或戲侮的態度。那個名詞

就是『科學』。這樣幾乎舉國一致的崇信，究竟有無價值，那是另一個問題。我們至少可以說，自從中國講變法維新以來，沒有一個自命為新人物的人敢公開毀謗『科學』的。」

胡適的這一席話顯示：對於當時絕大多數的中國人而言，「科學」兩個字已經變成了一種神祕的象徵。人們對「科學」這兩個字的崇拜，跟對其他宗教符碼的崇拜其實並沒有兩樣。在新文化運動開展之初，陳獨秀（1917）便主張用這種萬能的科學來代替宗教，以「開拓吾人真實之信仰」：「余之信仰人類將來之信解行證，必以科學為正軌。一切宗教，皆在廢棄之列。」「蓋宇宙間之法則有二：一曰，自然法，一曰，人為法。自然法者，普遍的、永久的、必然的也，科學屬之。人為法者，部分的、一時的、當然的也，宗教、道德、法律皆屬之。」「人類將來之進化，應隨今日方始萌芽之科學，日漸發達，改正一切人為法則，使與自然法則有同等之效力，然後宇宙人生，真正契合。此非吾人最大最終之目的乎？」

社會進化的方向？

從這段引文中，我們不難看出陳獨秀思想中的社會達爾文主義和科學主義。換言之，陳獨秀雖然了解：現代科學的成就尚不足以取代宗教，但他並不認為科學永遠不可能取代宗教。相反的，他認為：只要科學不斷發展，人類持續進化下去，總有一天，科學可以取代宗教，「宇宙人生，真正契合」，這才是「吾人最終的目的」。

這樣的科學觀顯然是受到「實證主義」之父孔德（Anguste Comte, 1798-1857）的影響。孔德的「社會進化論」（social evolutionism）將人類歷史的發展分為三個階段：在第一個神學階段，人類用不可見的神或靈魂來解釋自然事物；及至第二個形上學階段，人類開始使用抽象或無法觀察到的原因來解釋自然。到了第三個科學階段，人類不再以解釋自然為滿足，而進一步企圖去描述、預測甚至控制自然；屆時，「人的宗教」（religion of humanity）也將取代基督教。

孔德的哲學影響了許多歐洲人，包括提出「適者生存」（survival of the fittest）主張的英國哲學家斯賓塞（Herbert Spencer, 1827-1903）。他在閱讀達爾文的《物種原始》一書後，出版《生物學原理》（Spencer,

1864），並試圖將「進化」的概念應用到社會學的領域，認爲人類社會和文化的發展也應遵同樣的原則。斯賓塞對西方學術界的影響，從 1900 年之後便快速衰落。可是，社會達爾文主義和科學主義在中國結合之後，卻變成了一種狂熱的新「宗教」（Kwok, 1965/1987）。譬如主張無政府主義的吳稚暉認爲：「科學本身，原只是永久有益人類的一種動力」，「世界的進步，只隨品物而進步。科學便是備物最有力的新法。什麼叫做世界的進步，只隨品物而進步呢？若信人是上帝造的，……我便可以一言不發。倘由微生物而進化，……這就是我們人類值得努力科學的理由。」

在吳稚暉看來，歐美各國興盛的原動力便是科學。人類既然是由微生物演化而來，而且必將不斷往前進化，中國社會要想進步，唯一的出路便是「努力科學」。胡適（1926）也樂觀地認爲：「近代西洋文明的精神方面的第一特色是科學」。「我們也許不輕易信仰上帝的萬能了，我們卻信仰科學的方法是萬能的，人的將來是不可限量的。」

「科學萬能」的信仰

從科學哲學演化系譜的角度來看，當時中國知識菁英心目中的所謂「科學」，主要是一種「素樸實證主義」或「經驗主義」的科學觀。譬如，陳獨秀（1915）便曾經對科學作這樣的界定：「科學者何？吾人對於事物之概念，綜合客觀之現象，訴諸主觀之理性而不矛盾之謂也。」

當時的知識精英普遍相信：這種以客觀主義爲基礎的科學方法是「萬能」的。譬如丁文江（1934：10）宣稱：「我相信不用科學方法所得的結論都不是知識；在知識界內科學方法萬能。科學是沒有界限的；凡有現象都是科學的材料。凡用科學方法研究的結果，不論材料性質如何，都是科學。」他對於「科學方法」的說明更清楚地反映出他心目中的這種科學觀：「所謂科學方法是用論理的方法把一種現象，或是事實來做有系統的分類，然後了解它們相互的關係，求得它們普遍的原則，預料它們未來的結果。所以我們說一種知識是真的，就等於說這是科學的。做一件事有系統，合理，就等於說這是科學化的。」（丁文江，1935：10）

在《五十年來之世界哲學》中，胡適宣稱：一言以蔽之，科學方法就是「拿證據來」！「證據」是「思想解放和思想革命的唯一工具」，是

「科學的唯一武器」，「證據戰勝了傳統，遂使科學方法的精神大白於世界」。他一再申明：所謂的「科學方法」，便是「尊重事實和證據」。他說他自己「考證紅樓夢」，「替水滸傳作五萬字的考證」，「替廬山一個塔作四千字的考證」，主要目的就是「要讀者學得一點科學精神，一點科學態度，一點科學方法」。「科學精神在於尋求事實，尋求真理。科學態度在於撇開成見，擱起感情，只認得事實，只跟著證據走。科學方法只是『大膽的假設，小心的求證』十個字。」在他看來，清代乾嘉學者所從事的考據工作中，已經有了成熟的科學方法。由於胡適個人的影響力，他所提出的口號「拿證據來」，「大膽假設，小心求證」，也成為家喻戶曉的名言。

反傳統的意識型態

　　由於五四時期中國的知識分子對於西方科學並沒有真正深刻的認識，他們所主張的「科學主義」和「反傳統主義」在本質上都是一種意識型態，跟宗教信仰沒有兩樣。北大音韻學者錢玄同（1918）在二十九歲之前，「曾經罵過辛亥革命」，「曾經提倡保存國粹」；直到三十歲，1916 年，「洪憲紀元始如一個響霹靂震醒迷夢，始知國粹之萬不可保存，糞之萬不可不排泄」。新文化運動風潮一起，他為了呼應吳稚暉「中國文字，遲早必廢」之說，寫了一封公開信給陳獨秀，認為：「中國文字，論其字形，則非拼音而為象形文字之末流，不便於識，不便於寫；論其字義，則意義含糊，文法極不精密；論其在今日學問上之應用，則千分之九百九十九為記載孔門學說及道教妖言之記號。此種文字，斷斷不能適用於二十世紀之新時代。」

　　因此，他主張廢掉漢文，而代之以「文法簡賅，發音整齊，語根精良」的人為文字 Esperanto。在漢字尚未消滅，Esperanto 尚在提倡之時，他主張：「用某一種外國文字為國文之補助」，「國文則限制字數，多則三千，少則二千，以白話文為主，而『多多夾入稍稍通行的文雅字眼』」。「凡講尋常之事物，則用此新體國文；若言及較深之新理，則全用外國文字教授；從中學起，除『國文』及『本國史地』外，其餘科目，悉讀西文原書。如此，則舊文字之勢力，既用種種方法力求減殺，而其毒

餤或可大減」，「新學問之輸入，又因直用西文原書之故，而其觀念當可正確矣。」（錢玄同，1918）

陳獨秀給他的回函是：「吳（稚暉）先生『中國文字，遲早必廢』之說，淺人聞之，雖必駭怪，而循之進化公例，恐終無可逃」，「各國反對廢國文者，皆以破滅累世文學爲最大理由。然中國文字，既難傳載新事新理，且爲腐毒思想之巢窟，廢之誠不足惜。」「至於用西文原書教授科學，本屬至順；蓋學術爲人類之公有物，既無國界之可言，焉有獨立之必要？」

陳獨秀的觀點很能夠代表當時知識分子對於「科學」的想法。他們把「科學」當做是普遍客觀的「眞理」，而不是人類用語言建構出來的創造物。這樣的「科學」，是屬於「人類之公有物」，所以也應當是沒有國界的。文字是文化的載體，中國文字「既難傳載新事新理」，又在今日學問上之應用，主要是「記載孔門學說及道教妖言」，可能妨礙「科學」的輸入，它斷斷不能適用於二十世紀之新時代，廢之有何足惜？

第五節 科玄論戰

五四時期思想發生過大翻轉的另一位重要人物是梁啟超（1873-1929）。在清光緒年間，梁氏與其師康有爲一起推動戊戌變法，是清末時期鼓吹新思潮的重要思想家。

「科學破產」？

第一次世界大戰結束後，1918 年底，梁啟超和張君勱、蔣百里等人赴歐考察，觀察巴黎和會之進行，順道拜訪柏格森（H. Bergson）、歐根（H. Eucken）、蒲陀羅（E. Boutroux）等哲學家。梁氏一面目睹歐戰後滿目瘡痍之慘狀，一面又受蒲陀羅等人悲觀論調之影響，1920 年 3 月回國後，在上海、天津報上連續發表《歐遊心影錄》，宣稱：西方文明已破產，科學萬能之夢已破滅。他的論點是：「宗教和舊哲學既已被科學打得個旗靡幟亂」，「所以那些什麼樂利主義強權主義越發得勢。死後既沒有天堂，只有儘這幾十年盡情地快活。善惡既沒有責任，何妨盡我的手段來

充滿我個人欲望。然而享用的物質增加速率，總不能和欲望的升騰同一比例，而且沒有法子令他均衡。怎麼好呢？只有憑自己的力量自由競爭起來，質而言之，就是弱肉強食。近年來什麼軍閥，什麼財閥，都是從這條路產生出來，這回大戰爭，便是一個報應。」

「當時謳歌科學萬能的人，滿望著科學成功，黃金世界便指日出現。如今功總算成了，一百年物質的進步，比從前三千年所得還加幾倍。我們人類不惟沒有得著幸福，倒反帶來許多災難。」因此，他宣稱：「歐洲人做了一場科學萬能的大夢，到如今卻叫起科學破產來」，他甚至幻想以中國文化為基礎，整理出一套新文化去「超拔」歐洲：「可愛的青年啊，立正，開步走！大海對岸那邊有好幾萬萬人，愁著物質文明破產，哀哀欲絕喊救命，等著你來超拔他哩。」

這段論述顯示：梁氏所說的「科學」，其實也是一種「科學主義」。嚴格說來，科學知識是一種「理論理性」或「工具理性」的產品，它是獨立於「價值理性」的。科學方法既非「萬能」，科學知識也不可能因為戰爭而破產，梁氏有此一說，反映出他心中對「科學」信仰的動搖。

打「玄學鬼」

不久之後，主張國家社會主義的張君勱在清華大學以「人生觀」為題發表演講，他說：「天下古今之最不統一者，莫如人生觀。」「科學無論如何發達，而人生觀問題之解決，絕非科學所能為力，唯賴諸人類之自身而已。而所謂古今大思想家，即對此人生觀問題，有所貢獻者也。」「自孔孟以至宋元明之理學家，側重內心生活之修養，其結果為精神文明。二百年來之歐洲，側重以人力支配自然界，故其結果為物質文明。」

「一國偏重工商，是否為正常之人生觀？是否為正常之文化？在歐洲人觀之，已成大疑問矣。歐戰終後，有結算二、三百年之總帳者，對於物質文明，不勝務外逐物之感……。」

「人生觀」的演講稿發表之後，地質學家丁文江（1923）針對他的觀點提出反駁，聲稱要打附在張君勱身上的「玄學鬼」。他說：「人生觀現在沒有統一是一件事，永久不能統一又是一件事。除非你能提出事實理由來證明它是永遠不能統一的，我們總有求它統一的義務。」「科學的目的

是要屏除個人主觀的成見──人生觀最大的障礙──求人人所能共認的眞理，科學的方法是辨別事實的眞僞」，「所以科學的萬能，科學的普遍，科學的貫通，不在它的材料，在它的方法。」「玄學家先存了一個成見，說科學方法不適用於人生觀；世界上的玄學家一天沒有死完，自然一天人生觀不能統一。」

「科玄論戰」一打開之後，當時許多學術界的菁英紛紛加入論戰，吳稚暉（1923）因此宣布他自己「漆黑一團」的宇宙觀和「人欲橫流」的人生觀。他說：「那種駭得煞人的顯赫的名詞，上帝呀，神呀，還是取消了好。」「我以爲動植物本無感覺，皆只有其質力交推，有其輻射反應，如是而已。譬之於人，其質構而爲如是之神經系，即其力生如是之反應。所謂情感，思想，意志等等，就種種反應而強爲之名，美其名曰心理，神其事曰靈魂，質直言之曰感覺，其實統不過質力之相應。」

「科學的人生觀」

吳稚暉的人生觀很得到胡適的讚賞。這次論戰持續六個月，各方發表的言論多達廿五萬言，胡適（1923）在總結這次論戰的言論時，很遺憾地表示：這一次爲科學作戰的人，除了吳稚暉之外，都有一個共同的錯誤，都不曾具體地說明「科學的人生觀」是什麼。因此他愼重其事地提出了十條「科學的人生觀」，希望「拿今日科學家平心靜氣地、破除成見地，公同承認」的「科學的人生觀」做爲人類人生觀「最低限度的一致」。這十條人生觀包括：

4. 根據於生物的科學的知識，叫人知道生物界的生存競爭的浪費與殘酷；因此，叫人更可以明白那「有好生之德」的假設是不能成立的。

5. 根據於生物學、生理學、心理學的知識，叫人知道人不過是動物的一種，他和別種動物只有程度的差異，並無種類的不同。

6. 根據生物的科學及人類學，人種學，社會學的知識，叫人知道生物及人類社會演進的歷史和演進的原因。

我們說過，科學是客觀認識外在事物的一種方法，科學知識是價值中

立的，它不可能變成一種信仰，也不能作爲「人生觀」，解答人生意義的問題。胡適之所以提出「科學的人生觀」，正說明：他所認識的「科學」，其實是一種信仰，一種「科學主義」的意識型態，跟它要打倒的「玄學鬼」並沒有本質上的不同。這種「科學主義」不足以振興中國的科學，卻可以促成「反傳統的意識型態」，導致中國文化的空洞化和虛無化。在當時的政治和社會氛圍之下，大多數青年將西方的「德先生」和「賽先生」當做新偶像頂禮膜拜，新文化運動越演越烈，「吃人的禮教」、「打倒孔家店」變成喧騰一時的口號。儘管新文化運動的主要領導人物並未全面否定傳統，新文化運動實際上卻演變成爲「整體性的反傳統主義」（林毓生，1983），並爲後來的「文化大革命」，作了鋪路奠基的工作。

第六節　牟宗三的志業

如果說胡適是「五四時期」、「全盤西化論」的代表，那牟宗三就可以說是國民政府撤退到台灣後，「後五四時期」中國知識分子的代表。牟宗三（1909-1995）是山東栖霞人，1927 年入北大預科，兩年後升入哲學系。

「反玄學」的時潮

大學三年級時，年僅二十四歲的牟宗三在無人指導的情況下，寫了一本數十萬言的大書《從周易方面研究中國之元學與道德哲學》，並將其中第三章〈清胡煦的生成哲學之易學〉交給北大哲學系系刊。稿子交出後一年沒有消息，牟宗三一問之下，原來是壓在全國聞名的文學院院長胡適之處。牟宗三去見胡適，胡適很客氣地說：「你讀書很勤奮，但是你的方法有危險。我看《易經》沒有你講的那些道理。我介紹你先看歐陽修的《易童子問》。」

不料牟宗三並不領情，他反倒振振有詞地爲自己辯護：「我講《易經》是把它當做中國的一種形而上學，順著歐陽修的講法，那不能不是一種自然哲學。」胡適聽了這話，面帶微笑地說：「噢！你是講形而上學的！」在當時北大「反形上學」的氛圍之下，兩人談話遂陷入僵局。

回到宿舍後，年輕氣盛的牟宗三越想越不服氣，遂寄了一封長信給胡適，強調自己研究易學的方法並不是「考據學」。這等於是在向胡適號稱為「科學」的考據學方法挑戰。身為文學院院長的胡適當然不予理會，但兩人在學術上的關係也從此決裂。

其實，在發生這件事之前的 1930 年，牟宗三便修過胡適在北大開的一門課「中國古代思想史」。胡適給了他 80 分，並在其日記上寫了一句評語：「頗能想過一番，但甚迂」（王興國，2012）。「頗能想」當然是指牟宗三具有擅長思辯的哲學頭腦；「迂」則是覺察到牟氏跟五四以來的時代潮流格格不入。

青年牟宗三的志業

大學時代，對牟宗三影響極大的另一位北大教授是熊十力（1885-1968），字子真，湖北黃崗人。年輕時曾從軍，參加辛亥革命。後轉而研究佛學及印度哲學。1920 年，他由梁漱溟介紹到南京支那內學院，從歐陽竟無苦讀三年，研究唯識論。1923 年，蔡元培聘請他到北京大學講授唯識學概論。牟宗三曾數次回憶：他大三時，有一天聽到熊十力與馮友蘭對談。馮氏謂王陽明所講的良知是一個假設，熊先生聽之，大為驚訝說：「良知是呈現，你怎麼說是假設！」在《生命的學問》一書中，牟宗三（1970：136）談及聽後的感覺：「良知是真實，是呈現，這在當時，是從所未聞的。這霹靂一聲，真是震聾發聵，把人的覺悟提升到宋明儒者的層次。」從此之後，「良知是呈現」之義，即牢記於牟宗三的心中，指引了青年牟宗三日後治學的大方向。

在這樣的大環境下，牟氏逐漸形塑出他未來「會通中、西文化」的志業與方向。維根斯坦的《邏輯哲學論》（Wittgenstein, 1922）出版後不久，他的老師張申府（1927）便將之譯成中文，並以《名理論》之名出版。維根斯坦的老師羅素也曾經訪問中國。青年牟宗三（1941）為了把「科學」引入中國，曾經在他三十三歲那一年，綜合維根斯坦前期哲學，以及羅素和懷悌海合著的《數學原理》，出版《邏輯典範》一書。1949 年牟宗三深知：要對西方的科學有相應的理解，既不能止於「實證主義」，也不能以「邏輯實證論」為滿足。1949 年，隨著大陸局勢的變化，牟宗三到台灣

後，又試圖以康德哲學來整合羅素與維根斯坦前期哲學之成就，出版《認識心之批判》上、下冊（牟宗三，1956，1957）。

會通中、西文化的橋梁

　　爲了要會通中、西文化，他先精研康德哲學，寫成《現象與物自身》一書（牟宗三，1975），以之作爲整理儒家統緒的基礎（牟宗三，1968-1968，1979）。事後，他認爲：康德哲學是會通中、西文化，使雙方相資相益的最佳橋梁。康德著作問世已二百餘年。如果我們不能以獨立之中文閱讀康德，即不能說中國人已經理解了康德。因此，他以七十高齡，仍然鍥而不捨，獨立將康德的三大批判書譯成中文（牟宗三，1982，1983a，1983b）。此書完成後，牟宗三自謂：將康德著作全部漢譯出版，「此乃兩百年來世界第一人」，「功不下於玄奘羅什之譯唯識與智度，超凡入聖，豈可量哉，豈可量哉！然眞正仲尼臨終不免嘆口氣，人又豈可妄哉，豈可妄哉！」（蔡仁厚，1996：223）。

　　然而，由於中、西文化的根本差異，生活在「一元論」文化傳統中的中國人實在很難了解基督教文化中的「超越」（transcendence）概念。當新儒家以「內在超越」描述自身所追求的境界時，他們或許有其特殊的意涵；可是，在對康德哲學作第二度的詮釋時，如果不能嚴謹把握住康德的原意，便可能犯上本書所要指出的系統性謬誤。

牟宗三的終極關懷

　　1984 年，鵝湖出版將牟宗三七十歲以後公開演講之講錄，輯印成《時代與感受》一書。在該書之「序言」中，牟氏說：

　　　我的一生，可以說是「爲人類價值之標準與文化之方向而奮鬥以伸展理性」之經過。

　　牟宗三的志業，是在「護住儒家人文主義之道統」，而不是在「開出儒家人文主義之學統」。就他的志業而言，牟先生是成功的。他對西方科學哲學的發展未能給予充分的注意，其實不足爲怪。

　　然而，牟宗三的終極關懷並不僅只是如此而已。牟氏的終極關懷是「儒家人文主義」的「三統並建」，讓中國解除「全盤西化」的魔咒。為了要達成牟氏的心願，為了要找出中國學者為什麼不善於建構現代科學理論的關鍵，開出儒家人文主義的自主社會科學的學術傳統，我不得不以「吹毛求疵」的態度，批判牟宗三對康德哲學中幾個核心觀念的誤解。牟氏門人看了之後，或許「心有不懌」，對於這一點，我要說的是：對一位學者的學術思想最嚴厲的批判，就是對他的最大尊敬。因為牟氏留下了雄厚的學術遺產，我們才有批判的對象，才能踏在巨人的肩膀上往前看，這是牟宗三在學術上的最大貢獻。

參考資料

丁文江（1923）：〈玄學與科學答張君勱〉。《科學與人生觀》。上海：亞東圖書館。

丁文江（1934）：〈我的信仰〉。《獨立評論》。第100號，9-12。

丁文江（1935）：〈科學化的建設〉。《獨立評論》。第151號，9-13。

方克立、鄭家棟（主編）（1995）：《現代新儒家哲學思想》。天津：南開大學出版社。

王遠義（2020）：〈中國自由主義的道路——林毓生的政治關懷與五四全盤性反傳統主義研究〉。《臺大歷史學報》，66，153-200。

牟宗三（1941）：《邏輯典範》。香港：商務印書館。

牟宗三（1956）：《認識心之批判（上）、（下）》。香港：友聯出版社。

牟宗三（1968）：《心體與性體（一）》。台北：正中書局。

牟宗三（1968）：《心體與性體（二）》。台北：正中書局。

牟宗三（1969）：《心體與性體（三）》。台北：正中書局。

牟宗三（1970）：《生命的學問》。台北：三民書局。

牟宗三（1975）：《現象與物自身》。台北：台灣學生書局。

牟宗三（1979）：《從陸象山到劉蕺山》。台北：台灣學生書局。

牟宗三（1982）：〈儒家學術之發展及其使命〉。《道德的理想主義》。台北：台灣學生書局。

牟宗三（1982）：《康德的道德哲學》。台北：台灣學生書局。

牟宗三（1983）：《康德：純粹理性之批判（上）》。台北：台灣學生書局。

牟宗三（1983）：《康德：純粹理性之批判（下）》。台北：台灣學生書局。

牟宗三（1988）：《歷史哲學》。台北：台灣學生書局。

李恩涵、張朋園（1977）：《近代中國：知識分子與自強運動》。台北：食貨出版社。

胡適（1919）：《中國古代哲學史》。上海：商務印書館。

胡適（1923）：〈「科學人生觀」序〉。《科學與人生觀》。上海：亞東圖書館。

胡適（1926）：〈新文化運動與國民黨〉。《新月》，2（6、7號合刊）。上海：新月書店。

胡適（1966）：《四十自述》。台北：遠東圖書公司。

陳獨秀（1915）：〈敬告青年〉。《新青年》，第1卷，第1號。

陳獨秀（1917）：〈再論孔教問題〉。《新青年》，第2卷，第5號。

陳獨秀（1918）：〈答配劍青年〉。《新青年》，第3卷，第1號。

陳獨秀（1919）：〈本誌罪案之答辯書〉。《新青年》，第6卷，第1號。

魯迅（1918）：〈狂人日記〉。《新青年》，第4卷，第5號。

吳虞（1919）：〈吃人與禮教〉。《新青年》，第6卷，第6號。

吳稚暉（1923）：〈一個新信仰的宇宙觀及人生觀〉。《太平洋雜誌》，第4卷，第3及5號。

錢玄同（1918）：〈中國今後之文字問題〉。《新青年》，第4卷，第4號。

蔡仁厚（1996）：《牟宗三先生學思年譜》。台北：台灣學生書局。

王興國（2012）：〈胡適與牟宗三的一樁公案：憑學術威望排斥異己〉，《中國社會科學報》，第278期。

嚴炳罡（1995）：《整合與重鑄：當代大儒牟宗三先生思想研究》。台北：台灣學生書局。

Geertz, C. (1973). *The Interpretation of Cultures*. New York: Basic Books.

Hefstadter, R. 郭正昭（譯）（1986）：《美國思想中的社會達爾文主義》。台北：聯經出版公司。

Kant, I. (1781/1983). *Critique of pure reason*. Translated by N. K. Smith. 牟宗三（譯註）：《康德的道德哲學》。台北：台灣學生書局。

Kwok, D. W. Y.（郭穎頤）（1965/1987）. *Scientism in Chinese thought, 1900-1950*. New Haven, Conn.: Yale University Press. 雷頤（譯）：《中國現代思想中的唯科學主義（1900-1950）》。江蘇：人民出版社。

Mannheim, K. (1936). *Ideology and utopia: An Introduction to the Sociology of Knowledge*. London: Routledge & K. Paul.

Nisbet, R. (1973). *The social philosophers: Community and conflict in Western thought.* Northwestern University: Crowell

Pusey, J. (1983). *China and Charles Darwin.* Cambridge: Harvard University Council on East Asian Studies.

Schwartz, B. (1964). *In search of wealth and power: Yen Fu and the West.* Cambridge: Harvard University Press.

Shils, E. (1982). *The constitution of society.* Chicago: University of Chicago Press.

Spencer, H. (1864). *The Principles of biology.* London: William and Norgate.

Wellmuth, J. (1944). *The nature and origins of scientism.* Milwaukee: Marquette University Press.

Wittgenstein, L. (1922/1961). *Tractatus Logico-Philosophicus,* with an introduction by B. Russell. trans. by D. F. Pears and B. F. McGuinnies. London: Routledge & Kegan Raul. 張申府（譯）（1927, 1987）：《名理論（邏輯哲學論）》。北京：北京大學出版社。

第二章
牟宗三的科學觀

　　五四新文化運動的最大功績，在於它在中國第一次明確而響亮地喊出了「民主」與「科學」的口號，並以它作為現代中國追求的主題，使民主與科學在學術界取得了至高無上的權威，和神聖不可侵犯的地位。但在當時的中國，許多人並沒有弄清楚科學是什麼，就企圖用科學來解決人類的一切問題，從而出現了「科學萬能」的論調，把科學的作用吹噓過頭，結果是使所謂的「科學」變得極不科學。牟宗三（1985：255）因此對五四以來的「科學主義」進行了強烈的抨擊。他說：

　　一個人不能潛心於科學本身之研究，而只是「用科學」，成為科學一層論，理智一元論的態度，頂無謂，頂無聊。任何學問不能入：既不能入於科學，亦不能入於哲學，復不能入於文學，而只是掃邊，講科學方法，不落於學問本身，而只是在外邊轉，頂無聊，頂害事。而科學一層論，理智一層論的態度，最大的害處就是抹殺意義與價值。

第一節　牟宗三的系統性偏誤

　　我非常贊同牟氏對於五四時期「科學主義」的批評。牟宗三既然對同一世代的五四人物作如此嚴厲的批判，他當然相信：自己十分了解西方的科學到底是什麼。就這一點而言，牟宗三確實下過扎實的工夫。本章所要指出的是：牟宗三雖然將康德的三大批判書譯成中文，並以之作為建構其哲學體系的基礎，他晚年翻譯維根斯坦的《邏輯哲學論》一書顯示，對

牟宗三的科學觀影響最大的其實是「邏輯實證論」，而不是康德哲學。在中、西文化接觸之初，博學深思如牟宗三者，仍然難以掌握西方科學哲學的核心概念，而對康德哲學作出了許多錯誤的論斷。我們要想吸納西方文明的菁華，在華人社會中開出「儒家人文主義」的自主學術傳統，便不得不對牟宗三的科學觀作必要的批判，才有可能對科學哲學的演化系譜有相應的理解（comprehensive understanding）。

「超越的觀念論」？

　　牟宗三（1975）在他所著的《現象與物自身》中提出了他著名的「良知自我坎陷」說。該書附錄有一篇論文，題爲〈超越的觀念論釋義〉，一開始便說：

　　康德在《純粹理性批判》中屢次聲明他的主張是「超越的觀念論」（Transcendental idealism）與「經驗的實在論」（Empirical realism），而不是「經驗的觀念論」與「超越的實在論」（Transcendental realism）。這兩對名詞底對翻十分重要。

　　這是個十分怪異的論點。就字面的意義而言，Transcendental idealism 一詞應當翻譯成「先驗的觀念論」才對，牟先生怎麼會把它譯成「超越的觀念論」，還特別寫一篇文章來解釋它的意義？

　　從康德哲學的理路來看，「超越的理念論」應當是個錯誤的概念。本書第三章將會指出：康德將其哲學方法稱爲批判的或先驗的（transcendental），有別於傳統形上學致力於追求超越的（transcendent）「本體」或「物自身」。康德爲了要在人類思維之領域研究普遍而必然的意識之可能性，亦即「先驗的」認識之約制，而在其「純粹理性批判」中，提出其著名的範疇論。

　　康德認爲：知識的成立必須藉感性（直觀）與悟性（思維）兩種心靈能力的協力合作。倘若只有直觀，我們僅能獲得雜亂無章的知識，不能構成統一的知識體系；倘若只有思維，我們雖然能夠具備建構知識的統一形式，但卻缺乏任何經驗內容。因此，康德提出了他著名的主張：「沒有內

容的思維是空洞的；沒有概念的直觀是盲目的。」

康德認為：一切思維都可藉用邏輯的判斷形式表現出來，邏輯的判斷形式本身是先驗的思維形式。為了要分析自然科學成立的基礎，他根據亞里斯多德以來的形式邏輯，很有自信地列出了十二種悟性的統一形式，他稱之為「範疇」（category）或「純粹悟性概念」，成為他著名的「十二範疇論」。

許多學者批判康德的範疇論，認為十二範疇的分類太拘泥於形式，而且過分繁瑣。其實康德範疇論的真正旨趣並不在於範疇的多寡，而是在於範疇的先驗意義。康德認為：有了範疇的形式，悟性才能有效地綜合並統一種種經驗內容，而成為其有形式規模的普效性知識。

康德的知識論主張「先驗的觀念論」與「經驗的實在論」。他認為：人類感覺經驗之全部，是我們所有可能知識之範圍；引起人類感覺知覺現象者卻是「物自身」（thing-in-itself）。「物自身」能使經驗直觀地顯現而成為現象，它「雖不可知，但可思維」（unerkennbar, aber denkbar），是產生現象的本體或原因。對於康德而言，「物自身」是一種表示知識界限的消極性概念，或限制性概念，它與感性的界限連在一起，其功用是在束縛感性的自負，但卻不能在感性的範圍之外肯定任何事物。康德哲學也因此而被人稱為「不可知論」。

系統性的偏誤

牟宗三將 Transcendental idealism 譯為「超越的觀念論」，並不是偶一為之，也不是一時筆誤。牟氏的許多論述，說明他非常了解「先驗」和「超越」在西方哲學中的區別。本書第十章將會指出：新儒家所說的「內在超越」，其實是指一種「超越感」，而不是西方傳統中所說的「超越」。這是在「實踐理性」的範疇內，為新儒家的「良知」說作辯護，找出路。

然而，在「理論理性」的範疇裡，我們是否有必要堅持「先驗」和「超越」的分野呢？對於這個問題，康德的立場是肯定的，牟宗三的看法卻是否定的。他不僅將「先驗」和「超越」混為一談，甚至以此作為依據，批評康德的哲學。在《現象與物自身》第六章中，牟宗三（1975：232）先把康德的「先驗的統覺」（Transcendental apperception）翻譯成「超越的

統覺」，加以定義：

　　統思者是統就現象底全體（不特定於某一經驗現象）而思之，因此，此綜和不是對於特定經驗現象的特定經驗綜和，而是先驗地統就一切現象（現象一般）而綜和之，綜和之以示現（或甚至根本是執成）其普遍的性相（Universal characteristics）。

　　然後，再加以批判：

　　這普遍的性相之為對象，嚴格言之，是對象底對象性（objectivity of objects），而不是對象，是存在物底存在性或實有性（being of essence），而不是存在物。例如量性，實在性，常住性，因果性等等，這些普遍的性相只是對象底對象性，「對象成為對象」底存有論的根據。它們一方對於我們是「無」（is nothing to us），因為我們不能直覺它們；一方面它們又是「某種東西」（something），因為它們雖然不是具體的存在物，而卻是普遍的性相，究竟不是什麼也不是。海德格名此曰「純粹的地帶」（pure horizon），而且是一個「不對題的」地帶，即它「不是一意向底直接而專有的主題（theme）」，即它不是直覺底相對應者。康德名之曰「某物一般」（something in general），「對象一般」（object in general），又立一令人生誤會的名詞，名之曰「超越的對象＝x」（Transcendental object＝x），因為它不是可經驗的。

　　在這段引文中，牟宗三（1975：233-234）所說的「超越的對象」，例如量性、實在性、常住性、因果性等等，依照康德的原意，應當是「先驗的對象」，而不是「超越的」。在這段引文中，我們可以看出：牟宗三將康德哲學中「先驗的」（Transcendental）一詞翻譯成「超越的」，是一種「系統性的偏誤」（systematic error）。在某些語境下，他將之翻譯成「超越的」；在其他論述的語境，他又保留其「先驗的」用法。

「經驗的實在論」？

　　牟宗三為什麼要這麼做呢？在〈超越的觀念論釋義〉一文中，牟宗三為了說明他對這個名詞的翻譯為什麼可以成立，想出了許多理由，最後，他的結論是：

　　「超越的觀念論」不是康德正面的主張。其正面的主張是「經驗的實在論」，此是由「超越的分解」而展示出者。「超越的觀念論」是遮詞，貶詞，是經由遮撥了時空以及現象之絕對而超越的實在性而顯的那虛妄的理境之表示。此即批判地提醒我們不可以虛為實。因此，它不是由現象之為現象（不離感性）以及時空與範疇之為主觀的（從主體而立），先驗的，而立。此後者是屬於超越分解之積極面，由此面而說「經驗的實在論」。（頁363）

　　這樣的結論等於是要把康德的《純粹理性批判》中的知識論切割為二，一為「超越的觀念論」，一為「經驗的實在論」。在《現象與物自身》中，牟宗三費盡心思要否定其「超越的觀念論」，認為它是「是遮詞，貶詞，是經由遮撥了時空以及現象之絕對而超越的實在性而顯的那虛妄的理境之表示」，其目的就是要說明：康德正面的主張是「經驗的實在論」。

　　牟宗三的論點，涉及兩個問題：第一，康德的知識論是否可以捨棄「先驗的觀念論」，而只留下「經驗的實在論」？

　　第二，如果這個問題的答案是否定的，牟宗三為什麼要對「先驗的觀念論」，作出「系統性的扭曲」，將它翻譯「超越的觀念論」，再用「打稻草人」的方法，全面予以否定？

　　我們可以用引述一段康德自己的故事，先討論第一個問題。康德花了極長的時間構思《純粹理性批判》，但他卻是在年歲日增的壓力下，在短短四、五個月的時間內，倉促寫成此書。由於這篇著作篇幅龐大，康德又用了許多新名詞來表述他所探討的複雜問題；他自己也預見到：《純粹理性批判》一書不容易為一般讀者所理解，該書於1781年出版兩年後，康德又出版了一本《一切能作為學問而出現的未來形上學之序論》（Kant,

1783/2008）。

康德的宣稱

　　牟宗三的弟子李明輝將該書譯成中文，並在該書之前，寫了一篇「導讀」，說明該書成書始末及其與《純粹理性批判》的思想關聯。李明輝（2008：ix-xxxix）指出：當時有一位不具名的評論者在《哥廷根學報》上發表了一篇書評，認為：《純粹理性批判》是一篇高級的（超越的）觀念論系統，而促使康德改變原先的寫書計畫，並在書中一再強調：他自己的觀念論跟一般觀念論的區別。他將從古希臘伊里亞學派到近代英國經驗論哲學家柏克萊之觀念論概括為：「凡是藉由感覺與經驗而得到的知識均無非是純然的幻相，而且唯有在純粹的知性與理性之觀念中才是真理。」相反的，他認為自己的觀念論是建立在另一項完全不同（甚至相反）的原理之上，此即：「凡是僅出於純粹知性或純粹理性之關於事物的知識均無非是純然的幻相，而且唯有在經驗中才是真理。」他還將自己的觀念論特別稱為「形式的、批判的或先驗的觀念論」（formal, critical or transcendental idealism），有別於柏克萊之「獨斷的觀念論」（dogmatic or mysterious idealism）與笛卡兒（René Descartes, 1597-1650）之「夢幻的（problematic）或懷疑的觀念論（skeptical idealism）」。

　　這個區分對於了解牟宗三為什麼會有系統地扭曲康德的知識論具有十分重要的意義，必須再作進一步的析論。在西洋哲學裡「先驗」（a priori）與「後驗」（a posteriori）這兩個術語的使用，始於十四世紀。蘇格蘭哲學家休姆（David Hume, 1711-1776）在他所著的《人類悟性探微》中，將人類理性的對象亦即真理命題分為兩類：「觀念關係」（relations of ideas）與「事實問題」（matters of fact）（Hume, 1748）。前者包括幾何學、代數以及學術等形式科學的判斷或命題，亦即具有直觀確實性或論證確實性的任何主張。「此類命題僅由思想的運用而被發現，毋須依賴宇宙中之任何存在者。」換言之，此類命題毫不涉及經驗事實，只屬知性思維的範域。後者則屬經驗事實的領域，准許有矛盾性事實存在的可能。

先驗綜合判斷

休姆的區分，引起了康德的密切注意。他在閱讀休姆著作的德譯本之後，深刻感到；傳統形上學無謂的爭論，反而使號稱「一切科學之女王」的形上學比一般科學知識（尤其是物理學）更欠缺統嚴密學的性格。因此康德接受經驗論者的主張，認為：一切人類知識所關涉的內容必須來自現實經驗，否則無由形成知識。

但是他並不認為：休姆所主張的懷疑主義足以解決知識普效性的問題。換言之，休姆對於理念論所抱持的懷疑主義，驚醒了康德「獨斷論的迷夢」。康德的知識論主要是針對休姆而起，他認為：歐幾里德的幾何學與牛頓的物理科學理論已經成為人類知識有其普效性或必然性的最佳典範，因此他致力於研究先驗的範疇。在兩本批判書中，所謂的先驗概念，是指思維方式（（mode of thinking），或者思維的結構或統制的原理與能力。先驗概念是形式，是模型；經驗是內容，是材料。兩者相輔而行，才能構成知識。兩者之間又互相約制：先驗理性以必然性約制經驗，而理性亦不能超出經驗世界之外。

為了闡明知識本身的判斷形式，康德曾經就「先驗」與「後驗」的對立以及「分析」與「綜合」的對立，區分四種命題：(1) 先驗分析判斷、(2) 後驗分析判斷、(3) 先驗綜合判斷、(4) 後驗綜合判斷。康德認為：知識之所以具有普效性，乃是因為知識所涵攝的一切有關判斷都是具有獨立於經驗的先驗客觀條件，所以其知識論最關心的乃是第三種的「先驗綜合判斷」。

從以上的析論中，我們可以看出：康德的知識論很明確地主張：「先驗觀念論」和「經驗實在論」，兩者是不可切割的。然則，牟宗三為什麼要將之扭曲成為「超越觀念論」，並用「打稻草人」的方法加以否定，再宣稱康德的「正面主張」是「經驗的實在論」呢？

第二節　實證主義的人觀

對於這個問題，我們必須先看牟先生自己的說法。在牟宗三（1992）翻譯的《康德「判斷力之批判」（上）》中，他寫了一篇〈譯者之言〉，

在其結尾部分，他說：「讀者讀《現象與務自身》，可知吾如何依中國傳統智慧消化《第一批判》；讀《圓善論》，可了解吾如何依中國傳統智慧消化《第二批判》；讀此〈商榷〉長文，可了解吾如何依中國傳統智慧消化《第三批判》。」由此可見，「依中國傳統智慧予以消化」是牟宗三翻譯康德著作時的基本立場。這是作為哲學家的牟先生個人的選擇，他人無法置評。

「實證主義」的科學觀

　　然而，從科學哲學演化系譜的角度來看，我們卻不得不指出：這是牟宗三不自覺地受到實證主義的影響，而抱持有一種「實證主義」的科學觀。在康德之後的哲學家，休姆以及一般邏輯經驗論者並不同意康德所謂的「先驗綜合命題」有成立的可能。譬如英國邏輯經驗論者艾爾（Alfred Jules Ayer）在《語言、真理與邏輯》的初版序言中接受了休姆的命題分類，並且將其改寫成為「分析命題」與「綜合命題」。前者包括一切數學、邏輯等形式科學的先驗（a priori）命題，等於套套邏輯，必然確實而且與經驗事實無關。後者涉及經驗事實，具有假設性與蓋然性，亦稱後驗（a posterior）命題。他們認為：科學家的任務是在實驗室裡用科學方法檢驗「綜合命題」是否為真；哲學家的任務則是用邏輯或數學概念「分析命題」是否有效。

　　前期維根斯坦採取了極端經驗論的立場。依照維根斯坦的觀點，實在只存在於我的經驗之中，在我的思想（語言）這一邊，有命題；在世界這一邊，則有對應的實在。「經驗的實在為對象的總和所界限，這個界限又顯示於基要命題的總和。」（T5. 5561）換言之，命題所表達的是「我的經驗」中的事實，它所描繪的是「我的經驗」中的實在。這樣的立場使得維根斯坦不得不走上「唯我論」（solipsism）的道路，認為唯有自我存在，才能認識世界：

　　　我的語言的界限意謂我的世界的界限。（T5.6）

　　　這個世界是我的世界。（T5.62）

我就是我的世界（微觀世界）。（T5.63）

然而，維根斯坦所說的「我」，卻不是心理學裡能夠作為思維主體的「我」，而是一種「哲學的自我」。

能思維能表象的主體是沒有的。（T5.631）

自我乃由『這個世界是我的世界』而進入哲學。哲學的自我不是一個人，不是人的肉體或靈魂。它不是心理學所研究的對象，而是一個形而上學的主體；它是世界的界限，而不是世界的一部分。（T5.641）

維根斯坦用眼睛和視野之間的關係來比喻「哲學的自我」和世界的關係：眼睛能夠看到視野中的事物，但卻不能看到它自己。同樣的，「哲學的自我」也可以觀察世界、描述世界，但卻不能觀察或描述它自身。所以維根斯坦說：

主體不屬於世界，它是世界的界限。（T5.632）

唯我論的世界觀

「心理學的自我」和「哲學的自我」所看到的世界是完全不一樣的。對於前者而言：

人所看見的一切，都可能又是別的樣子。人所描摩的一切，都可能又是別的樣子。沒有先天的事物秩序。（T5.634）

「形而上學的主體」所看到的世界則不然：

嚴格貫徹了的唯我論是與純粹實在論吻合的。唯我論的我濃縮成一個不往外延伸的點，而那與之同格的實在則保持不變。（T5.64）

　　這種「哲學上的自我」就像笛卡兒「主、客二元對立」哲學中的主體一樣，它和作爲客體的世界截然對立，以一種絕對客觀的態度來觀察世界。對於「哲學上的自我」或「形而上學的主體」而言，世界中的一切事實都按照嚴格的邏輯法則安排得井然有序，並不依賴人的意志而產生變化：

　　世界並不依賴於我的意志。（T6.373）

　　即使我們所希望的一切都會出現，這仍可以說不過是命運的一種恩惠而已。因爲在意志與世界之間，並沒有一種邏輯的聯繫會保證這一點。而且人們所假定的物理聯繫自身，又絕非人所能欲求的。（T6.378）

　　世界的意義存在於世界之外。世界裡的一切都是按照其本來面目而存在、而產生；世界之中沒有價值存在。（T6.41）

　　由此可見，維根斯坦眼中的世界，是一種不隨人的意志而轉移、「依其本來面目而存在」的客觀世界，而他心目中的邏輯，也是「先於一切經驗的」（T5.552），「假如即使沒有世界，也會有一個邏輯」（T5.5521）。這樣的邏輯也是不以人的意志而移轉的：

　　正如只有一種邏輯的必然性，也只有一種邏輯的不可能性。（T6.375）

　　結果，在描述世界的時候，人，作爲「心理學之主體」的那個「能思維、能表象」的「人」（請注意，不是「哲學的自我」，也不是「形而上學的主體」）竟然消失不見了。

　　實證主義問世之後，維根斯坦的《邏輯哲學論》將它推上了哲學的高峰。《邏輯哲學論》採取「極端經驗論」的立場，它所持的「人觀」是「唯我論」（solipsism，或譯爲「獨我論」），認爲科學家必須堅持「價值中立」的立場，站在世界的對立面，以絕對客觀的態度來描述他所研究

的對象。在二十世紀中葉之前，邏輯實證論對世界學術社群有非常深遠的影響，許多科學家都相信從事科學研究，必須堅持「價值中立」（value-neutral）或「價值去除」（value free）的態度。

牟宗三青年時期便讀過張申府（1927/1988）所譯的維根斯坦著作《邏輯哲學論》（中文名爲《名理論》）。他在三十三歲之年，即出版《邏輯典範》一書（牟宗三，1941），內分四部分，分別討論：邏輯哲學、眞理值系統、質量系統、邏輯數學與純性，共六百餘頁。四十年後，他再次翻譯維氏的這本著作，加上「譯者之言」，並以同樣的書名《名理論》出版，可見他對維根斯坦這本著作的重視。

前期維根斯坦哲學抱持著一種「反形上學」的態度，爲了要將宗教形上學的概念排除在「科學」的領域之外，他在《邏輯哲學論》的第七部分特別強調：「對於不可說的東西，要保持沉默」。

第三節　科學哲學的演化

牟宗三對維根斯坦區分「可說／不可說」的方式卻大不以爲然。他在投入畢生心力，整理儒家思想統緒，寫出三巨冊的《心體與性體》（牟宗三，1968，1969），並獨立譯完康德的三大批判書之後（牟宗三，1982，1983），又在思想最爲成熟的望八之年，將他老師張申府曾經譯成中文的《邏輯哲學論》再次翻譯，並且同樣以《名理論》的題目出版（牟宗三，1987）。他所譯的《名理論》跟張申府（1927/1988）六十年前譯本的最大不同，是他在書前增加了一篇〈譯者之言〉。

在這篇〈譯者之言〉中，牟宗三很清楚地表明他對這本名著的不滿。他說：「這作爲基礎的邏輯對於哲學問題（形上學問題）實不能決定什麼，即使可說與不可說也不是邏輯所能決定的。因此，這部具體而微的純粹理性之批判（語言之批判）也只是一時令人醒目（驚世駭俗）的廿世紀的纖巧之學而已。」

既然如此，牟宗三爲什麼還要在他重暮之年，重譯《名理論》呢？爲了說明這個問題，同時也爲了說明牟宗三堅持誤譯康德知識論的嚴重性，在此我們必須先說明何謂「科學哲學的演化系譜，《社會科學的理路》在

介紹「批判實在論」的時候（黃光國，2018），曾經引用巴斯卡（Bhaskar,
1975）所繪製的一張圖，說明科學發現的三步驟。古典經驗論的傳統（包
含實證主義）僅止於第一步，新康德學派的傳統看到第二步的必要，但它
卻沒有像先驗實在論那樣，旗幟鮮明地說清楚第三步所蘊涵的意義。

實證論者的知識工作

從「批判實在論」的這三個步驟可以看出：科學哲學的發展曾經經歷
過三次大的典範轉移（見圖 2-1）：「古典經驗論」（classical empiricism）
以休姆（David Hume, 1771-1776）作爲代表。這一派的思想家認爲：
知識的終極對象是原子事實（atomic facts），這些事實構成我們觀察到
的每一件事，它們的結合能夠窮盡我們認識自然所必要的客觀內容。
「知識」和「世界」兩者表面的許多點，有同構的對應關係（isomorphic
correspondence）。

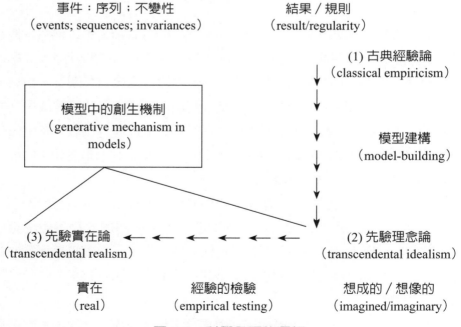

圖 2-1　科學發現的邏輯

資料來源：取自 Bhaskar（1975: 174）

　　由古典經驗論分歧出的是「實證主義」，1930 年代維也納學圈推動的「邏輯實證論」則將實證主義的發展推到了最高峰。「邏輯實證論」者在「本體論」方面，採取了「極端經驗論」的立場，認爲藉由感官經驗所獲得的事實（empirical facts），就是唯一的「實在」（reality），科學家不必在「經驗現象」背後，追尋任何造成此一現象的原因或理由。這種「本體論」立場，讓他們在「知識論」上主張：科學方法「證實」過的知識就是「眞理」，因此他們在「方法論」上主張「實證論」，而旗幟鮮明地主張：「一個命題的意義，就是證實它的方法」（Schlick, 1936）。

　　西方哲學的基本立場是在「變異」（Becoming）之中思索「存在」（Being），邏輯實證論並沒有背離這一立場。然而，對於邏輯實證論者而言，邏輯是支撐世界的先驗性形式架構，它是「先於一切經驗的」。而世界則是「依其本來面目而存在的」，世界的邏輯結構是「統一科學」（unification of science）的基礎，「即使沒有世界，也會有一個邏輯」（Wittgenstein, 1945/1953）。

先驗理念論

　　和「實證主義」立場相反的，是康德提出的「先驗理念論」（transcendental idealism），及大多數「後實證主義」者所衍生出的各種不同版本。依照這一派的觀點，科學研究的對象是實在的（real），其「本體」（noumenon）卻是「超越」（transcendent）而不可及的，永遠不可爲人所知。人類感官能知覺到的，僅是表徵「實在」的現象而已。由於實在的「物自身」（thing-in-itself）永不可及，科學家從事科學活動的目標，是要用他創造的想像力（creative imagination），以「先驗的理念」（transcendental ideas）建構理論，描述自然秩序或模型。這種目標是人爲的建構，它們雖然可能獨立於特定的個人，但卻不能獨立於人類的活動，所以必須禁得起科學學術社群用各種不同的「實徵研究方法」（empirical research methods）來加以檢驗。

　　正是因爲：科學研究對象的本體（即「物自身」）是超越而永不可及的，以這樣的「本體論」作爲基礎，他們的「知識論」主張：科學家所建構的理論僅是「接近眞理」而已，它並不代表「眞理」，所以必須禁得起

科學社群的成員用各種不同的方法來加以「否證」（Popper, 1963），因此它的方法論立場是「否證論」，而不是「實證論」。

「先驗的機制」

第三種立場是「批判實在論」者所主張的「先驗實在論」（transcendental realism）。它比「先驗性理念論」更進了一步；雖然在本體論方面雖然也採取「實在論」的立場，但它卻認為：科學研究的對象，既不是「現象」（經驗主義），也不是人類強加於現象之上的建構（理念論），而是持續存在並獨立運作於我們知識之外的實在結構（real structure）。科學活動的目標在於找出產生現象的結構性「機制」（generative mechanism），這種知識是在科學活動中產生出來的。依照這種觀點，科學理論既不是自然的一種「表象」（epiphenomenon），自然界中存在的事物也不是人類製作出來的產品。「知識」和「世界」兩者都是有結構、可分化、並且不斷在變異之中的；後者獨立於前者而存在。

在圖 2-1 中，包括「邏輯實證論」在內的「古典經驗論」，和代表「後實證主義」的「先驗理念論」之間，係以垂直向下的箭頭連結，這表示：這兩種科學哲學的典範，不論在「本體論／知識論／方法論」各方面，都是不可通約的（inconsummerable）。在西洋哲學史上，主張不同典範的哲學家通常都會互相辯論，甚或發生直接的衝突。當時維根斯坦一派的實證主義者認為：哲學中並無真正的問題，而只有語言上的困惑（linguistic puzzles），他們刻意要構造一種完美的語言，因此在語言分析上投注大量精力，終於發展出由語意學、語法學、語用學所組成的記號學。這一派人士也因此被稱為「語言分析派」，或逕呼「分析學派」、「語言哲學」等等。但波柏（Popper）卻抱持完全不同的看法，他認為哲學中並不是只有語言問題，而是有真正的問題存在，例如「我們透過感官是否能夠了解事情？」（Do we know things through our senses?）「知識是否由歸納而來？」（Do we obtain our knowledge by induction?）「無限是否存在？」（whether potential or perhaps even actual infinities exist?）「道德律是否有效？」（the validity of moral rule?）等等都是亟待解決的哲學問題（Magee, 1971）。

邏輯實證論之死

　　維根斯坦和波柏在年齡上雖然有所差距，卻是生活在同一世代。他們在學術上的針鋒相對終於導致兩個人的正面衝突。1947 年，波柏應劍橋大學道德科學俱樂部之邀，前往發表主題演說。當時維根斯坦聲望正隆，維氏處世一向相當獨斷，他對該俱樂部又有極大的影響力，他預先指定題目，希望波柏從語言分析的角度，談「哲學的困惑」。但波柏不爲所動，逕自另訂題目，論述哲學中的許多問題，跟維根斯坦的看法大相逕庭。當時維根斯坦極力主張：哲學的問題其實只是語言的問題而已；解決了語言的難題，哲學就沒有問題存在了。波柏大不以爲然，於會中公開表示哲學問題極多，哲學問題並非僅是語言問題，因此與維根斯坦發生了激烈的爭論，維氏後來漸趨下風，終於大怒拂袖而去。

　　那一年，波柏四十七歲。剛開始在學術界嶄露頭角。到了 1960 年代，以波柏（Popper, 1963, 1972）的進化認識論爲首的後實證主義，以及孔恩（Kuhn, 1972）的科學革命論開始在世界學術社群中風行，邏輯實證主義變成了一種陳舊的觀點。美國約翰・霍浦金斯大學（John Hopkins University）甚至舉辦了一次研討會，主題爲「邏輯實證主義的遺產」（The legacy of Logical Positivism），正式宣布「實證主義」時代之終結（Achinstein & Baker, 1969）。波柏在其自傳中（Popper, 1976）討論「誰殺死了邏輯實證論」（Who killed Logical Positivism）時，更引述巴斯摩（John Passmore）的話：「因此，邏輯實證論死了，或者說，就像過去曾有過的哲學運動一樣地死了。」（Logical Positivism, then, is dead, or as dead as a philosophical movement even becomes.）並承認他自己就是劊子手。維根斯坦在他後來出版的《哲學探討》一書的序言中，也承認他的這本早期著作「犯了嚴重的錯誤」（Wittgenstein, 1953）。

第四節　「知性」的兩種性格

　　值得注意的是：在牟宗三翻譯維氏著作之時，維氏所著的《哲學探討》一書早已出版。牟宗三雖然知道：「後來邏輯實證論全本此書而成爲

廿世紀最聳動人的時髦哲學」，但他既未注意維氏跟波柏之間的衝突，也沒有提到維根斯坦後期所提出的「語言遊戲」論。他的〈譯者之言〉說：「吾今順其講套套邏輯而進一步了解邏輯之本性，重解邏輯之系統，如吾《認識心之批判》中之所說」。可是，牟宗三在他的《認識心之批判》中，到底說了些什麼？

　　這篇〈譯者之言〉開宗明義地說：「我之重譯此書是因為我要重印我的《認識心之批判》一書。《認識心之批判》之寫成正是處於羅素學與維氏學鼎盛之時，其目的是想以康德之思路來消融彼二人之成就，雖然我當時並未透徹了解康德。我當時只了解知性之邏輯性格，並未了解知性之存有論的性格，而此後者卻正是康德學之拱心石。」

　　在這段引文中最值得吾人注意的是牟宗三當時所了解的「知性之邏輯性格」以及後來所了解的「知性之存有論的性格」。朱建民（2003）在〈《名理論》全集本編校說明〉中說：「牟先生在文字表達上刻意採用直譯法，並隨處添加案語以疏解之。」從牟氏這篇〈譯者之言〉中對維根斯坦這本譯作「隨處添加」的案語，我們可以看出牟宗三本人對於「知性」這兩種性格的看法。

「啟發語言」與「指點語言」的分類

　　牟氏認為：在科學與情感二分的語言之外，還有一種「啟發語言」或「指點語言」。就「知性之存有論的性格」而言，凡康德所說屬於智思界者，都是「啟發語言」或「指點語言」。因此，牟宗三（1987：6-18）在其「譯者之言」的結尾部分，重新劃分「可說」與「不可說」的界線如下：

　　「可說」有分解地可說，有非分解地可說。

　　甲、凡在關聯中者，皆是分解地可說者，此是邏輯語言。（關聯，有是內處的關聯，有是超越的關聯）。

　　內處（宇內）的關聯，有是純粹形式者（如邏輯數學中者）；有是經驗的材質者（如自然科學中者）。

　　超越的關聯，是屬於實踐理性者，如道德，乃至道德的神學（宗教）。

　　乙、非分解地可說者，是實踐理性中圓教的事。圓教中之圓滿的體現，乃是非分解地說者。非分解地說，是詭譎地說，遮顯地說，此是啟發語言或指點語言。

　　所謂「佛說法四十九年而無一法可說」，乃是捨棄詭譎論辯後的一切皆「如」，是一種點化。佛陀說法四十九年，有的是分解地說，有的是非分解地說；而非分解地說所指點的最後之「如」即是不可說。先導之以分解地可說，由此分解地可說進而至於非分解地可說（詭譎地說），由非分解地可說最後歸於不可說。

　　如此而至之「不可說」，雖即不說而亦全體圓明，並非如維氏所謂凡不可說便要保持沉默。若是如此，則人生必然陷於黑暗，而吾人對之亦不能有一隙之明。

「知性」的邏輯性格

　　韓曉華（2016）認為：這種分類方式反映出牟宗三對「哲學語言」（philosophical language）的理解。這個說法是可以接受的。但是她也承認：她自己對牟宗三的「哲學語言」觀「並未能作出全面的剖析」（頁104）。在我來看，要了解牟氏的「哲學語言」觀，還是得從他所認定的「知性的邏輯性格」和「知性的存有論性格」兩方面著手。

　　先就「知性的邏輯性格」來說。牟宗三十分了解，依照維根斯坦《邏輯哲學論》的原意，有知識意義的命題（有涉指經驗對象名字的命題）是可說者；無知識意義的命題，即形而上學的命題，是不可說者。但牟宗三完全反對這種分類方式。他認為：「可說者只限於自然科學之命題為過狹矣」，「形式理性之所以可以符式表示，蓋以其雖非一事件，然卻必須在辨解歷程（discursive process）中呈現」。「因此邏輯之為可說非以其為事件，亦非以其為表象事件之命題，乃是以期在辯解歷程中」。「凡可以拉開為一歷程者皆可說」，他稱之為「分解地可說」。

「知性」的存有論性格

　　再就「知性的存有論的性格」來說，牟宗三（1983）非常推崇《大

乘起信論》「一心開二門」的說法，在《中國哲學十九講》的第十四講中，他很清楚地表明：「一心開二門」是中西哲學的共同架構，整個中西哲學都是一心開二門。在西方，生滅門相當於康德所說的感觸界（phenomena）。但他認為中西哲學對二門的側重各有不同，在西方，它積極地展示了真如門，而對於生滅門，對於經驗的知識則意識不很清楚，是消極的，這也就是說西方哲學家充分展示了執的存有論，即現象界的存有論，並沒有充分證成或開出本體界的存有論；中國哲學則積極展示了無執的存有論，對執的存有論並沒有給予積極重視。

因此，在上述分類系統裡，「上帝、道、自由意志、無限心，皆可為說者。此四者是一」。它們「本身不在時間中，非為事件」，「非感觸直覺所及」，但可為「智的直覺」所及，是「無限的智心仁體」，「只能逆覺體證之，而不能限定地（積極地）陳述之」，是「在超越的關聯中為消極的可說者」，所以牟氏認為：「實踐理性的事」屬「分解地可說者」。

然則什麼是「非分解地可說者」？牟宗三認為：凡「圓教中關於圓滿的體現」者皆屬之，譬如，漢傳佛教所說的「三千在理同名無明，三千果成咸稱常樂」，「實相一相，所謂無相，即是如相」；道教的「俄而有無矣，而未知有無之果孰有孰無矣」，「其上不皦，其下不昧，迎之不見其首，隨之不見其後」，儒家的「體用顯微，只是一機，心靈知物，渾是一事」，都是非分解地可說者。它們雖指點不可說，「然並非不清楚，亦並非不理性，乃只是玄同地說，詭譎地說」。

邏輯的我

牟宗三所謂「知性的存有論的性格」到底蘊含了那些問題，我們將留待本書第十一章〈「無限智心」及其「自我坎陷」〉及第十二章〈「無限智心」與「性智顯發」的科學詮釋〉再作細論。這裡我們必須扣緊本書主題，從他早年即已確立的「知性的邏輯性格」來檢視他的科學觀。在《現象與物自身》中，牟宗三（1975）對於所謂「認知的主體」曾經作更進一步的解釋：

經由這一執所成的認知主體（知性）是一個邏輯的我，形式的我，

架構的我，即有「我相」的我，而不是那知體明覺之「真我」（無我相的我），同時它亦不是那由心理學意義的刹那生，滅心態串系所虛構成的心理學的假我。它的本質作用是思，故亦曰「思的有」（Think being），「思維主體」（Thinking subject），「思維我」（Thinking self）。（頁124）

所謂「思維主體」、「思維我」，就是「邏輯的我」、「形式的我」、「架構的我」，它不是「知體明覺之『真我』，也不是心理學意義的『假我』」，這種論點很明顯地就是維根斯坦「唯我論」（solipsism）中所說的「形上學的自我」（metaphysical self），而不是波柏所說的「主體我」。

牟宗三之所以強調：良知必須「自我坎陷」才能轉成「認知主體」，乃是因為邏輯實證論者認為：科學家在用科學實驗方法檢驗「綜合命題」之真假時，必須保持「價值中立」；他們更普遍相信：當科學家以「分析命題」將經過檢驗的「綜合命題」整理成科學理論時，他們自身便已經成為「邏輯的我」或「形式的我」。牟氏非常清楚地說明了這一點：

以執思為自性的「思的我」空無內容，定常而為形式的我，形式的有（Formal self, Formal being）。它之所以為形式的，是因為它的「執的思」不能不是邏輯的；因為是邏輯的，它不能不使用概念（就基本而先在者說，或是邏輯概念，或是存有論的概念），因而亦是一架構的我。架構者因使用概念把它自己撐起來而成為一客觀的，形式的我之謂也。這不是說它本身是一個結構或構造（心理學的假我，虛構我，是一個結構或構造，見下），亦不是說它本身的形構作用或組構作用（Formative or Constitutive function），但只說它本身是因著使用概念而把自己撐架成一個形式的我。就其為「形式的我」而言，它是純一的定常的；它是一個常住不變的我（Abiding self）。它是純一的（one and the same, simple and unique），是因為它只是那明覺之光之停滯，而別無其他，故不是一個結構或構造。它是定常的（Constant），因為它一旦形成，它即常住不變，它是自身同一者：它可被解消，歸於無執即被解消；它亦可被形成，有執即形成；但一旦形成，其自身無生滅變化。這一切說法只在明它是一個「形式的有」，決不可把它誤認為是那知體明覺之無我相的真我。

　　牟宗三的科學觀很明顯地受到維根斯坦前期哲學的影響，所以他才會認為：所事科學活動的「認知主體」是一個「邏輯的我」、「形式的我」（Formal self）、「架構的我」，也是一個「常住不變的我」（Abiding self）；所以他才會提出「良知的自我坎陷」說，認為：「絕不可把它（即「形式的我」）誤認為是那知體明覺之無我相的真我」。

第五節　牟宗三的誤區

　　在《牟宗三哲學思想研究：從邏輯思辨到哲學架構》一書中，王興國（2007）以極長的篇章，追溯牟宗三哲學思想的淵源，他根據牟先生早期的著作《邏輯典範》、《理則學》與《認識心之批判》，先處理邏輯、邏輯學與邏輯哲學的問題，先安立客觀的「認識心」，再從「邏輯我」，轉升到「超越的邏輯我」，從認識論過渡到形上學，透入「超越真我」。

　　所謂「超越真我」，就是所謂「知體明覺之無我的真我」。這裡我們可以看到牟宗三的誤區之一：在《哲學探究》一書中，維根斯坦很坦誠地承認自己前期哲學犯了嚴重的錯誤。邏輯其實只是一種人造的語言，跟人們日常生活中所玩的「語言遊戲」，本質上並無不同。牟宗三強調「邏輯我」、「形式我」、「架構我」的重要性，甚至認為這是從事科學活動的「認知主體」，這可以說是牟宗三的第一個誤區。

　　牟宗三晚年翻譯維氏著作之時，維氏所著的《哲學探究》一書，早已出版（Wittgenstein, 1945）。牟宗三在翻譯《邏輯哲學論》時所加的「譯者之言」，雖然可以讓我們看出中、西文化的根本差異，但他既未注意維氏跟波柏（Popper）之間的衝突，也沒有提到維根斯坦後期所提出的「語言遊戲」論，反倒在維根斯坦前期哲學的影響之下，提出了他的「良知自我坎陷」說。

康德的「反形上學」

　　在進一步析論牟宗三的科學觀還有那些盲點之前，我們必須先對康德的知識論有些基本的理解。在康德《純粹理性批判》（鄧曉芒譯，2004）的〈序言〉中，他很清楚地說道：

　　這部批判的分析部分將要證明，空間和時間只是感性直觀的形式、因而只是作爲現象的物存在的條件。如果不能有與知性概念相應的直觀，我們就沒有任何知性概念、因而也沒有任何要素可達成物的知識，於是我們關於作爲自在之物本身的任何對象，不可能有什麼知識。只有當它是感性直觀的對象時、也就是作爲現象時，才能有知識。由上述證明當然可以推出，只要有可能一切理性思辨的知識，都是限制在經驗的對象之上。儘管如此，……對於作爲自在之物本身的這些對象，哪怕不能認識，至少也必須能夠思維。否則的話，就會推導出荒謬的命題：沒有某種顯著的東西卻有現象。

　　這段引文中，最值得注意的一段話是：只要可能作爲理性思辨的一切知識，都是限制在經驗的對象之上的，「我們關於作爲自在之物本身的任何對象，不可能有什麼知識，只有當它是感性直觀的對象，也就是作爲現象時，才可能有知識。」本書第四章〈實在論與啟蒙的辯證〉將會進一步說明：康德知識論的主要內容，以及他提出其知識論的文化脈絡。這裡我們要指出的是：儘管大多數哲學家不贊成康德堅決「反形上學」的態度，但大家仍然主張「科學實在論」。

科學實在論

　　波柏的「批判理性論」採取了一種和理念論較爲接近的「實在論」（realism）立場，認爲：「物自身」雖然不可爲人所知，科學理論對於其對象之本體（noumenon）所作的種種推測，都是實在的。更清楚地說，在西方文化裡，源自基督教的宗教形上學一直是實證論者所要拒斥的對象，邏輯實證論甚至認爲：所有形上學的術語都沒有科學上的意義，都應當排出科學的領域之外。後實證主義興起之後，許多科學哲學家都放棄了這種觀點，譬如，沃特金斯（Watkins, 1975）例舉了許多證據，說明科學內部也有許多形而上學的成分。許多科學中的理論述與都是形而上學的，它們也具有本體論的主張，並曾經在科學進展的過程中，發揮相當重要的決定性作用。邦格（Bunge, 1977: 24）則認爲：「好的形而上學和深刻的科學之間，並沒有鴻溝存在。每一種廣泛的科學性理論，都可以看做是形

而上學的；而每一種帶有科學成果並作出概括的本體性理論，或者以公理化約科學理論作為基礎的本體論，都可以說是科學的。」

值得強調的是，後實證主義者雖然同意：科學家必須對現象背後的「本體」做出種種猜測，但他們仍然接受康德的說法，認為「現象」和「物自身」之間，有一不可跨越的鴻溝存在。正是因為如此，科學家必須不斷地針對他所觀察到的現象提出問題，建構「嘗試性的理論」或「嘗試性的解決」，並回到經驗界中來加以檢驗。更清楚地說，波柏從未全面否定經驗主義。經驗雖然不是知識的唯一來源，但它卻是檢驗知識的基礎。一個假說在尚未經過經驗的檢驗之前，和神話或幻想並沒有什麼差別。唯有經過經驗事實的否證考驗之後，假說才能成為科學的理論和知識。

「糊塗的」「超越區分」？

受到「邏輯實證論」深刻影響的牟宗三（1975）顯然不知道西方科學哲學的這種轉向。他在《現象與物自身》的本文中，提出著名的「良知自我坎陷」說，在該書的「序言」中，認為「現象」與「物自身」的區分是不必要的。他說：「現象」與「物之在其自己」的超越區分，是康德哲學系統的重大關鍵，「幾乎其書中每一頁俱見到」。

單憑與上帝相對照，則我們不能顯明豁然地知這些認知機能只能知現象，而不能知物之在其自己，而現象與物之在其自己底殊特義亦不能穩定得住，因此，它們兩者之間的超越區分亦不能充分被證成。說我們的感性知性不能及於上帝，不朽與自由，這是顯明的，但說它們不能及於物之在其自己則並不如此之顯明。從我們的感性知性說上去或說出去，我們的感性知性是敞開的，是一個既成的事實，並未予以價值上的決定與封限；而到需要說它們所知的只是現象，而不是物之在其自己時，便憑空引出了這超越的區分而予以重大的封限；但這超越的區分是一個重大的預設，事前並未有交代，亦未予以充分的釐清；單憑與上帝相對照，這區分本身就脆弱不穩，物之在其自己這一概念本身就很糊塗（隱晦），因此，現象這一概念底殊特義亦不能被穩定。如是，因著這樣不穩的超越區分而來的對於我們的感性知性之封限亦封不住，人們可以不理，或只隨著康德那麼說，

很少能眞切正視其確義，而且不正視還好，愈正視愈糊塗，亦無法正視其
確義，因爲這超越區分本身就糊塗故。（頁 5）

「無限智心」開出「物自身」？

現象與物自身之間的「糊塗的」「超越區分」一旦取消，「屬於本體
界」的「良知」、「虛一而靜的道心」，或「如來藏自性清靜心」當然也
可以在「本體界」探索。所以牟宗三（1975）認爲：

又，如果我們只看表面的字眼，誰能想到於佛家的「緣起性空」處可
以說「物之在其自己」？誰能想到誠體成己成物所成之事事物物之在其自
己？誰能想到知體明覺之感應中之物與事物與事之在其自己？不特此也，
縱使莊子之逍遙無待之自在亦不容易被想到即是康德所說之「物之在其自
己」。然而如果如康德所說的「物之在其自己」是對上帝而言，對其所獨
有的智的直覺之創造性而言，則在自由無限心前爲「物之在其自己」乃必
然而不可移者。如是，在實相般若前可以開出一個無自性的「物之在其自
己」，亦是必然的；在明覺感應中之物爲「物之在其自己」，這亦是必然
的；至於逍遙無待中之自在，乃至玄同中之有，歸根復命中之物，其爲
「物之在其自己」，更不必言矣。中國傳統中的三家以前雖無此詞，然而
通過康德的洞見與詞語，可依理而檢出此義。此既檢出，則對見聞之知
（儒家）、成心（道家）、識心之執（佛家）而言，萬物爲現象，此亦可
順理而立也。（頁 17）

從上述引文中，我們可以很清楚地看出，牟宗三是如何依中國傳統智
慧，吸納與消化康德思想，以重鑄自己的哲學。事實上，他也是依照同樣
的方式在「消化」維根斯坦的《邏輯哲學論叢》，並將之融攝入自己的思
想體系（蔡仁厚，2003）。然而，站在本文的立場，我必須指出的是：牟
宗三的這種論點，讓他的哲學體系陷入了自我矛盾的困境。這個困境可以
讓我們看出中、西文明的根本差異，這也是中國科學家（尤其是社會科學
家）難以建構西方「機械論」式之「科學理論」的關鍵所在。

科學形上學與精確哲學

　　牟宗三非常了解：「現象」與「物之在其自己」的超越區分是康德哲學系統的重大關鍵，「幾乎在其書中每一頁都可以見到」。康德「物自身」的概念確實受到許多批判，它也成爲德國觀念論者所要解決的主要課題。可是，從「後實證主義」的角度來看，正是因爲「現象」與「物本體」（物自身）之間有一道「不可跨越」的鴻溝，科學家必須針對其研究對象的「本體」不斷作出猜測，科學才會不斷進步。所以主張「科學無政府主義」（anarchistic theory of knowledge）的費耶本德（Feyerabend, 1978）認爲：「實在論」是科學進步眞正的動力。

　　然而，因爲康德哲學對於「現象」和「本體」（物自身）之間的區分，和中國文化傳統扞格不入，中國的科學工作者很難把握住「進化認識論」的精義，所以在建構「機械論」式的科學理論上也不容易有重大的突破。從邏輯實證論的角度來看，牟宗三（1975）在《現象與物自身》一書的序言中批評康德在「現象」與「物在其自己」之間的超越區分是可以理解的，但他認爲他所主張的「無限智心」可以開出「物自身」，則令人完全無法理解。

　　主張「精確哲學」（exact philosophy）的邦格（Bunge, 1977）認爲：形上學是科學的延伸，形上學的範疇與假設，和科學的基本概念和普遍原理是等同的。因此，他主張用「假設-演繹系統」的精確方式，來整理形上學的本體論系統。在這樣的系統裡，有公設、定義、定理、引理等等，分別構成系統的內容。在科學形上學的系統裡，這些公設與科學命題有著邏輯上的聯繫，能夠對科學研究的結果作概括性的說明，然而，它們卻是以公設的方式被引進系統之中，並未曾加以證明，在結構上是一種獨立的部分。在邦格看來，日常語言非常模糊而且貧乏，邏輯和數學的語言則具有精確、豐富的特性，要想在本體論中消除模糊而達到精確性的要求，則必須使用邏輯和數學的語言取代日常語言。

牟宗三的矛盾

　　從康德對「理論理性」和「實踐理性」的區分來看，以「精確哲學」

或「科學形上學」來建構本體論系統，完全是「理論理性」的作用，跟「實踐理性」毫不相干。牟氏說：

　　如果如康德所說的「物之在其自己」是對上帝而言，對其所獨有的智的直覺之創造性而言，則在自由無限心前爲「物之在其自己」乃必然而不可移者。如是，在實相般若前可以開出一個無自性的「物之在其自己」，亦是必然的；在明覺感應中之物爲「物之在其自己」，這亦是必然的；至於逍遙無待中之自在，乃至玄同中之有，歸根復命中之物，其爲「物之在其自己」，更不必言矣。

　　這種論點等於是要取消「理論理性」跟「實踐理性」之間的區別，而且跟他苦心孤詣所營構出來的「良知自我坎陷」說自我矛盾。如果牟氏所謂的「自我無限心」可以開出「物之在其自己」，良知又何必「自我坎陷」方能開出「科學」？

　　在《牟宗三哲學思想研究》中，王興國（2007）認爲：牟宗三一甲子的工夫都在「消化康德、改造康德、超越康德」，他的《認識心的批判》，原本是爲了要取代康德的《純粹理性批判》；他有意通過康德哲學，建立起中國哲學，並爲中西哲學的會通，撐開一個普世的架構。然而，從本書系的立場來看，康德哲學和中國哲學分屬兩種截然不同的文化系統，在西方，康德的知識論辯證性地發展出後實證主義的「先驗理念論」，和批判實在論的「先驗實在論」（見圖2-1）。如果爲了通過康德哲學建立中國哲學，而刻意系統性地誤譯或扭曲其核心概念，我們勢必難以理解科學哲學的演化系譜。

科學哲學的「知識型」

　　傅柯（Michel Foucault, 1926-1984）以知識考掘學（archeology of knowledge）研究歐洲人文科學「使知識成爲一定思想形式的歷史」。這種必然的、無意識的和匿名的思想形式，傅柯稱之爲「知識型」（episteme）。知識型是「歷史的先在」（historical a priori），它「在一已知時期，在總體經驗中劃定知識領域的界線，定義該領域中之對象所顯現

的存在模式（the mode of being），以理論的方式界定人們每日知覺並視之為真實事物的條件」。它是思想的基底，在一特定的時代中，它是潛藏在所有人類知識傾向底下的心靈超結構，是一個類似「先驗歷史」的概念框架。

傅柯的知識型奠基於歷史結構體之間的不連續性。傅柯相信：在每一個知識型的階段中，所有的知識領域間存在著一種高度的同構型態（isomorphism），亦即存有相當類似的結構和型態。他認為：他所辨認出來的四個知識型是「不可共量的」，它們之間存有「謎樣的不連續性」。這四個知識型是：直到十七世紀中葉的前「經典知識型」；直到十八世紀末的「經典」知識型；「現代」知識型；以及從 1950 年才開始算起的當代知識型。

傅柯當年分析的主要對象，是西方的人文社會學。其實科學哲學也經歷過類似的「知識型」轉換，而形成所謂的「科學哲學的演化系譜」。在廿世紀初期，繼維根斯坦的「邏輯哲學論」和維也納學圈所推行的「科學統一運動」，將法國社會學家孔德（Auguste Comte, 1798-1857）所主張「實證主義」推向上了最高峰。

在本體論方面，邏輯實證論採取了極端經驗論的立場，認為感官所經驗到的實在，才是「純粹的實在」。牟宗三很可能是受到這種觀點的影響，所以才會將康德的「先驗觀念論」作有系統地扭曲，不但將之翻譯成「超越觀念論」，而且用「打稻草人」的方法，批判「超越觀念論」不是康德的正面主張，其正面的主張是「經驗的實在論」（牟宗三，1975：363）。

正因為實證主義的「唯我論」主張：從事科學研究必須堅持「價值中立」或「價值去除」，所以牟宗三才會認為：儒家文化傳統十分重視「良知」，要想發展科學，其良知必須要「自我坎陷」：

　　知體明覺之自覺地自我坎陷即是其自覺地從無執轉為執。自我坎陷就是執。坎陷者下落而陷於執也。不這樣地坎陷，則永無執，亦不能成為知性（認知的主體）。它自覺地要坎陷其自己即是自覺地要這一執。（頁123）

以「邏輯實證論」和「進化認識論」的「人觀」互相比較，我們可以看出：秉持「進化認識論」的科學工作者並不強調「價值中立」或「價值摒除」，相反的，他在從事科學研究工作，必須不斷地提問，不斷地進行自我辯證，以批判自己對問題所找出的答案。在這種情況下，所謂「良知的自我坎陷」跟科學的發展可以說是不相干的兩回事。

本章小結：本書的內容

牟宗三是廿世紀港台新儒家的代表人物，對會通中西文化一事致力用功最深，成就也最高。他對康德的知識論之所以會產生這種「系統性的扭曲」，一方面是受到時代的限制，無法看出康德知識論對於科學哲學演化系譜的重要性；另一方面則是受到中國文化傳統「知識型」的影響。

本書第二部分「科學哲學溯源」包含三章，第三章說明畢達哥拉斯所組成的學派和柏拉圖學園如何形塑出古希臘的學術傳統；第四章〈外在超越與三位一體〉說明十字軍東征使希臘文化和基督教信仰在中世紀的歐洲互相結合，埋下萌發近代文明的契機；第五章〈實在論與啟蒙的辯證〉說明歐洲文藝復興運動發生之後，康德如何在西方「主／客對立」的文化傳統中，先撰寫《通靈者之夢》，排斥傳統的形上學，然後綜合當時的哲學思潮，提出其知識論。

中國文化傳統的「知識型」與西方完全不同。王興國（2006）研究牟宗三哲學思想的第二本著作《契接中西哲學之主流》指出：牟宗三（1935）二十四歲時寫成《從周易方面研究中國之玄學及道德哲學》，以後對周易哲學即已了無興趣。但他最後完成的哲學體系，卻隱然埋伏了一個中國老易經哲學的架構。這是非常值得注意之事。

《易經》是中國諸經之首，儒家解釋《易經》，發展出倫理；道家解釋《易經》，發展出中國的科學。前者本書系以《宋明理學的科學詮釋》一書予以說明；後者則為本書所關切的主要議題；因此，本書第三部分「易與道：中國科學的發展」包含四章，旨在說明：由中國「天人合一」的文化傳統，只能發展出「有機論」的科學，但此種科學並非停滯不前，不論從天文學、藥理學或儒學來看，其發展的大方向都是在吸納外來文明

的菁華，追求客觀知識。

中國科學之所以予人以「停滯」的印象，在其「陰陽氣化宇宙觀」只能發展出「體用觀」，而不是西方式的本體論。本書第四部分「體用觀與內在超越」包含四章，分別闡述熊十力主張的「體用不一不異」，與西方「主／客對立」的文化形成鮮明的對比，然後說明在體用觀影響之下，華人知識分子其實很難在「先驗」與「超驗」之間，做清楚的區分。

為了闡明本書系主張的文化系統研究取向，本書最後兩章，一章先批判牟宗三主張的「無限智心」與「自我坎陷」，再引用徐復觀的觀點，對其新儒家前輩偏好建構形上學思想體系，提出全面的批判。另一章以我建構的「自我」與「自性」的心理動力模型，說明「內在超越」、「無限智心」和「性智顯發」三者之間的關聯。希望藉此可以讓讀者了解：理解科學哲學演化系譜的重要性，進而達成建立儒家人文主義學術傳統的目標。

參考文獻

王興國（2006）：《契接中西哲學之主流：牟宗三哲學思想淵源探要》。北京：光明日報出版社。

王興國（2007）：《牟宗三哲學思想研究北京》。上海：人民出版社。

朱建民（2003）：〈《名理論》全集本編校說明〉。《牟宗三先生譯述集》。台北：聯經出版公司。

牟宗三（1941）：《邏輯典範》。香港：商務印書館。（絕版）

牟宗三（1968）：《心體與性體（一）》。台北：正中書局。

牟宗三（1968）：《心體與性體（二）》。台北：正中書局。

牟宗三（1969）：《心體與性體（三）》。台北：正中書局。

牟宗三（1975）：《現象與物自身》。台北：台灣學生書局。

牟宗三（1982）：《康德的道德哲學》。台北：台灣學生書局。

牟宗三（1983）：《中國哲學十九講：中國哲學之簡述及其所涵蘊之問題》。台北：台灣學生書局。

牟宗三（1985）：《圓善論》。台北：台灣學生書局。

牟宗三（譯）（1983）：《康德「純粹理性之批判」（上、下）》。台北：台灣學生書局。

牟宗三（譯）：《名理論》。《牟宗三先生全集》（第17卷）。台北：聯經出版公司。

牟宗三（譯）（1987）：〈譯者之言〉。《維特根什坦〈名理論〉》（頁1-18）。台北：台灣學生書局。

牟宗三（譯）（1992）：《康德：判斷力之批判（上冊）》。台北：台灣學生書局。

牟宗三譯作（2003）：〈認識心之批判〉（上）。《牟宗三先生全集》（第18卷）。台北：聯經出版公司。

光棣、湯潮（譯）（1986）：《哲學探討》。台北：水牛出版社。

李明輝（譯）（2008）：《一切能作爲學問而出現的未來形上學之序論》。台北：聯經出版公司。

尚志英（譯）（1995）：《哲學研究》。台北：桂冠圖書公司。

張申府（譯）（1927/1988）：《名理論（邏輯哲學論）》。北京：北京大學出版社。

黃光國（2018）：《社會科學的理路（第四版思源版）》。新北市：心理出版社。

鄧曉芒（譯）（2004）：《純粹理性批判》。人民出版社。

蔡仁厚（2003）：〈學行紀要〉。《牟宗三先生全集》（第32卷）。台北：聯經出版公司。

韓曉華（2016）：〈論牟宗三對「哲學語言」的理解：從牟譯《名理論》來看〉。《國立臺灣大學哲學論評》，51，頁71-106。台北：國立臺灣大學哲學系。

Achinstein, P., & Baker, S. F. (1969). *The legacy of logical positivism: Studies in the philosophy of science*. Baltimore: John Hopkins Press.

Bhaskar, R (1975). *A realist theory of science*. Bhaskar, New York: Routledge.

Bunge, M. (1977). *Treatise on basic philosophy ontology, I: The furniture of the world, 3*. Boston: Reidel.

Feyerabend, P. K. (1978/1996). *Against method: Outline of an anarchistic theory of knowledge*. London: Verso.

Hume, D. (1748). *An enquiry concerning human understanding*. New York: Oxford University Press.

Kant, I. (1781/1965). *Critique of pure reason* (N. K. Smith, Trans.). New York: St Martin's Press.

Kant, I. (1783/2008). *Prolegomena zu einer jeden künftigen Metaphysik, die als*

Wissenschaft wird auftreten können. 李明輝（譯注）：《一切能作爲學問而出現的未來形上學之序論》。台北：聯經出版公司。

Popper, K. (1993). *Unended quest: An intellectual autobiography.* London and New York: Routledge.

Magee, C. L. (1971).The kinetics of martensite formation in small particles. *Metallurgical Transactions, 2,* 2419-2430.

Schlick, M. (1936). Meaning and verification. *The philosophical review,* 45(4), 339-369.

Watkins, J. (1975). Metaphysics and the advancement of science. *The British Journal for the Philosophy of Science, 26,* 91-121.

Wittgenstein, L. (1945/1953). *Philosophical Investigations* (G. E. M. Anscombe & R. Rhees Trans., introduction by G. E. M. Anscombe). Oxford: Basil Blackwell.

第二部分
科學哲學溯源

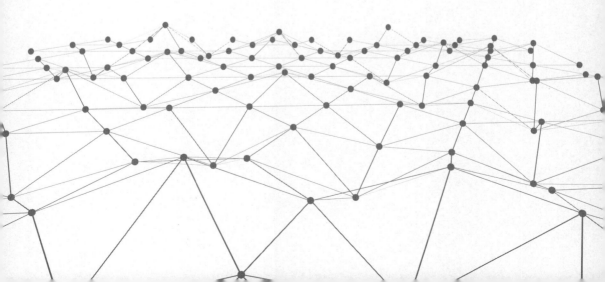

第三章
畢氏學派與柏拉圖學園

　　本書第二章指出：牟宗三（1975）對康德知識論的系統性誤譯，將誘導致步其後的華人學者，使其難以理解康德哲學以及科學哲學的演化系譜。由於康德哲學和科學哲學代表了歐洲啟蒙運動之後西方文明的菁華，本書第二部分將以三章的篇幅，分別介紹〈畢氏學派與柏拉圖學園〉、〈外在超越的「三位一體」〉以及〈實在論與啟蒙的辯證〉。本書此一部分所要指出的是：西方近代文明源遠流長，可以追溯到主張「萬物皆數」的畢達哥拉斯以及他所創立的畢氏學派。柏拉圖所創立的學園，吸納了畢氏學派的宇宙系統觀，並加以發揚光大，爲歐幾里德幾何學和托勒密的天體運行論奠立下基礎。

　　羅馬帝國統一歐洲並將基督教訂爲國教之後，對於外在超越之「三位一體」的信仰，使歐洲陷入長達一千年的「黑暗時期」。直到十四世紀文藝復興運動發生，第谷和克卜勒的天文學研究，才使歐洲從中世紀的黑暗時期露出曙光。

　　然而，在中世紀黑暗時期的長期籠罩之下，基督宗教的勢力仍然餘威猶存。康德的知識論綜合伽利略的天文學觀測和牛頓發現的萬有引力定律，因而成爲歐洲啟蒙運動的開端，而牛頓的發現則象徵著文藝復興運動的結束。

第一節　畢氏學派與「萬物皆數」

　　荷馬史詩所塑造的希臘神話是高度人格化的（anthropomorphic）：以宙斯（Zeus）爲首，眾多與凡人相似的神祇，群居奧林匹斯山上，一共有

十二位主要成員，他們組成一個鬆散、有等級關係的群體。每一個神祇的行事，表面上要顧及「公義」，其實是以各自的喜怒哀樂以及私慾、愛情、利害作爲主要考量，而不是什麼道德或公平原則。他們的能力超乎常人，但不是全知、全能或無所不在，彼此之間也還有強弱之分。人神之間的基本分別，在於常人無論如何卓越英勇，都無法逃脫死亡的命運，而神祇是「永生」的（immortal），而最後必然魂銷魄散，失去豐富的感情和強大的力量。《伊利亞德》主角阿喀琉斯對自己命運的悲嘆，是人神之辯的最佳例子。這部史詩的重要性即在於體現上述的原始宗教觀。

基於這樣的理念，神人之間的關係是概要簡單明瞭的：人不可以像奧德修斯那樣的狂妄自大，出言不遜，干犯神怒而遭受譴罰，他必須謙卑恭敬，定時祭祀奉獻，博取其歡欣和其協助。但亦僅有如此而已，除此之外則兩不虧欠：人不需要遵守道德戒律，神亦無其他特殊恩寵可以賞賜（Guthrie, 1950）。因此希臘的宗教是以族群或者城邦所侍奉的神祇爲重心，其實踐機制在於奉獻祭禮的神廟，和主持其事的男女祭司，其性質爲公共、公開並帶有強烈的現實意義，而不涉及個人的修養，跟東方宗教成爲明顯的對比。

畢達哥拉斯之死

畢達哥拉斯祖籍在今巴勒斯坦的腓尼基，父親是一位銘刻師（engraver）。他大約生於西元前 570 年，由於家庭緣故，自幼就有東方經歷，曾經師承東方的哲人菲勒塞德斯。後來因爲與當地僭主意見相左而離家遊歷，到孟菲斯的神廟中，學習數理知識、教義和儀軌。後來又被征服埃及的波斯大軍俘虜至巴比倫，而得以學習其科學和宗教。他結束遊歷返回故鄉薩摩斯，可能已經四十歲，是西元前 530 年前後的事。

其後不久，他移居希臘人在義大利南部的重要殖民地克羅頓（Croton）。他當時已經頗有名聲，甫經抵達，就受到當地領袖盛大歡迎。他經常對民眾演說，尤其是年輕人和婦女，迅速獲得大眾的尊崇，因而建立以他個人作爲領袖的教派，以及政治上的強大影響力。相傳他在政治上曾經爲克羅頓制定一部憲法；西元前 510 年，由於他的建議，克羅頓決定接納鄰近極其繁榮的大城錫巴里斯（Sybaris）的上百名流亡貴族，因

而與該城開戰，並且大獲全勝。他在克羅頓的權力和菁英統治，因此得以
鞏固，成爲當時的「賢人政治」（aristocracy）的代表，其教派也在義大利
南部所謂「大希臘」諸城市間得以快速發展。

　　可是，到了西元前 490 年左右，這個權力高度集中，而行事作風又極
端隱密的教派，卻惹起一般民衆的反感，而遭到強大的反對力量。守舊的
元老和新興的「民主政治」派（democracy），結合成敵對勢力。畢氏認
爲當地貴族塞隆（Cylon）心術不端，而拒絕接納他入教，但塞隆卻趁畢
氏教派核心聚會的時機，結集群衆將他們圍困，並縱火焚殺，一網打盡，
僅有兩個年輕人得以倖免。據說畢達哥拉斯本人也一起殉難，還有一種傳
聞，他逃往鄰近的城市梅塔龐同（Metapontum），最後被圍困在神廟中餓
死。畢氏教派經過這次重大打擊，第一代核心幾乎全軍覆沒，再也無法恢
復其統一的組織和政治勢力，不過教衆流散到雅典各地，繼續傳播畢氏思
想的影響力。

畢氏教派的組織

　　畢氏教派是一個有嚴格制度和紀律的組織，對於思想、文化都講究浪
漫自由的希臘人，這樣的嚴密組織非常新奇，它在成立之初，因此發揮極
大作用，而得以迅速發展。可是，水能載舟，亦能覆舟，後來畢氏教派受
到群衆圍攻，終於覆滅，恐怕也與此有關。畢氏教派的嚴密組織具有「密
教」的性質，它嚴格規定：所有教徒必須對教外保守祕密，不得洩漏有關
教派的一切規條、教訓、學說和狀況；在教內亦不立文字，不做紀錄，所
有教導、指示，都只能憑師徒、上下級之間口耳相傳。它要求教徒「徹底
投入」：入教者必須經過審查；初入教者只能在帷幕外旁聽教誨，經過五
至七年的人品和心志考察，合格之後，才准許進入內圍，聆聽畢達哥拉斯
本人的教諭。教徒必須保持緘默，謹守戒律，努力學習、思索、求眞，過
有紀律的團體生活；教徒甚至必須奉獻個人的財物，成爲公有。

　　這種傳統方式，似乎是繼承自古埃及或巴比倫的神廟祭司組織，其目
的是要建立一個有嚴格等級制度的宗教團體，以勵志、清修、追求智慧和
知識爲目標，主要特點是：個人修練和知識追求兩者同樣重要，而且緊密
相關；跟中世紀基督教修道院頗爲相似。

　　畢代學派的徒眾還區分爲「聆聽眾」（Akousmatikoi）和「習數眾」（Mathematikoi），前者注重儀式和教規，後者則致力於研習和探索宇宙奧祕。他們主張：「萬物皆教」（All is number），但他們並沒有停留在數目神祕主義（Number Mysticism）的階段，而是從對數目的敬畏、崇拜出發，對宇宙萬物做各種猜測和探索，促成科學的萌芽（Guthrie, 1962）。

數目宇宙學

　　他們將數目的觀念應用幾何學、音樂理論、天文學，而且又認爲幾何與音樂與天文密切相關，企圖以數字來構建宇宙中的知識，而形成所謂的「數目宇宙學」。在柏拉圖《對話錄》的〈蒂邁歐篇〉中，以及亞里斯多德的《物理學》、《形而上學》中留下大量紀錄；柏拉圖晚年以及他去世後數十年間，「學園」學者致力建構的宇宙系統，其源自畢氏思想。

　　畢氏學派認爲：數目序列和幾何元素的衍生是一致的：最原始的是「1」，它相當於沒有大小的點；由於兩點決定一直線，所以「2」是沒有寬度的線；由於三點可以決定一個平面，所以「3」形成三角形，或者沒有厚度的平面；然後是「4」，它相當於四面體（tetrahedron）或者空間。隨著數目序列的前進，可以得到維度（dimension）逐步增加的空間，以及在空間中越來越複雜的幾何形體，乃至現實事物。

　　《對話錄》的〈蒂邁歐篇〉中提到五種正多面體：即四面體（tetrahedron）、立方體（cube）、八面體（octahedron）、十二面體（dodecahedron）和二十面體（icosahedron），柏拉圖時代已經了解它們在數學上的構造，所以稱爲「柏拉圖立體」（Platonic solids）。〈蒂邁歐篇〉將它們與五種基本元素對應：土是由正六面體造成，因爲它是立方體最穩定而不會移動，所以它造成「土」；金字塔的四面體既輕巧又能動，所以造成「火」；其次是八面體，它造成「氣」；再其次是二十面體，所以造成「水」；至於十二面體，則造成天球的整體。

第二節　柏拉圖與其學園

　　柏拉圖（Plato，西元前 427 年—前 347 年）是一位承先啟後、綜匯百

代的人物，也是希臘傳統哲學的創建者：在他的《對話錄》中，充分反映出源自古希臘的自然哲學、蘇格拉底的道德追求，畢氏學派的宗教意識與數理嚮往，充分反映在對話錄中。甚至亞里斯多德和歐基里德以後的西方學術流派，也大多從柏拉圖學園開出。依照雅典貴族的傳統，家世顯赫、才華過人的柏拉圖，本來有意在政治上建功立業求取發展，但他的老師蘇格拉底（Socrates，西元前 469 年—前 399 年）之死，使他改變從政的初衷，並決定以思辨、學術，探索和追求理念作爲終身職志。這個轉變不僅改變了他個人，也造成希臘文明的大轉折。

柏拉圖的轉向

柏拉圖出身雅典世家，尤其是他母親的家族在政治上十分活躍：他的舅父卡米德（Charmides）和克里特雅斯（Critias）曾經擔任雅典的「三十人執政團」（The Thirty Tyrants），他對於自己的顯赫家族相當自豪：《對話錄》主要是以他的老師蘇格拉底爲主角，但他的兩位兄長格勞孔（Glaucon）和阿德曼圖斯（Adeimantus），兩位舅父、同母異父兄弟安堤芳（Antiphon），以及母家其他上輩的親戚，都曾在書中扮演不同角色，並多處出現。

在兩位舅父影響下，柏拉圖青少年時代所受的教育包括競技、繪畫、詩歌、文學等等，和當時一般世家子弟差不多，他景仰逝世未久的雄辯家與政壇偉人伯里克利斯（Pericles，西元前 495 年—前 429 年），頗有步入政途，成就一番功業的雄心。在這階段，他的心態是關切社會和政治，以「榮譽」爲最高目標。

然而，柏拉圖出生與成長的時代，雅典與斯巴達之間發生了長期的伯羅奔尼撒戰爭（Peloponnesian War，西元前 431 年—前 404 年），雅典徹底戰敗之後，其政治充滿了競爭、暴力、虛僞和黨同伐異，無論是與斯巴達占領軍合作的「三十人執政團」，或者將之推翻後繼起的民政體（Democracy），都缺乏他所期望的理性、公平和正義。更嚴重的是，在內戰產生的暴戾氣氛中，他衷心敬佩的老師蘇格拉底，因爲堅持獨立的言論和思想，政敵控告他不敬神祇，最後遭受公開審判，並在西元前 399 年處死。蘇格拉底之死使他對政治的理想和期待徹底幻滅，而且自己的安全

也受到威脅。其後十二年間（西元前399年—前387年），他開始撰寫《對話錄》中的早期篇章，聚焦於蘇格拉底的自辯及道德探究。

柏拉圖四十歲那一年（西元前387年）到西西里島的敘拉古，訪問畢達哥拉斯派學者。回到雅典後，在城外購買了一塊林地，創辦學園。學園的發展方向是以畢派的「四藝」為依歸。此一時期，他開始撰寫《對話錄》的中期篇章（Middle Dialogues），包括〈斐多篇〉、〈國家篇〉、〈斐德羅篇〉等等，其思想也開始脫離蘇格拉底的現世道德訴求和懷疑精神，不再強調「我只知道我一無所知」，而染上濃厚的畢派色彩，表現出探究來世、永生和自然的強烈興趣。

柏拉圖學園的傳統

在第一次西西里之旅中，柏拉圖結識了日後成為南義大利霸主的迪奧尼西一世（Dionysius I），和他的小舅子、年方弱冠的狄翁（Dion），二十多年後的西元前365年，他應狄翁的邀請，再度前往西西里，企圖影響剛剛接掌父位的迪奧尼西二世（Dionysius II），引導他走向「哲王」的方向。這個努力雖然失敗，可是此行卻有另一個重要成果，他得到了費羅萊斯所寫的畢派著作《論自然》。成為他晚年撰寫宇宙論和科學著作〈蒂邁歐篇〉的基礎。

柏拉圖的《對話錄》和「學園」的共同點，是極端重視數學。所謂「數學」，是以數學為核心的數理科學，包括算數、幾何、天文、樂理等「四藝」；另一方面，《對話錄》還包含對靈魂、前世、記憶、永生、天神等的許多討論。因此，柏拉圖所建立的學術傳統，是以科學與宗教兩者作為核心，對西方學術思想產生了深遠的影響。

值得一提的是，柏拉圖學園是一群有獨立思考能力，基於平等地位的學者的非正式聚會，並不是以傳授知識為主的學院，其目的在於共同研討、辯難，以追求真理。因此視之為「機構」或者「組織」，其實都不太恰當。

柏拉圖在學園中，鼓勵並推動數學發展，但自己並不直接參與。他在哲學上也同樣保持開放態度，自己不開宗立派，也不樹立門戶。因此在他之後，學園弟子就呈現出分歧，各自朝向不同方向發展。

第三節　亞里斯多德的宇宙觀

西元前 347 年，柏拉圖以八十高齡辭世。這時候亞里斯多德（Aristotle，西元前 384 年─前 322 年）已經在學園學習和任教二十年已久。他名聲雖高，卻是個「外鄉人」（metric），無權在雅典擁有財產；而且他和崛起中的馬其頓關係極為密切。他的父親就是馬其頓老國王阿敏塔斯（Amyntas）的御醫，阿敏塔斯是當時馬其頓國王腓力之父，後來亞歷山大大帝的祖父。

目的論的哲學

當時馬其頓和雅典在經過一段時間的對峙，已經瀕臨戰爭邊緣。在這樣的形勢下，亞里斯多德被迫離開雅典，到小亞細亞西北角的小邦講學。四年後，他被召到馬其頓，成為少年亞歷山大的導師。亞歷山大登基成為希臘諸邦盟主，並且開始東征之後，亞里斯多德的好友安提伯特（Antipater）出任希臘攝政，他也得以返回雅典，並在呂克昂（Lyceum）開辦學堂，建立他的「逍遙學派」或「漫步學派」（Peripatetics）。在亞歷山大大帝猝逝之後，希臘諸邦群起反叛馬其頓，他再度被迫離開雅典，一年後即鬱鬱以終。

亞里斯多德家族的醫學傳統對他的治學影響至深。他雖然也有天文學和物理學的大量論述，但他的真正興趣是在生物學和自然史。他的哲學以目的論（teleology）為核心，強調變化和發展，他對畢達哥拉斯學派以及乃師柏拉圖雖然都保持尊敬，但他認為：注重嚴格推理的數學與現實世界無關；他的名言即是：「吾愛吾師，吾更愛真理」。柏拉圖的理念論是其哲學的根本，但他對此持全面批判態度，刻意以客觀態度來審視、論述甚至評論它們。本書第五章將進一步析論這種對立對西方學術發展的重要意涵，這裡可以先用近代科學哲學的一本名著，來說明亞里斯多德的宇宙觀對於西方科學傳統的重大影響。

《科學革命的結構》

湯瑪斯・孔恩（Thomas Kuhn, 1922-1996）為猶太後裔，出生於美國

俄亥俄州辛辛那提市。1943 年自哈佛大學物理系畢業後，繼續在母校攻讀博士。1947 年，他爲了準備科學史的教材，開始涉獵亞里斯多德的物理學著作。原先他認爲亞里斯多德的著作不僅一無是處，而且令人難以理解。但該年一個炎熱的夏天，孔恩在反覆翻閱亞氏的物理學著作之後，突然有「豁然貫通」的感覺。他不僅了解亞里斯多德爲什麼會這樣寫，甚至還能預測下幾頁他會說什麼。當他學會用亞氏的典範來看物理運動的現象之後，許多過去他認爲是「荒謬的」陳述，立即變成爲「合理的」了。

這個經驗使孔恩注意到科學發展中不同世界觀轉換的重大問題。他因而開始研讀科學史、皮亞傑的心理學、科學哲學與社會學等方面的著作。1949 年，孔恩獲得哈佛大學博士學位。1957 年，在加州大學 Berkeley 分校任教，並出版第一本著作《哥白尼革命：西方思想中的行星天文學》。這本書研究哥白尼的「日心說」理論如何引發一次科學革命，分析了科學革命應具備的要素。1969 年出版《科學革命的結構》，使其聲名大噪。

《科學革命的結構》是西方科學哲學中最爲暢銷的一本書籍。這一則故事顯示：亞里斯多德的宇宙觀是在哥白尼的「日心說」出現之後，才開始崩解的。在此之前西方人對他的宇宙觀是深信不疑的。因此，我們必須注意西方的思想家如何和他一起塑造出這個重要的傳統。

第四節　歐幾里德的《幾何原本》

代表古希臘理性精神的幾何學，在西元前三世紀達到了巔峰，這主要是柏拉圖學園所建立的傳統持續發展所致，但亞歷山大城和學宮所創造的環境也有相當大的貢獻。這一時期主要數學家一共有三位：集雅典數學大成的歐幾里德，用歸謬法將度量幾何學發揮到極致的阿基米德，以及研究圓錐曲線精細入微的阿波隆尼亞斯。基於本書論旨，此處將只介紹歐幾里德。

型塑現代人的思維

歐幾里德（Euclid，約西元前 330 年—前 270 年）的身世鮮少爲後人所知，文獻中僅有的簡短敘述，僅知他衷心服膺柏拉圖哲學，並曾經

面觀托勒密一世，是西元前 300 年前後人物，但他留下的《幾何原本》（Element）卻影響後世長達兩千年以上。這本書既不是純粹幾何學著作，也不是初級教材，而是編纂當時所有已知的數學成果，並且納入同一邏輯結構的集大成之作。書名 Element 的原意，是指必不可缺的基本數學元素，以之作爲基礎，可以推衍出其他定理；書名所強調的是其整體邏輯結構。如果將此書名翻譯爲《數學原理》，可能更爲恰當。

歐幾里德這本書最重要的貢獻，就是將以前許多數學家以不同途徑獲得的定理、推論、結果，以同樣的結構一起呈現，使其成爲渾然整體，這是他的目標和理想。這一理想不但深入影響了後世數學，而且也影響西方科學。科學並不是將許多不相干的事實、觀念、知識拼湊在一起，而是具有邏輯結構的系統，其中基本理念、原理、推論和觀測結果各有其位置，必須以邏輯與數學嚴格的聯繫起來，這樣的理想在《幾何原本》中第一次呈現出來。

《幾何原本》第一卷開宗明義，列出 23 條「定義」（definition）；接著是 5 條「公設」（postulate）；然後再有 5 條「共同觀念」（common notion），「公理」（axiom），這三者構成全書的理論基礎；由此導出 48 道「命題」（proposition），它們可能是「定理」（theorem），也可能是問題（problem）：每一道命題都是先敘述最終結果，然後根據上述定義、公設、公理，以及先前已經證明過的命題，逐步推論，提出證明或者解決方法，最後得到命題爲止。第二以至第十三卷的結構與第一卷相同，它們都是以同樣的公設和公理，因應新題材而設立新定義，並且在證明過程中，應用業已經證明過的命題。全書總共將近 500 道命題，都是根據 10 條公設和公理以及相關定義推斷出來，形成了一個龐大而嚴密的邏輯結構。這是每一個受過現代教育的人都必須學習和反覆練習的事物。這本兩千三百年前的著作，直到今天，仍然在塑造現代人的共同思維模式。

第五節　托勒密的「地心說」

托勒密（Claudius Ptolemy，約 100-175）大約是西元二世紀的人，從他羅馬化的希臘原名「Claudius」，可以看出：他可能是具有羅馬公民身

分的希臘後裔；至於「Ptolemy」，大概指他在尼羅河上游的出生地。西元
147 年左右，他曾經在亞歷山大城以東 24 公里的卡諾普斯（Canopus），
樹立刻有行星理論模型的石碑，所以他的天文觀測可能是在亞歷山大城所
作。他的著作大量引用前人工作的成績，這很可能是利用學宮圖書館的豐
富資源。無論如何，他交遊不廣，生前籍籍無名，影響不大，他在安穩的
環境中，應用學宮設施，潛心規則、研究、著述，才能充分總結希臘科學
的廣大傳統。

天文學《大匯編》

　　托勒密的巨著原名《數學匯編 13 卷》（The 13 Books of Mathematical
Collections），又稱《大匯編》（The Great Collection），共 13 卷，約 40
萬字，包括 20 個表，將近 200 幅圖解，是一部數理天文學匯編，旨在闡
明如何根據它所提出的理論模型測算天體運行的各種相關現象。它從基本
原理出發，作了全面系統性的論述，主要內容包括：(1) 在《幾何原本》
的基礎上建立的數學工具，如球面三角學；(2) 天文觀測數據，包括歷史
資料和他自己蒐集的第一手資料；(3) 由觀測決定的星表；(4) 由計算得到
的天體運行數表；(5) 前人所作的理論分析和評論；甚至還有 (6) 天文儀
器的原理和構造。因此其內容兼有數學教材、儀器描述、觀測紀錄、數據
匯編、科學史等多方面的功能，可以說是一套天文學百科全書（Pedersen,
1974）。

　　《大匯編》的內容可以分為導論、天文觀測、日月、恆星、行星等五
大部分。在「序言」中，托勒密追隨亞里斯多德，提出他的哲學觀和宇宙
觀，將知識劃分為實際與理論兩類，後者再劃分為形而上學、數學和物理
學三項。天文學像物理學一樣，必須依賴於感官知識，同時亦像數學，具
有恆久不變的性質，因此介於物理與數學之間。但由於它可以嚴格推算，
所以托勒密寧將之歸於數學。

「地心說」與「本輪—均輪」模型

　　亞里斯多德的宇宙觀認為：地是球形，居宇宙當中而靜止不動，
相對於宇宙，它極其微小，只如一點；日月星辰鑲嵌其上的「諸天」

（heaven），亦是球形，它有兩個主要運動：每日的旋轉，以及日月行星的周年回轉。對以上各點他都羅列證據，並且駁斥了不同的觀點。

希臘天文學的「描述」，最早是由柏拉圖所提出，他主張天體運動必然由均勻圓周運動所組成，它後來演變成為「本輪一均輪」（epicycle and deferent）模型的根據。在《大匯編》中，這模型起初相當簡單，效果也不錯。這是人類試圖以量化方式了解自然界動態現象的最早嘗試，它將現象化約（reduction）為原理、定律，然後從後者推斷前者，所以是屬於「運動學」（kinematics）層次的「描述」（description），而不是動力學（dynamics）層次的「解釋」。後來托勒密為了追求精密，模型就變得越來越複雜，數學原理也就逐漸失去意義，這可以說是「本輪一均輪」的侷限。這樣的描述，直到千載之後的伽利略才做出真正的突破。

「地心說」的「本輪一均輪」圓周運動，構成了古典天文學中的「天球」。所以在此我們有必要對於所謂「天球」的概念作比較詳細的說明。

天球與天球儀

《大匯編》不用希臘月曆或凱薩在西元前頒布的儒略曆（Julian Calendar），而是採用埃及簡明又固定的曆法。作為年和月的標準，當時民間慣用將日夜各均分為 12 小時的不固定「季節時」（seasonal hour），《大匯編》也不採用，而是將 1 日分為均等 24 小時。此種「均分時」（equinoctial hour），日的長短是由地球自轉週期決定，所以是固定的；每小時再分為均等的 60 分，這系統後來成為天文學的標準計時方法。

由於恆星距離地球太遠，我們從地球上舉目觀星，各星之間的關係，只有角度（方位），而無遠近，所以可以將天上的星星看成是一個天球（見圖 3-1）。如果比照地球儀，將天球上諸星座和恆星的相對位置在球面上排好，就得到一個「天球儀」。自古以來，不論中外，製作準確而完整的天球球，都是天文學極其重要的工作。

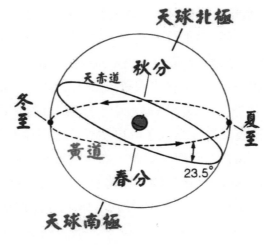

圖 3-1　天球

　　天文觀測的原始數據是以大地座標、赤道座標或者星辰出沒的時間和位置作為參照系統。但這些都和觀測者所在的時間和地點有關，要將不同數據互作比較，就要把它們放置在同一個座標系統中，這就是所謂「黃道」或「天球」（celestial sphere）坐標系統。它是以黃道面和春分點（vernal equinox）作為參照（見圖 3-1），在此系統中，恆星的坐標基本上固定不變，天空每一點的位置都可以黃經和黃緯為坐標。

赤道與黃道

　　正如地球儀上有經緯度，天球上也有經緯度，主要分為赤道經緯和黃道經緯兩個系統。在天球上，每一個恆星都有確定的赤經赤緯和黃經黃緯。對於地球上的觀星者而言，星空的整體只有旋轉角度的關係，並沒有相對位置的改變。因此天空可以看作是一個天球，每天繞北極星旋轉，每24 小時自轉一周，但是每一天又提前 4 分鐘，周而復始。換句話說，從地球上看，天球每 23 小時 56 分鐘，就繞北極星旋轉一圈。

　　若以天北極為天球之北極，並以天球上與北極夾 90° 的大圓為天赤道，便會得到赤經、赤緯系統，在這個系統中，天球赤道（celestial equator）其實是地球赤道投影道天球上的軌跡，也就是所謂的赤緯 0°。

　　地球上的赤道或是任一條通過南北極的子午線，都是以地球為圓心的

圓。任意選擇一個大圓作爲球面上的「赤道」，並將通過球心與「赤道面」垂直的直線和球面所交的兩點訂爲南極和北極，便可在球面上給出一套經緯度，「赤道」便是緯度爲 0° 的大圓。

地球以黃道軸（ecliptic pole）朝向太陽公轉一圈，需時間約 365 天。地球圍繞太陽公轉的軌道在天球上的投影，稱爲天球黃道（ecliptic equator），地球的自轉軸與地球公轉平面並不垂直，因此，黃道面和地球赤道面並不重合，而是有大約 23.4° 的夾角，通常稱爲黃赤交角。

歲差與歲實

一年之中，太陽沿著黃道運動，會兩次穿過天球赤道。太陽由南向北穿過天球赤道的點，稱爲春分點（vernal equinox）。

從太陽過春分點，到太陽過下一次春分點，需時 365.2422 個平均太陽日，稱爲一個回歸年。我們平常所稱的一年是指回歸年。中國古代是用太陽過多至點，到太陽過下一次多至點的時距，作爲一年，又稱爲歲實。

從恆星看地球繞日一圈，需時 365.2564 個平均太陽日，稱爲一個恆星年。由於日月引力作用在地球赤道所造成的地軸進動，會使春分點西移，並提早來臨，所以太陽回到去年春分點的恆星年，即 365.2564 天，比太陽回到相較去年略爲西移的春分點之回歸年，即 365.2422 天長一些。

這個因爲地軸進動而發生的春分點西移的現象，中國稱爲歲差。中國最早發現歲差的人，必是東晉天文學家虞喜（西元 281-356）。他發現在第二年多至時，作爲太陽背景的恆星略略向東移動，在上一年太陽背景恆星的西邊。由於地軸進動的週期是 26000 年，他算出經過 26000 年後，太陽的背景重新回到同一個恆星（張海潮、沈貽婷，2015）

本章小結：疑古風潮與《古史辨》

本章的析論中顯示：畢達哥拉斯、歐幾里德和托勒密這些人的思想，對於西方後來的科學思潮有極大的影響。歐幾里德和托勒密雖然有著作傳世，但是西方學術界對於他們的身世卻是所知甚少。尤其是畢達哥拉斯創立的學派，因爲具有「密教」的性質，其生平事跡更是充滿了神祕性。

　　歐洲啟蒙運動發生之後，到了十九世紀，德國歷史學家蘭克（Leopold von Ranke, 1795-1886）主張透過史料批判如時地重現歷史，成為當時最重要的實證主義史學流派。在蘭克史學的影響之下，畢達哥拉斯等古希臘思想家的生平事跡，便成為西方學者批判和質疑的對象。

　　不僅如此，有些西方學者甚至以同樣的「疑古」心態，懷疑中國的歷史。譬如，1895 年，法國漢學家沙畹（Édouard Émmannuel Chavannes, 1865-1918）翻譯的《史記》出版，其緒論指出：堯舜禹等聖王傳說，大多屬後人偽造。1909 年，日本的白鳥庫吉（1865-1942）提出「堯舜禹謀殺論」，宣稱這些聖王的故事是春秋戰國時代之後編造出來的。

《古史辨》的風潮

　　在實證主義科學觀的衝擊之下，五四時期中國史學界也掀起了《古史辨》的風潮。當時，錢玄同、顧頡剛、胡適等人主張：對傳世文獻中的中國早期歷史必須「疑古辨偽」，而掀起了一種史學運動（王汎森，1987）。這場學術運動在中間，其實也是源流遠長，可以上溯到韓非子質疑古代聖王「禪讓」之說，而提出「舜逼堯，禹逼舜」的觀點。從此之後，歷代皆有學人從事「疑古辨偽」的努力，譬如，清初乾嘉時期考據之風鼎盛，崔述作《考信錄》，主張：「虛實明而後得失或可不爽」，他「專以辨其虛實為先務，而論得失者次之」；到了晚清，又有許多今文經學家力圖打倒古文經，其中尤以姚際衡的《古今偽書考》最具代表性。

　　在五四意識形態的影響之下，中國史學界「疑古辨偽」的風潮盛極一時。顧頡剛將當時參加學術辯論的 350 篇文章，收集在一起，從 1926 年到 1943 年，總共出版了七巨冊的《古史辨》。整體而言，我在「中西會通四聖諦」書系中提倡的「文化系統」研究取向，和「古史辨派」的主張並不完全一致；兩者之間的差異，可以用馮友蘭為《古史辨》第六冊所寫的序來加以說明。馮友蘭指出：當時中國的史學界有信古、遺古和釋古三種趨勢。他批評「信古」，認為真正的史學家不可能不檢查便直接採信史料，「疑古」指的是審查資料；「釋古」則是將史料融會貫通。「就整個的史學說，一個歷史的完成，必須經過審查資料及融會貫通兩個階段，而且必須到融會貫通的階段，歷史方能完成。」

「文化系統」的研究取向

　　從本書系的主場來看，馮氏所謂的「融會貫通」，就是作者對於某一「文化系統」或是「知識系統」的詮釋，能夠達到「內容一致、前後一貫」的程度。因此，在《宋明理學科學詮釋》第一部分「分析儒家文化系統的知識論策略」包含兩章，分別說明傳承儒家的「科學進錄」和「詮釋學進路」，希望該書對於朱子理學的詮釋，能夠予人以「融會貫通」的感受。

　　基於同樣的立場，本書對於西方科學史的詮釋，亦是將之視為一個「文化系統」，希望讀者讀完本書後，對科學哲學產生的背景能夠有相應的理解。從中、西文化系統對比的角度來看，西方近代史學界產生「疑古」的風潮。因為本章所提及古希臘思想家，諸如畢達哥拉斯、歐幾里德、托勒密等人，他們的生平事蹟沒有留下清楚的紀錄，他們的思想和著作奠下了科學的種子，西方的歷史迅即為長達千年的黑暗時期所壟罩；所以西方學者想要釐清的是「科學誕生的迷霧」（陳方正，2009；第三章）。

　　這種情形跟中國《古史辨》風潮所要思辯的問題，正好成為明顯的對比。五四時期古史辨派「疑古辯偽」是針對「堯舜禹」等人的聖王事蹟，乃至中華文化的起源，而不是要釐清「科學誕生的迷霧」。結果當然導致中國知識分子對於自身文化的信心全失。

參考文獻

王汎森（1987）：《古史辨運動的興起》。台北：允晨文化。

牟宗三（1975）：《現象與物自身》。台北：台灣學生書局。

柏拉圖（2015）：《柏拉圖對話錄：申辯篇、克利同篇、斐多篇；愛比克泰德金言錄》。北京：北京理工大學出版社。

張海潮、沈貽婷（2015）：《古代天文學中的幾何方法》。台北：三民書局。

陳方正（2009）：《繼承與叛逆：現代科學為何出現於西方》。北京：三聯書店。

歐幾里德（原著），利瑪竇、徐光啟等人（譯），燕曉東（編）（2005）：《幾何原本》。北京：人民日報出版社。

Guthrie, W. K. C. (1950). *The Greeks and their Gods*. London: Methuen & Co.

Guthrie, W. K. C. (1962). *The earlier presocratics and the pythagoreans*. Cambridge: Cambridge University Press.

Kuhn, T. (1969/1990). *The structure of scientific revolutions*. Chicago: The University of Chicago Press. 王道還等（譯）：《科學革命的結構》。台北：遠流出版公司。

Pedersen, O. (1974). *A survey of the almagest*. Odense University Press.

第四章
外在超越的「三位一體」

　　英國社會學家瑪格麗特‧阿切爾（Margaret Archer, 1995）採取了「批判實在論」（Critical Realism）的哲學立場，她提倡的「分析二元論」（analytical dualism）主張嚴格區分「文化系統」（cultural system）和「社會文化的交互作用」（socio-cultural interaction），不可將二者混爲一談，以免犯上「混接的謬誤」（fallacy of conflation）。所謂「文化系統」是指一種記載於典籍中的思想體系，它必然是由某位思想家所提出，其內容前後一致，而且可爲人所理解。其影響深遠者，則可成爲「文化形態學」（morphostasis）的研究題目。至於後人對它的詮釋，則是在某一特定社會條件下，詮釋者對該「文化系統」所做的詮釋，是「社會文化交互作用」的結果，構成「文化衍生學」（morphogenesis），兩者並不相同，不可混爲一談。

　　從這個角度來看，上一章的析論顯示：畢達哥拉斯本人雖然沒有留下任何著作，但是畢氏學派主張的「萬物皆數」，經過柏拉圖學園的宣揚，卻對古希臘文化造成了重大的影響。歐幾里德的「幾何學」和托勒密的「天文學」，則構成了一種「文化形態學」，爲西方的科學發展奠下了扎實的基礎。

　　本章所要指出的是：羅馬帝國統一歐洲之後，柏拉圖學園綻放出的理性之光也隨之逐漸黯淡；及至羅馬帝國定基督教爲國教，歐洲的歷史陷入「黑暗時期」，基督教相信外在超越之「三位一體」的信仰，壓抑住絕大部分的學術活動，直到西元第十一世紀十字軍東征，將希臘文化重新帶回歐洲，和基督教互相結合，才促成人文主義的復甦，並造成十四世紀歐洲文藝復興的風潮。這時候，第谷的天文學觀測和克卜勒據此提出的「日心

說」終於使歐洲科學的發展再度露出曙光。

第一節 「唯名論」與「實在論」之爭

德國哲學家雅斯培在他所著的《歷史的根源和目標》一書中指出：在西元前800年至前200年之間的600年，是人類文明發展的「軸樞時期」。在這段期間，世界上幾乎是彼此互相隔絕的地區，分別出現了許多思想家，由四位偉大的聖哲分別將其整合成獨立而且完整的思想體系，他們是：蘇格拉底、耶穌、孔子和佛陀。

希臘文明源自於今日的雅典。古希臘是男權至上的社會，成年男子可以享有民主政治，但女人和負責勞動的奴隸並沒有參政的權力。古希臘男子的角色是臨危受命的戰士或政治家，他們平常的功課就是鍛鍊身體及發表議論，因此產生出許多哲學家及科學家，並以奧林匹克比賽驗收鍛鍊身體的成果。

本體論

從古希臘時期開始，西洋哲學所關注的焦點問題之一，便是：「人類如何認識其外在世界？」人類認識外在世界的努力，稱爲「認識論」或「知識論」（epistemology），它是由兩個希臘字 episteme（知識或知識型）和 logos（科學、學科）合併而成。在西元前六、七世紀時，希臘人的哲學思考便已經表現對於「知識」及「眞理」的強烈欲求。所謂「理論心態」（theoria 或 theoretical attitude）原本是希臘人的一種宗教儀式。在這種儀式中，個人必須摒除掉他對現實生活的關懷，採用一種超然冥想的態度，試圖穿透變幻不居的表象世界，以找出其背後永恆不變的眞理。以這種方式所獲得的理型世界的知識，希臘哲學家稱之爲「理論」（theoria）或「科學」（science, logo），它和僅具有相對意義的主觀意見（doxa）截然不同。

在思考「人如何認識世界」的問題時，作爲思考之主體的「人」，必然會去思考：這個被認識的對象，其本體（noumenon）究竟是什麼？

現代西方科學哲學中所爭論的議題，包括「觀念論／實在論」、「表層結構／深層結構」、「現象／本質」等等，都可以追溯到希臘時

期對於「存在」（being）和「流變」（becoming）兩種觀念之間的緊張和對立。這種張力最早呈現在雅典詩人荷馬（Homer）撰寫的史詩《伊利亞德》（Iliad）之中：荷馬企求眾神，以他們的「神授之知」（divine knowledge）來糾正他得自「謠傳」（rumor）的世俗之見，他因此在「真理」與「表象」之間做了重要的區分。這樣的區分促使西方哲學家不斷思考：人類應當如何從不可靠的「感官訊息」中來認識「實在」，從而產生對於「實在」的穩定知識？

「存在」與「流變」

在蘇格拉底之前，主張「存在」的思想家是巴美尼德（Parmenides）；主張「流變」的代表人物則為赫拉克里圖斯（Heraclitus）。注重「存在」的人認為：在變動不居的世界中，存有永恆的真理和價值。它們不是存在於不斷變動的物理世界之中，而是存於純粹「存在」的領域之中；人們應當努力走向追求真理之路，以之作為生活的指引。

強調「流變」的思想家則否認有這種真理之路，他們也不認為世間有什麼純粹存在的領域。相反的，他們主張：宇宙間唯一不變的真理就是「變易」。世間的事物從來就不單只是它們目前所處的狀態，而是不斷地在變成為另一種狀態。

大體而言，「存在」可以說是萬事萬物背後的「根據」。它通常用來指稱一種由自身展露出來，而又能夠自己成長的一種力量，藉由這種自然發生和自然凝聚的力量，世界中的萬事萬物才能夠成為它們自身。在西洋哲學史上，許多哲學家都殫精竭慮地想要說清楚：到底什麼是「存在」？什麼是萬事萬物背後的「根據」？

巴美尼德認為那是「真理之路」，蘇格拉底致力於追求真、善、美的普遍性意義，他的學生柏拉圖則認為那是「形式」（Forms）或「理念」（Ideas）。然而，不管哲學家認為「存在」是什麼，當他們一旦說出主張，「存在」就變成了「存在物」，而不再是「存在」本身。結果對於「存在」的追問，變成了追問「本體」；「存在論」也變成了「本體論」。在西洋哲學兩千多年的歷史上，許多探討「存在」的哲學家其實是在「本體論」的層次上爭論不休。

唯名論與實在論

在西洋哲學史裡，關於世界中所存在事物之本體論（ontology），一直存有「唯名論」（nominalism）和「實在論」（realism）兩種不同的主張（高宣揚，1994: 14-15）。在日常生活中，人們用感官可以經驗到的單個的個別事物，是一種真實的存在。對於這一點，唯名論和實在論兩派哲學家並沒有異議。然而，人們用來指稱某一類事物的名稱，是不是真實的存在呢？比方說，個別的張三、李四，固然都是真實的存在，可是，用來指稱同一類個體的「人」，是不是真實的存在呢？

對於這個問題，實在論和唯名論卻有截然不同的看法。唯名論者認為：人們感官可以經驗到的個別事物，固然是實在的，人們用以指稱「一般性事物」的名詞卻只不過是「名相」（nomina）而已，並不是真實的存在。實在論的觀點則正好與此相反。後者認為：人類觀察到的現象，只不過是表象而已。在表象背後的本質，才是真實的存在。更清楚地說，做為事物之「共相」的「精神本質」（spiritual essence）或「精神實體」（spiritual substance），是先於個別的事物而存在的；人必須先獲得一般性的觀念，才能認識到個別的客體。

在西洋哲學史裡，主張「理念論」（idealism）的柏拉圖（Plato），可以說是最早的實在論者。柏拉圖認為：世界中事物的形相並不是固定不變的，人類對於個別事物的知覺也必然是不完整的，所以人也不能由此而獲得永恆之知識。能夠作為永恆知識之基礎者，不是個別的事物，而是人類從眾多個別事物抽象出來所感受到的經驗才是實在的。事物的「共相」是存在於事物之中，而不是以「形式」或「理念」的方式，存在於事物之外。科學家的任務是要「發現」事物自然而且實在的本質，而不是要將他們「建構」出來。

第二節　「三位一體」與基督教的興起

西元前 338 年，馬其頓王腓力二世征服希臘，其子亞歷山大繼位之後，曾從學於亞里斯多德。率領馬其頓與希臘聯軍，征服東方埃及、波

斯，建立了強大的帝國。他雖然以三十二歲英年早逝，他建立的帝國也隨之分裂，但在此後三百年間，希臘文化卻傳播各地。

羅馬是希臘的繼承者。古羅馬廣場的中心是大家集會、討論政治、商業活動或審判的場所。西元前 500 年左右，即成立共和政體，由執政官、元老院和市民會議所組成，但僅有成年男子享有市民權。他們相信多種宗教，不但把戰爭俘虜當奴隸，強迫他們在競技場上當角鬥士（gladiator），和猛獸或其他角鬥士做生死拼搏，女性的社會地位也很低。

西羅馬帝國滅亡

西元第一世紀，大約中國的西漢時期，凱撒、龐培、克拉森三巨頭執政，羅馬開始往外擴張領土。西元前 44 年凱撒（Julius Caesar）成為終身獨裁官（Dictator），不久即遭到暗殺，他的養子奧古斯都繼任後，清除政敵，在位 40 年，為羅馬帝國奠下雄厚的根基。從此羅馬改行帝制，實行奴隸制的君主專制，但並未將世襲制度化。其後的「五賢君時代」，羅馬進入全盛時期，成為人口逾五千萬的龐大帝國。

西元第三世紀，康茂德大帝遭暗殺之後，羅馬進入依存軍隊力量的「軍人皇帝時代」。由於北方蠻族的入侵，統治階級發生內訌，人民反抗，基督教迅速發展，政治動盪不安，50 年內，換了 26 個皇帝。戴克里先（Diocletian, 243-313）結束羅馬帝國的長期動亂，以鐵腕壓制基督教，並將帝國分為四個部分，設立兩個正皇帝（奧古斯都，Augustus），兩個副皇帝（凱撒，Caesar）。

這種「四帝共治」的安排再度引起內戰，由君士坦丁一世（Constantine, 274-337）取得勝利。他看到信奉一神的基督教有一種團結信眾的精神力量，於 313 年和李錫尼共同簽署「米蘭敕令」（Edict of Milan），承認基督教的合法地位，又召開尼西亞會議，藉由「尼西亞信經」，確立「三位一體」的信仰。然後將國都移往拜占庭，並改名為君士坦丁堡，並在死前受洗，成為基督教徒。

但這並不能根本解決奴隸制所造成的危機。西元 380 年，狄奧多西一世（Theodosius, 346-395）訂基督教為國教，他逝世前，羅馬將帝國分給兩個兒子，遂形成東、西羅馬帝國，分別以羅馬與君士坦丁堡為首都。此

後雙方即因文化差異、教義儀式，乃至於世俗轄區的衝突而紛爭不斷。西元四世紀以後，北方日耳曼蠻族大舉進攻羅馬，國內人民反抗不斷，476年，西羅馬帝國滅亡，西歐分裂成許多封建王國。

神的名字

　　所謂「三位一體」是基督教中信徒對神的稱呼。在《神的名字》一書中，馬克・傑爾門（Marc Gellman）與湯瑪斯・哈特門（Thomas Hartman）（Gellman & Hartman, 1997）指出：

　　猶太教就像伊斯蘭教一樣，神也有許多名字：慈悲的天主、我父、我王、寬恕的天主、審判的天主、降福的聖者、創造萬物的天主、教主、與我們同在的天主、那聖名、那聖地。基督教徒最喜歡的是「我是自有永有的」（ehyeh asher ehyeh, I am what I am.）。

　　猶太人相信我們永遠不能說出神的真正名字。因為神實在太偉大了，光只一個名字不足以代表祂。所以我們永遠無法真正了解神的全部。在《希伯來聖經》（即《舊約聖經》）裡，神的名字是以希伯來文的四個字母書寫的，這四個字母的聲音就像英文的四個字母 Y、H、V、H。當猶太人在《希伯來聖經》中讀到神之名 YHVH 時，並不會想要發出祂的聲音。他們會用另一個名字「吾主」（Adonai）來代替。有些基督徒試著將 YHVH 的音發成「耶和華」（Yahweh, Jehovah），但是猶太人卻不可如此做。對猶太人來說，神的名字是奧祕的。

　　基督宗教認為神的主要名字，就像《希伯來聖經》中的 YHVH 一樣的，但是基督宗教卻將這個名字化成三部分，叫做三位一體。

　　對基督徒來說，神的第一個名字為「聖父」，當基督徒談到神創造這個世界和萬物時，他們用這個名字稱呼祂。

　　神的第二個名字為「聖子」，這是耶穌的名字，當基督徒談到神以人類的形式來到這個地球時，他們以耶穌名之。意思是，耶穌是人，耶穌也是神。耶穌在地球上死亡，是為了要將人類從違背神和自己的罪惡中拯救出來。原罪的意思是背叛神並離開了神所示現給我們的道路。

神的第三個名字為「聖靈」。當基督徒談到神在這個世界所做的事時，他們稱呼神為聖靈。當我們感覺神非常、非常接近我們的時候，我們便可以稱之為聖靈。

神的歷史

《神的歷史》一書的作者 Armstrong（1993）在這本書的第四章〈三位一體：基督宗教的『神』〉中指出：《舊約聖經》暗示，神從太初的渾沌中創世。到了西元四世紀，基督教神學家奧古斯丁（Augustine, 354-430）開始把世界看成是脆弱和不完美的，其生命與存在完全依賴於神。在神與世界之間有一不可跨越的斷層，神從探不見底的「虛無」（nothingness）中創造出每一個存有物，祂也可以在任何一刻抽回祂支撐世界的手。人類不能依他們自身的努力，到達神那裡。神把他們從虛無中創造出來，並且使他們不斷保持存有狀態，只有這唯一的神，才能保證他們永恆的得救。

基督徒知道：耶穌基督以祂的死亡和復活拯救了他們，使他們能夠跨越神和人之間的鴻溝，讓他的生命本體能夠分享神的存在。然而，他是如何做到的呢？他到底是神還是人？「聖子」基督透過其內在「聖靈」所傳布的「聖言」（道），究竟是屬於神的界域，還是屬於神所創造的世界？

「理論」與「沉思」

在基督教的歷史上，對於這些問題，曾經發生過幾次重大的爭議，基督教神學家對這些問題提出了不同的見解，甚至因此而形成不同的教派。希臘和俄國的東正教基督徒認為：沉思三位一體是啟發宗教體驗的泉源。只有透過直觀才能掌握教義層次的真理，而且祂必然是宗教體驗的產物。正因為三位一體的教義不可理解，才會使我們體悟到神的絕對奧祕。試圖弄明白神的三個「位格」如何變成一體，以及他們如何既相同又有分別等等謎樣的問題，不僅超越文字以及人類分析的能力，而且對人類沒有助益。因此，三位一體絕對不能以字面的意義來加以詮釋，它不是深奧的「理論」（theory），而是宗教「沉思」（theoria）的結果。

希臘人與西方基督徒對於「理論」一詞的不同用法，具有非常重要的

意涵。在東正教中，theoria 的意思就是在宗教儀式中沉思。在西方，「理論」一詞卻成爲可以作出邏輯證明的理性假設。發展出一套有關神的理論，意味著「祂」可以被人類的思想系統所涵蓋。

　　爲西方教會定義「三位一體」學說的拉丁神學家奧古斯丁在他所著的《懺悔錄》（Confessions）中，曾經對自己發現神的過程，作了清晰而且充滿熱情的陳述。有一夜，他在 Osteria 的台伯河畔跟他的母親摩尼卡（Monica）共處時，經歷過一次「與神合一」的出神境界。他對這個經驗的描述是：

　　我們的心被朝向永恆存有自身的炙熱感情提升。我們一步步地爬升到超越所有有形物體與天堂本身的境界，在那裡，太陽、月亮與星星的光芒照耀於地球上。我們以對你作品的內在省思、對話與驚奇，而進一步上升，並進入我們自己的心靈之中（Armstrong, 1993: 363）。

　　這種內在心靈的向上提升，是一種「縱向超越」的圓滿境界，是一種「人神合一」的感受，奧古斯丁對這種「超越」的描述：

　　我愛你已遲，你的美麗既陳舊又簇新；我愛你已遲。你就在我內心，而我卻在生活的外在世界中尋覓你，就在這樣沒有愛意的心態下，我鹵莽的在你創造的美麗事物中橫衝直撞。你和我同在，而我卻不明白。美麗的事物使我遠離了你，但是它們假如沒有了你，根本也不可能存在。（頁210）

生命的「原型」與二元論

　　奧古斯丁非常明瞭：他雖然在內心中感受到「與神同在」，但他永遠不可能變成「神」。神是一種「外在超越」的存有，他所經驗到的「人神合一」感，指「超越」的感受而已。這一點，對於了解港台新儒家的主張有非常重要的意涵，我將留待下一章再作進一步的深論。這裡我要談的是奧古斯丁對「三位一體」的析辯傳統。

　　奧古斯丁對心的狂熱，使他在五世紀早期撰寫《論三位一體說》（De Trinitate）的論文時，便以心理角度解析他自己的三位一體說。因爲神以祂自己的形象造了我們，我們便應該能夠在心靈深處分辨出這三位一體。奧古斯丁以大多數人都曾經驗過的眞理，開始探索這個問題。當我們聽到「神是光」或者「神是眞理」這類語句時，我們本能的感覺到精神意向的胎動，而且覺得「神」能夠賦予我生命的意義和價值。但是在這短暫的明覺經驗後，我們又退回到平常的心態，執著於我們熟悉的俗世事物。不論我們怎麼努力嘗試，我們都很難捕捉到那不可言喻的瞬間。日常的理性思考不可能協助我們；相反的，我必須「用心」傾聽「祂是眞理」這類語句。但人可能對自己不了解的眞理產生愛嗎？

　　奧古斯丁進一步指出，因爲我們自己心中有三位一體，能夠映照出神的存在，所以我們才會渴求塑造我們生命的原型（Archetype）。假如我們以愛自己的心作爲思考的起點，我們發現的將不是三位一體，而是二元論（duality）的愛與心。除非心能意識到它自己，也就是我們有所謂的「自我意識」，否則心不可能愛它自己。奧古斯丁論證說，我們對自己的了解是了解其它一切事物的基礎。這個論點可以說是後來笛卡兒「主／客」二元對立的哲學。

第三節　黑暗時期中的十字軍東征

　　西羅馬帝國滅亡後，西歐在日耳曼民族的統治下，基督教會成爲唯一有文化的機構，基督教也漸漸成爲所有西歐國家的國教。在教會神學的壟罩之下，經歷了長達一千年的黑暗時期。在基督教勢力壟罩一切的時期，一個人從出生領洗到入土安葬，都必須服從教會的安排。一般人將聖經視爲神的指示，《新舊約全書》上所說的都是眞理，聖經上的訓誨也都是最高的道德標準。違反基督教會的指令和教義都是死罪，沒有人敢說任何跟教會不同的意見。

基於恐懼的宗教

　　基督教會傳教時，有一句著名的口號：「神愛世人。叫一切信祂的，

不至滅亡，反得永生」。對於那些「不信祂的」呢？基督教並沒有爲他們預留任何「寬容」的空間。

　　基督教教義有所謂「最後審判」（Last Judgment）或「末日審判」的說法，認爲現實世界將會最後終結，那時上帝將審判一切活人和死人，蒙救者升天堂享永福，受罰者下地獄受永刑。魔鬼也將被丢入「火湖」中受永罰。這是基督教末世論的基本神學觀念。《舊約》中稱之爲「主再臨的日子」（Kairological time）。《新約》也繼承了這種觀念，世界末日，基督將再次降臨，並審判世界。因此，《舊約》和《新約》的教義，盡量描繪地獄的可怕，恐嚇人們如果不信基督教，就會下地獄云云。由此可見，基督教徒對於神的信仰，不是基於「愛」，而是基於「恐懼」。基於對死亡和死後被審判的恐懼。

　　基督教原本是受迫害者的信仰。西元 380 年，羅馬皇帝狄奧多西一世（Theodosius I）將基督教訂爲羅馬帝國的國教之後，基督教反過來迫害其他的宗教了。西元 388 年，對宗教的所有公開討論都成非法，所有其他的宗教都受到迫害而消亡。到了 435 年，所有其他宗教的信徒都要處死，只有猶太教是例外。但是猶太教徒必須被隔離，基督徒與猶太教徒的通婚則視爲通姦罪，女人要被處死（Ellerbe, 1995）。

　　希臘人的主神原來是宙斯（Zeus），希臘的宗教和神話也有悠久的歷史，但是，基督教變成國教以後，希臘人就沒有了自己的宗教。羅馬人也一樣，羅馬人原來的主神是丘必特（Jupiter），基督教變成國教以後，這些也都變成了異端。後來入侵羅馬帝國的日耳曼人，原來也都有自己的傳統民族信仰，在基督教變成國教，統攝一切的情況下，這些在歷史上都消失了。

異端裁判所

　　基督教早期的教士，已經把希臘科學和哲學視爲神學的婢女（handmaiden to theology）。他們認爲：「這些知識只能用來進一步理解基督教，不能爲自身的緣故研究。」丹皮爾（Dampier, 1942）在他的《科學史》（A History of Science）中說：「基督教思想因而跟世間學問變成對立的，基督教徒把世間學問等同於必須排除的異端。」

　　為了要消滅異端，基督教會把跟教義不合的書都燒掉了。西元391年，基督徒燒了埃及亞歷山大城最大的圖書館，造成人類文化史上的浩劫。教會也關閉了許多古老的學院。西元529年，查士丁尼一世（Justinian I, 483-565）關閉雅典已經存在近千年之久的柏拉圖學園。中世紀人民沒有什麼機會受教育，只有教士可以學習。在基督教燒了書許多年以後，君士坦丁堡的一位主教克里索斯姆（John Chrysostom, 347-407）很驕傲地說：「古代世界的古哲學和古文學，所有的痕跡都已經從地球表面上消失了。」（Every trace of the old philosophy and literature of the ancient world has vanished from the face of the earth.）（Ellerbe, 1995: 48）。

　　中世紀的歐洲之所以稱為「黑暗時期」（Dark Age），主要是因為基督教一旦建立了自己的權威地位，就用這種權威消滅一切被它認定的「異端」。西方人有一句話很精確地描述了基督教的性格：當基督教是少數的時候，它會要求自由，因為這是你的原則；但是一旦當它變成多數以後，它就不會給你自由，因為這不是它的原則。

　　在中世紀，基督教迫害不同意見者，最嚴屬的手段是動用異端審判所（Inquisition）。西元1231年，教宗格列哥里九世（Gregory IX）在位期間，建立了獨立於主教之外，只對教宗負責的異端審判所。這個法庭把「確認有罪之前，都是無罪」（innocent until proven guilty）的原則換成了「確認無罪之前，都是有罪」（guilty until proven innocent）。一旦進入這種法庭，被定罪的人要沒收全部財產，連申辯的機會都沒有，其子女如果不願意指證父母，則沒有繼承權。審判者大多由道明會（Dominican Order）和方濟會（Franciscan Order）的神父擔任。判死刑者用火刑處死，因為死刑可以不必流血。從1252年起，教宗英諾森四世（Innocent IV）開始設立酷刑，對犯人用酷刑，臆斷審判延續到1834年，一直到1917年才停止（李雅明，2008）。

基督教的紛爭與分裂

　　西元919年，亨利一世在「東法蘭克國」即位，並改國名為「德意志王國」。他以武力內震諸侯，外擴疆土。其子鄂圖一世繼位之後，繼承父業，打敗國內的大公國，撤換成自己的親人；又親自率各大公國聯軍，

打敗入侵巴伐利亞的匈牙利騎兵，解除奧格斯堡之困。接著收到教皇若望十二世的求救信，揮軍南攻義大利，進入羅馬之後，於西元 962 年受教皇加冕，成為皇帝，稱為「德意志第一帝國」，是日後的「神聖羅馬帝國」。

鄂圖一世跟教皇之間的合作關係並不平等。後來雙方發生衝突，鄂圖一世再度發兵義大利，召集教廷人員，審判若望十二世，廢黜了他，並任命利奧八世為新教皇。

從此之後，羅馬教會和東羅馬皇帝之間，乃至於它和君士坦丁堡教會之間都是紛爭不斷，動不動就相互開除對方的教籍。西元第九世紀，基督教傳入東歐，俄羅斯斯拉夫人大批皈依基督教，使東部基督教形成希臘和斯拉夫文化的混合體。西元 1054 年，羅馬教皇利奧九世又和君士坦丁堡牧首發生衝突，雙方互相開除教籍，基督教正式分裂為希臘正教（東正教）和羅馬公教（天主教）。天主教受羅馬法學傳統影響，傾向於從法學的角度看待基督教；東正教受希臘傳統影響，傾向用哲學觀點演繹基督教。

十字軍東征

歐洲封建制度原本分為公、侯、伯、子、男五等，其下設有「騎士」，他們效忠主公的代價是領取一小塊土地，外敵入侵時，為主公打仗；在那個黑暗的時代，天主教信仰是人民唯一的寄託，到了十一世紀，在教會的約束下，才出現所謂的「騎士精神」。

西元第十世紀，來自中亞的遊牧民族突厥塞爾柱人攻進巴格達，建立大塞爾柱帝國，並將阿拉伯帝國阿拔斯王朝的哈里發變成宗教傀儡。以後又頻頻西犯，迫使東羅馬帝國向教皇烏爾班二世求助。西元 1095 年冬天，烏爾班二世以收復聖城耶路撒冷為名，號召各地的封建領主、騎士、教士和民眾，組成十字軍東征。

東征之初，歐洲幾個大國之間關係和緩，一百年間人口幾乎增加了一倍。封建領主想要開拓疆土，騎士貴族想要建功立業，貧窮農民想要脫貧致富，紛紛參加十字軍。當時東羅馬帝國首都君士坦丁堡是十字軍東征的必經之地，拉丁和希臘兩種不同的文化、宗教和政治體系因此發生極為頻繁的接觸、磨擦和衝突。十字軍東征前後八次（1096-1291），結果並沒

有收回聖城，卻將希臘文明帶回到基督教世界，兩者互相結合，促成十四世紀歐洲的文藝復興。

第四節　人本主義與文藝復興

中世紀初期，基督教徹底掃蕩了一切所謂的「異教知識」，整個西歐文明陷入停滯狀態，不過，教會爲了要讓知識爲自己服務，就必須培養一批爲宗教服務的知識分子，還殘存一些古代的知識。在中世紀，唯有在教會修道院中的僧侶，才能接觸知識，一般平民根本得不到教育的機會。

經院哲學

到了十一世紀，基督教徒以收回聖城耶路撒冷爲名，發動十字軍東征，前後八次，將包括「實在論和唯名論」爭議的希臘文化帶回基督教世界。此後，經院哲學討論的重要議題之一，是：諸如「三位一體」之類的形上學概念究竟是「實在」的，抑或只是「名相」而已？這樣的思辨讓一些知識分子開始質疑基督教的思想。正如丹皮爾所說：「教會和經院哲學訓練了他們，結果反而被他們摧毀」。

這樣的思辨一方面埋下了宗教改革的契機，一方面也使膽敢質疑聖經的知識分子必須承受宗教迫害的風險。在這場漫長的爭論中，「實在論」派大致上代表教會正統觀念，「唯名論」派則反映年輕學者以邏輯作爲武器，挑戰傳統觀念，最後突顯出哲學與宗教之間的深層矛盾，並摧毀經院哲學的根基。

這爭論的開端是圖爾的貝倫加爾（Berengar of Tours）質疑「變質論」（transubstantiation），他認爲「聖餐禮」中的酒和麵包不可能如傳統觀念所相信的那樣，在牧師祝聖瞬間轉變爲耶穌血肉。他的觀點在 1050-1079年間三次受到教會正式譴責，因而被迫撤回。

挑戰「三位一體」

其後不久，羅塞林（Roscelin）又在「唯名論」影響下質疑「三位一體」（Trinity）說，認爲在邏輯上聖父（即上帝）、聖子（即耶穌）和

聖靈只能是相同的神，或者是三位不同的神。這又受到聖安瑟莫（St. Anselm）攻擊，因此在宗教大會中被正式譴責而撤回。聖安瑟莫是最堅決的唯實論者，晚年更繼承其師成爲坎特伯雷大主教。他最著名的工作，是運用邏輯與辯證法，提出「上帝必然存在」的論證，故公認爲經院哲學之父，在羅塞林被譴責之後他更進一步宣稱「唯名論」爲異端（陳方正，2009）。

　　「唯名論」和「實在論」的對立，變成經院哲學爭議不休的議題。到了十三世紀，思想鋒銳有如剃刀的奧康（William of Occam, 1285-1349）是個極端的「唯名論」者，他的基本觀點是哲學根本不可能證明任何神學義理，譬如「上帝存在」的命題，必須透過信仰，接受教會權威，方能得證。然而，以教皇爲首的教會，在實際上卻會犯錯誤，因此只有《聖經》具有無上權威。

　　阿奎那（Thomas Aquinas, 1224-1274）是奧古斯丁之後最偉大的神學家，也是亞里斯多德哲學最熱心宣揚者。他遍讀亞氏著作，爲之作評注，並在其傳世巨著《神學要義》（Summa Theologiae）中將基督教教義與亞里斯多德哲學系統作全面的融合。這雖然不能夠消除兩者之間的某些基本矛盾，例如宇宙是否有起點和終點，靈魂是否可以脫離軀體存在之類的問題，然而，他的神學卻吸收了亞氏哲學的理性結構。在他影響之下，隸屬同一教會，後來出任科林斯（Corinth）主教的荷蘭人穆爾貝克的威廉（Williem van Moerbeke，約 1215-1286），更將亞氏全部著作從希臘文重新翻譯成拉丁文（林鴻信，2013），爲歐洲文藝復興運動奠定基礎。

「人本主義」

　　早在十字軍戰爭時，歐洲人爲了討伐阿拉伯人而開始接觸到古希臘的學術遺產。西元 1453 年土耳其人攻陷君士坦丁堡，拜占庭帝國（Byzantine Empire）的滅亡，讓一些希臘學者渡海逃到義大利定居、辦學校、講授希臘文和古典著作。在歐洲人面前展現出古希臘文化的光輝和藝術成就，研究和學習古希臘的熱潮因此而逐漸興起。後來並醞釀成「人本主義」（humanism）。人本主義提倡「人」作爲核心的世俗世界觀，反對以「神」作爲核心的宗教神學和「禁慾主義」。它強調個人的價值，要

求文學和藝術應該表現人的思想感情，主張教育要發展人的個性。「人本主義」對於打破宗教的禁錮、解放思想、發展文學、科學和哲學都產生了重大的作用。

義大利詩人但丁（Dante, 1265-1321）的代表作是《神曲》（The Divine Comedy），是一個長的詩篇，描寫作者藉由託夢在古羅馬詩人維吉爾（Vergil）的引導下遊歷地獄，以及在昔日戀人碧雅特麗絲（Beatrice）引導下遊歷天堂。在經歷過程中，但丁遇到了歷史人物，也遇到了同時代的人。他在地獄中看到了被火燒烤著的教皇和僧侶；在天堂看到了荷馬、蘇格拉底和柏拉圖等哲學家，表現出他對教會腐敗的厭惡和對古典文化的嚮往，可以說是人本主義思想的萌芽。

義大利人本主義的奠基者是詩人佩脫拉克（Francesco Petrarch, 1304-1374）。他崇尚古典文化，在其作品中歌頌塵世生活、重視人的價值，並把古典文化與中世紀傳統對立起來，把人的眼光從虛幻的來世轉向真實的現世，成為義大利第一個人本主義者。

西元 1348 年，佛羅倫斯流行黑死病，薄伽丘（Giovanni Boccaccio, 1313-1375）的《十日談》（Decameron）敘述十個青年男女在郊外別墅避疫 10 天，每人每天講一個故事，一共講了 100 個故事。這些故事的內容十分廣泛，有中世紀的神話，有各地商人的見聞奇遇，也有東方的傳說故事，最多的是薄伽丘本人觀察到的社會現象。《十日談》反對按出身門第區分貴賤高低，主張人生而平等。他揭露教會和教士的偽善、貪婪和淫蕩；斥責貴族的卑鄙和昏庸，批判的筆鋒直指羅馬教皇。因為《十日談》坦率的描寫人生，歌頌人生，被稱為《人曲》。

東羅馬帝國滅亡

在英、法百年戰爭期間，中亞的一個突厥人部族在酋長鄂圖曼的帶領下開始崛起，並以蠶食的方式，侵吞東羅馬帝國的領土。東羅馬帝國在經過穆斯林的劫掠之後，早已元氣大傷；西元 1350 年鄂圖曼土耳其將東羅馬帝國逐出小亞細亞，並開始向歐洲大陸進攻。十多年之後，一度橫跨歐、亞、非三洲的東羅馬大帝國，只剩下君士坦丁堡一帶的彈丸之地，向羅馬教皇求救無效，只得向鄂圖曼納貢求和。

　　西元 1389 年，鄂圖曼軍和巴爾幹各國聯軍在今科索沃大戰；1396年，又和歐洲聯軍在今尼科波利斯展開決戰。1453 年，鄂圖曼蘇丹穆罕默德二世率領十五萬大軍和三百多艘戰艦圍攻君士坦丁堡，雙方激戰 56天，末代皇帝君士坦丁十一世壯烈戰死，城被攻陷，改名爲伊斯坦堡，東羅馬帝國滅亡。自西羅馬帝國滅亡的 476 年到 1453 年，將近一千年的這段期間，是西歐歷史上的「黑暗時期」（dark age）。

宗教改革運動

　　東羅馬帝國滅亡後，許多希臘學者逃亡到西歐，並帶來大量的經典，包括希臘文的《新約聖經》。1512 年，馬丁・路德（Martin Luther, 1483-1546）在威登堡大學獲神學博士後，隨即在該校講授《聖經》。當時教會爲了紓解財政壓力，不僅出賣聖職、贖罪券，而且鬧出許多醜聞。有一天，路德研讀希臘文版的《新約聖經》，看到「義人必因信得生」（羅馬書 1：17），突然醒悟到：人的得救，是因爲對上帝的信仰，而被神「稱」爲義人。這是出自神的恩賜，但人仍帶有原罪，在根本上還是個罪人。奉行一切的律法，都不能保證人得以「稱義」，購買贖罪券當然更屬無效。

　　這種「因信稱義」（justification by faith）的主張，跟拉丁文《聖經》翻譯的「因信成義」並不相同，後者的意義：是人因爲信仰上帝而「變成」爲「義人」。他根據這樣的理念，寫成《九十五條論綱》（95 theses），並於 1517 年 10 月 31 日，將之張貼在威登堡大學門口，嚴厲批判教會販售贖罪券。這時候，古騰堡活字印刷已開始流行，路德的主張因此得以在德意志地區迅速傳開，並且傳遍中西歐。

　　1519 年，查理五世出任神聖羅馬帝國皇帝，有權統治德意志各邦，但各邦國卻紛紛加入路德教派的陣營。1521 年 1 月 3 日，教宗利奧十世下令將馬丁・路德革除教籍。他所代表的教派因此稱爲「新教」，與之相對的西方天主教，則稱爲「舊教」。受他直接影響的教會稱爲「路德會」或「信義會」；除此之外，基督新教還因爲教義解釋的不同，而衍生出包括喀爾文派在內的許多教派，使歐洲陷入長年的宗教對立和紛爭。

第五節 第谷與克卜勒的結合

上一章提到，托勒密所著的《大匯編》，使亞里斯多德得以在柏拉圖學園的學術論辯中，提出其天體運行論，而成為歐洲淪入黑暗時期前的落日餘暉。令人極感興趣的是：到了文藝復興時期，第谷和克卜勒兩人在天文學領域陰錯陽差的結合，卻促成歐洲科學開始綻放出曙光。

烏蘭尼堡的天文學者

第谷（Tycho Brahe, 1546-1601）出身丹麥貴族，家族為王室親信，自幼由叔父撫養成人。十二歲進哥本哈根大學攻讀法律。當時丹麥已經改信路德新教，哥本哈根大學教育以「七藝」為主，其中數學和科學占相當比重。翌年他目睹一次準確預測的日蝕，大受感動，決心轉攻天文學。十五歲到中歐遊歷，在萊比錫大學的三年期間（1562-1565），私下從師問學，購買天文書籍、數表、儀器，開始天文觀測。1566-1570 年間他得到舅家支持，在歐洲各地遊歷，並與天文學者密切交往。回國之後不久，父親病逝，他再次得到舅父支持，在其主持的修道院中建立一個小小的研究所，包括玻璃作坊、工廠、化學研究室、天文觀測台等等。因此得以仔細觀測1572 年出現的璀璨新星（nova），並發表相關論著。

當時丹麥國王腓特列二世年少有為，銳意革新學術和教育。第谷家族與他頗有交往，他先派第谷於 1574-1575 年間到哥本哈根大學講授天文學，又要求他到外國搜求人才。同時頒賜給他丹麥海峽中的汶島（Hven），以及建造費和經常費，作為天文觀測之用。從 1576 年開始，第谷開始以貴族和近臣身分，在汶島上建造莊園，開設工廠，研製各種巨型精密觀測儀器，設立名為烏蘭尼堡（Uraniborg）的大型天文觀測台。

帝國數學家的數據

此後二十年（1576-1597）左右，第谷在烏蘭尼堡招收、訓練的學生、助手、和技師，不下七八十人。他經常接待各方慕名而至的學者、訪客（包括丹麥和蘇格蘭國王，前後共三位），仍然能夠指揮研究團隊，對日月五大行星位置作精細觀測。由於儀器精良，程序周密，長年累積的大量

數據，成為烏蘭尼堡在天文學上的重要的資產。第谷本人則據此提出一個介乎托勒密與哥白尼之間的模型，地球仍然居宇宙中心不動，月和日繞地運行，五大行星則繞日運行。他希望以此建構出自己的天文系統。這方面的著作雖然在他身後不久出版，但並沒有發生影響。

腓特烈二世在 1586 年去世，克里斯蒂安四世（Christian IV）以幼齡繼位，攝政會議諸大臣是第谷的親朋好友，對他仍然支持不遺餘力。1596年克里斯蒂安親政，銳意推行中央集權，形勢頓時大變。這時第谷已經名滿歐洲，他不願對新君低聲下氣，1597 年決定放棄經營多年的烏蘭尼堡，變賣財產，帶同家人、助手、書籍以及主要儀器，出走德意志地區，最後得到神聖羅馬帝國皇帝魯道夫二世（Rudolf II）賞識，委任他為「帝國數學家」（Imperial Mathematician），並且支持他重建「新烏蘭尼堡」。可是，此時他已經心力交瘁，不久就溘然長逝。1601 年 10 月臨終時，他將歷年累積資料全部交付身邊唯一的天文學者克卜勒。

柏拉圖的五種正多面體

克卜勒（Johannes Kepler, 1571-1630），生於德意志西南部符騰堡（Württemberg）地區的小鎮。父親是雇傭兵，母親是旅館主人的女兒。少年時代進入修道院學校就讀。十六歲獲得獎學金，進圖賓根（Tubingen）大學。當時大學中的天文學教授梅斯特林（Michale Maestlin, 1550-1631）曾經深入研究哥白尼，對克卜勒產生了深刻的影響。二十歲，克卜勒以優異成績畢業，繼續修讀神學。1594 年，大學推薦他到奧地利南部的格拉茲（Graz），擔任路德派學校的數學教員。

梅斯特林的授課使他認為：哥白尼系統比托勒密系統更為清晰可信。從 1595 年暑假開始，他以哥白尼系統為基礎，進一步研究行星軌道的數目、大小以及運轉方式三個基本問題。最後他發現：柏拉圖五種正多面體剛好可以「分隔」五大行星，以及地球的六條軌道，這解釋了軌道數目；接著，他從各種正多面體與軌道球面的外接與內切關係，來決定軌道大小，結果也與哥白尼系統相符。他還從外面的行星軌道較長，而且速度較慢的數據，求出了日距與運行週期的關係。他進一步猜測，行星是從居中的日球得到運轉動力，這動力會隨著距離減弱，所以外行星速度較慢。

克卜勒與第谷家族之爭

1596 年，克卜勒寫成《宇宙奧祕》（Mysterium Cosmographicum）一書。這本書雖然是不成熟的嘗試之作，基本假設也有錯誤，但他不僅公開宣揚哥白尼系統，跟以數學仿真現象的天文學傳統大不相同，也就是要找到現象背後的實質原因，對現象提出基本的物理性解釋。因此，《宇宙奧祕》的出版，使克卜勒頓然躋身知名天文學家之列。

數年後，舊教勢力控制格拉茲，克卜勒被迫赴布拉格。此時第谷已經讀過他的著作。由於梅斯特林的推薦，第谷發邀請函邀請他前來工作。克卜勒在第谷手下工作其實不足一年，主要任務是研究火星軌道。第谷欣賞他的才能，但因為克卜勒是哥白尼信徒，兩人相處並不融洽。克卜勒自視甚高，又以合作者自居，兩人經常發生衝突，克卜勒憤而出走，後來顧慮到第谷累積資料之精確豐富，又回心轉意，投靠第谷。

1601 年 9 月他回到布拉格，第谷帶領他謁見皇帝魯道夫，跟著一病不起，臨終時第谷平日親信的弟子已星散，只好將所有資料交付克卜勒。第谷去世後，克卜勒繼承了「帝國數學家」的職位，主要任務是在第谷所遺留天文資料基礎上，編撰一部可以媲美《阿方索數表》的《魯道夫數表》。

然而，第谷的女婿唐納高（Frans Tengnagel, 1576-1622）卻代表家族興訟，取得第谷所遺留天文觀測資料的保管權和使用權。雙方經過反覆交涉，終於達成和解協議，規定克卜勒可以使用火星軌道資料，但相關著作必須得到唐納德的同意，確認沒有違反第谷的天文學觀點，才可以出版，至於克卜勒本人的見解，必須等待《魯道夫數表》出版後，才可以自由發表。

圓形或橢圓型的軌道

在這些條件限制下，克卜勒用了三、四年時間，終於在 1606 年寫成《新天文學》（Astronomia Nova），但遲至三年後，才能夠出版。這本書提出了著名的「克卜勒行星運動定律」，他以自己的研究與發現來表述其論證，主張行星依循橢圓形軌道繞日運行，太陽位於橢圓中心的焦點；行

星近日時運行較快，遠日時較慢，從太陽至行星的連接線在一定時間內掃過的面積為恆定。

因為「天體運行的自然軌道必然是圓形，或者由圓形疊加組成」是將近兩千年歷史的古希臘觀念，已經根深蒂固，普遍為當時的天文學家所接受，連克卜勒本人開始時也心有疑慮，而反覆思考兩者之間的不同。因為第谷的數據十分精確，用圓形結構根本無法消除計算與實測之間的差異，只好轉向橢圓軌道的模型。克卜勒詳細展示研究過程，回答天文學界對他這兩條新定律必然會提出的質疑，天文學也從古希臘的柏拉圖偏執，轉向物理性原則。這項重大突破之所以可能，在於第谷的精確觀測和克卜勒的理論創新，兩者巧妙結合。克卜勒認為，他們兩人能夠在陰差陽錯之中互相結合，完成此一大業，必然有上帝旨意居間撮合。

克卜勒是位虔誠的教徒，他不僅堅持路德派信仰，而且相信占星術。在他的經典著作完成後三年，克卜勒就因為三十年戰爭爆發，而被迫遷往奧地利的林茲（Linz）。居住十四年（1612-1626）後，又被迫遷往普魯士的沙甘（Sagan）投靠華勒斯坦（Wallenstein）將軍。他的後半生幾乎是在三十年戰爭漫天烽火的戰地中度過，但在兵荒馬亂，顛沛流離中，克卜勒仍然能保持著述不輟。1630 年，他終於病逝征途。

本章小結：從考據到歷史的內在聯繫性

本書第三章討論畢氏學派和柏拉圖學園如何形塑出古希臘的「文化形態學」，從文化系統的觀點進一步申論：十字軍東征期間，這樣的文化型態和基督教對外在超越之「三位一體」的信仰互相結合，使歐洲中世紀的黑暗時期露出了「文藝復興」的曙光。

第三章的結論部分指出：五四時期「新文化運動」期間，中國知識界也像十八世紀的西方史學界那樣，產出過「疑古」的風潮。然而，比較中、西兩種文化傳統中所出現的「古史辨」內容，我們可以看出這兩種文化型態的根本差異。同樣的，考察中國知識分子對歐洲文藝復興的認識，也可以看出同樣的問題。

考據派的科學觀

　　嚴復在翻譯孟德斯鳩的《法意》時，最先提到了 Renaissance 這個概念，他用音譯的辦法，說西方的文藝復興就是恢復古學。嚴復的翻譯對當代中國造成了重大的影響。但是他用的是「古學復興」。在清末民初的數十年間，西方的「文藝復興」這個觀念，就以「古學復興」或「文藝復興」流行於中國的思想界。一般人普遍認為它是文化進步和近代文明的起點。同時，梁啟超和「國粹派」的學者甚至認為回復或恢復中國文化就是一種文藝復興。

　　胡適之提倡白話文學，他很喜歡拿文藝復興來說明五四運動。他認為文藝復興主張用地方文字寫作，把佛羅倫斯的方言提升為義大利的國家語文，中國人也應該如此。

　　本書第一章提到：五四「新文化運動」期間，中國知識界發生了一場大規模的「科玄論戰」，胡適（1923）將雙方發展的言論收集成一本《科學與人生觀》，並寫了一篇〈「科學人生觀」序〉。他在文中宣稱：一言以蔽之，科學方法就是「拿證據來！」「證據」是「思想解放和思想革命的唯一工具」，是「科學的唯一武器」，「證據戰勝了傳統，遂使科學方法的精神大白於世界」。他一再申明：所謂的「科學方法」，便是「尊重事實和證據」。他說他自己「考證紅樓夢」，「替水滸傳作五萬字的考證」，「替廬山一個塔作四千字的考證」，主要目的就是「要讀者學得一點科學精神，一點科學態度，一點科學方法」。「科學精神在於尋求事實，尋求真理。科學態度在於撇開成見，擱起感情，只認得事實，只跟著證據走。科學方法只是『大膽的假設，小心的求證』十個字。」在他看來，清代乾嘉學者所從事的考據工作中，已經有了成熟的科學方法。由於胡適個人的影響力，他所提出的口號「拿證據來！」「大膽假設，小心求證」，也成為家喻戶曉的名言。

對考據派的批判

　　然而，熊十力（2001）在《讀經示要》中卻駁斥梁啟超和胡適所謂考據方法符合西洋科學方法、乾嘉學派的出現相當於歐洲的文藝復興等看法，而斥之為「理不求其真，事不究其實」的「影響之談」。（頁 821）

　　徐復觀（1988）在〈研究中國思想史的方法與態度問題代序〉中，更直截了當地批評「考據派」的科學觀。他認為考據派存在的問題主要有三：第一，在方法上，固執於「以語源為治思想史的方法」，以為通過訓詁找到一個字的原形、原音、原義便足以治思想史，其實這「完全是由缺乏文化演進觀念而來的錯覺」；用此種方法來治思想史，因為所作論斷不是建立在資料歸納的基礎上，而是以語源作為基礎作無限制的推演，故其結論「幾無不乖謬」。第二，即使不是固執於「語源」而能把多數材料匯集在一起，但缺乏抽象思辨能力，仍不能從這些資料中抽繹出可以貫通各材料的中心觀念，並如實而合理地顯現出潛在的思想結構。第三，缺乏科學態度或如古人所謂「敬」的態度。這表現在研究過程中，是固執自己的主觀成見而不能「對於研究對象作客觀的認定」並「隨對象的轉折而轉折，以窮究其本身所含的構造」；表現在學術討論中，是固執自己的意見而拒絕承認他人的不同看法甚至是明知錯誤卻要文過飾非、百般狡辯；表現在學問門類上，則是固執考據學立場而拒斥對於思想義理的研究。（頁1）

　　整體而言，徐復觀和熊十力的學術觀點雖然並不相同（見本書第十二章之最後一節），但他們對於梁、胡等「考據派」的批評卻是一致的。

歷史的內在聯繫性

　　1867年，文藝復興史學者布克哈特（Jakob Burckhardt, 1818-1897）出版了一本影響深遠的《義大利文藝復興文化》。在他的論述中，文藝復興是近代文明的開始，歐洲人追求從基督教信仰解放的人文主義，使他們發現了自己和他們的世界。他重視古典對文明的憧憬和模仿，也描繪了非常現實、弱肉強食，不擇手段的城邦政治。在他看來，這樣的歷史時代有一定的內在聯繫性（inner connectedness）；所以文藝復興是近代文明（modern）的開始。

　　從本書系的立場來看，布克哈特的論點是極有見地的。後來有些歷史學者雖然指證歷史，說明歐洲文藝復興時期美學、藝術、政治、經濟等不同領域的進展，未必有內在的聯繫性；然而，就本書所關切的數學、物理、天文學和哲學之間，它們確實是有一定程度的內在聯繫性。這將是本書第五章所要析論的主題。

參考文獻

李雅明（2008）：《科學與宗教：400年來的衝突、挑戰和展望》。台北：五南圖書公司。

林鴻信（2013）：《基督宗教之人觀與罪觀——兼論對華人文化的意義》。台北：臺大出版中心。

胡適（1923）：〈「科學人生觀」序〉。《科學與人生觀》。上海：亞東圖書館。

高宣揚（1994）：《實用主義與語用論》。台北：遠流出版公司。

徐復觀（1988）：〈研究中國思想史的方法與態度問題代序〉。《中國思想史論集》。台北：台灣學生書局。

陳方正（2009）：《繼承與叛逆：現代科學爲何出現於西方》。北京：三聯書店。

熊十力（2001）：《讀經示要》。武漢：湖北教育出版社。

Archer, M. S. (1995). *Realist social theory: The morphogenetic approach.* Cambridge, UK: Cambridge University Press.

Armstrong, K. (1993). *A history of God.* New York: Ballatine Books.

Dampier, W. C. (1942). *A history of science.* Cambridge: Cambridge University Press.

Ellerbe, H. (1995). *The dark side of Christian history.* Morningstar Books.

Gellman, M., & Hartman, T. (1995/1997). *How do you spell God?* New York: HarperCollins.

第五章
實在論與啟蒙的辯證

　　歐洲文藝復興運動發生之後，許多知識分子將他們對「三位一體」的信仰，轉爲探索外界事物的熱忱。他們秉持著傳統「實在論」的世界觀，去探索客觀的經驗世界。有些科學家的研究發現違反了基督教意義，便可能遭到教會的迫害。本章第一節將以哥白尼所提出的「日心說」爲例，討論文藝復興時期基督宗教跟新興科學之間的關係。然後說明：英國經驗主義的傳統與歐陸理性主義的主張，其中最值得吾人注意的是，法國哲學家笛卡兒以「我思故我在」的懷疑精神，建立「主／客」對立的「二元論」哲學。

　　英國科學家牛頓在瘟疫與宗教的雙重威脅下，完成的劃時代鉅著，象徵著文藝復興時期的結束。他的卓越貢獻，成爲康德構思其知識論的基礎。

　　康德是歐洲啟蒙運動時期最重要的哲學家，本章將以較長的篇幅介紹他的哲學。然而，康德年輕時的一本著作《通靈者之夢》顯示：歐洲啟蒙運動以後，理性主義的興起使歐洲思想家將其思慮的問題聚焦在「理性」的層面，人類社會中常見的通靈現象，則和傳統形上學的理念一樣，被劃歸爲「非理性」的範疇。

　　我們必須萬分警惕：歐洲的「啟蒙」，很可能造成其他文明的「遮蔽」。這很可能是牟宗三刻意對其知識論做出「系統性誤譯」的主要理由。

第一節　基督宗教與新興科學

文藝復興的風潮迅速擴散到歐洲各地。1517 年，馬丁・路德（Martin

Luther, 1483-1546）爲了抗議羅馬公教的腐敗，發布九十五條論綱，引發了宗教改革（Reformation），歐洲西部的基督教再一次發生分裂。形成了脫離羅馬公教控制的基督新教。而基督新教中，又分裂出許多不同的教派。由於教派的不同，歐洲在此後的數百年中，發生了或大或小的許多次宗教戰爭，比如說 1618-1648 年間的三十年戰爭，就是較爲顯著的一個例子。

哥白尼的「日心說」

在動盪的政局中，歐洲的科學家都得小心翼翼，以免遭到宗教的迫害。在李雅明（2008）所著的《科學與宗教》一書中，記載了由中世紀到文藝復興以來，基督宗教與科學之間的尖銳衝突。我們可以用由「地心說」到「日心說」的天文學革命爲例，來說明這一點。

古希臘時期，人們普遍相信，地球是宇宙的中心，其他的星球都環繞著地球運行。托勒密（C. Ptolemy, 87-150）將之發展成爲「地心說」的完整體系，它假設行星在一個稱爲「本輪」（epicycle）的小圓圈上移動，而小圓圈又沿著一個稱爲「均輪」（deferent）的較大圓心軌道上運行。

到了文藝復興時期，波蘭數學家哥白尼首先提出「日心說」，他認爲地球不是靜止不動的，它一面繞著地軸自轉，每晝夜自西向東自轉一週；一面以一年爲週期，繞太陽公轉。

哥白尼（Nicolaus Copernicus, 1473-1543）出身德裔家庭，祖父是當時波蘭首都克拉科夫（Cracow）的著名商人。十五世紀中葉，父親遷往貿易河港土崙（Torun），母親出身當地商人望族。他十歲喪父，由舅父瓦臣羅德（Lucas Watzenrode）撫養成人。十八歲（1491）進入克拉科夫大學，三年後在文科畢業。當時瓦臣羅德已經升任西普魯士瓦爾米亞（Varmia）教區主教，1497 年，他爲哥白尼謀得該教區弗勞恩堡（Frauenburg）座堂執事職位。哥白尼隨即赴義大利求學，前後停留六年（1497-1503）。前三年在博洛尼亞學習天文、法律、希臘文，並取得文科教授資格；後到羅馬講授數學。在短暫回到波蘭之後，他轉到帕多瓦學習醫學，並且取得教會法博士學位。三十歲左右回歸弗勞恩堡，擔任執事職務，平穩度過一生。

　　返回弗勞恩堡之後，舅父曾經招他到主教府，擔任私人醫生和政治助理。1512 年回到座堂，又短期出任獨立的行政職務；被邀出席拉特蘭座堂宗教大會（Lateran Council, 1514），協助曆法改革。但他大部分的時間和精力都用在天文學觀測、研究和思考上。爲了作天文觀測，他在 1513 年建造了一個小觀測塔，其中只有三件儀器：象限儀、渾天儀和用以測度天體仰角的三角儀。

《天體運行論》

　　在 1512-1514 年間，他寫成《簡論》（Commentariolus），初次提出「日心說」的新構想，即日球爲宇宙中心，地球每日自轉，每年繞日公轉，行星的「恒駐」和「逆行」，都是源自地球與它們的相對運動等等。《簡論》在親友、同行間流傳將近二十年，才慢慢地傳到外界。至於他將上述構想充分演繹而成的巨著《天體運行論》（De Revolutionibus Orbium Coelestium），則遲至 1630 年代中葉，才告完成。因爲這樣的理論違反了正統的「地心說」，出版商怕得罪教會，遲遲不敢出版。

　　1539 年，維騰堡（Wittenberg）大學的年輕教授雷蒂庫斯（Joachim Rheticus, 1514-1576）慕名來訪。垂暮之年的哥白尼才初次出示這本鉅作，後者一見大爲嘆服，即以弟子自居。他寫信向紐倫堡大學的老師舍納（Johann Schorner）作詳盡報告。此時哥白尼已經年近古稀，幾經親友勸說，他終於同意出版《天體運行論》，在他臨終前幾個小時，成書剛剛趕得及送到他手上。

布魯諾之死

　　這本書流傳不廣，當時只有極少數的專家會讀這本書。其中之一是義大利人布魯諾（Giordano Bruno, 1548-1600）。他幼時家庭貧困，十五歲就進入多明尼克修道院當道明會的修士。由於他接受了哥白尼的日心說，成爲異端，而被革除教籍。1576 年，他逃出修道院，離開義大利，過著長期流亡的生活。他先後到瑞士、法國、德意志和捷克等地，在大學裡講課，宣揚哥白尼的學說。他在 1584 年出版的著作《論無限宇宙及世界》中，提出了宇宙無限的思想，認爲在太陽系之外，還有數不清的世界。他

相信一個叫做漢密士（Hermetism）的教派，這是一種源自古代埃及和希臘的宗教思想，反對三位一體，主張耶穌是人，不是神，耶穌是由上帝所造，因而低於上帝。在他的宇宙中，沒有上帝的地位。教會因此把他的學說視為異端。

1591 年，他被騙回義大利。翌年被逮捕入獄。在獄中囚禁八年，始終不為所屈。1600 年，為了堅持宇宙無限的論點，羅馬教廷以異端的罪名判處火刑。在聽到判決時，他對審判官說：「你們宣讀判決書的恐懼，可能比我接受死刑判決的恐懼還要大得多。」（Perhaps you, my judges, pronounce this sentence against me with greater fear than I receive it）。在羅馬的百花廣場以火刑處死時，為了不讓他說話，教會把他的舌頭枷住，而且把他衣服剝光，倒立著燒死。

震撼歐洲的「禁書」

哥白尼發表《天體運行論》，主張日心說，但是他並沒有確實的證據，只是認為他的理論更能自圓其說，更有說服力而已。提出證據支持日心說的是義大利天文學家伽利略（Galileo, 1564-1642），使「哥白尼革命」廣為世人所知的是 1633 年的「伽利略審判」，是時《天體運行論》已經出版九十年。

伽利略的祖先是佛羅倫斯有名望的家族，他的父親是一個相當有名的音樂家。青年時期的伽利略首先在比薩大學學醫，十九歲時讀到數學家瑞奇（Ostilio Ricci）的著作，轉習科學。發表一些著作之後，受到蒙提爵士（Guidobaldo del Monte）的推介，他成為比薩大學的數學教師。

1592 年，他成為帕多瓦（Padua）大學的教授。帕多瓦當時屬於威尼斯共和國，氣氛比較自由，在帕多瓦的十八年，是他一生中的黃金歲月。1597 年左右，他了解到哥白尼的太陽中心說是正確的。1609 年，他聽到荷蘭磨鏡師利普爾黑（Hans Lipperhey，約 1570-1619）發明了望遠鏡。翌年 8 月，伽利略就依法製成九倍放大率的望遠鏡。經過不斷改良，當年年底更以物鏡和目鏡分別為凸透鏡和凹透鏡的組合，製成放大率達三十倍的「伽利略型」望遠鏡。

以這項新發明為工具，他看到了不可思議的景象：月球表面並不是光

滑的，而是有山巒起伏；木星有四顆衛星；銀河由無數的恆星組成；天上還有大量前所未知的恆星，等等。這些都是前人無法想像的新事物，都不是亞里斯多德的天體理論所能夠解釋。因此，伽利略在 1610 年 3 月出版《星際信使》（Sidereus nuncius）報導這些重大發現，這本書在全歐洲引起的思想震撼，比一個世紀前哥倫布發現新大陸，恐怕有過之而無不及！

伽利略審判

1610 年，他回到比薩大學任教。比薩是在托斯卡尼（Tuscany）大公國管理之下，受到天主教教宗極大影響。1611 年，他到羅馬去向教廷顯示他的新發現，但他的說法不爲教廷所喜。1616 年他被傳喚到羅馬，受到教廷的警告，不准他以任何形式的著作和語言支持哥白尼的學說。1632 年，他出版了《關於托勒密和哥白尼兩大世界體系的對話》（Dialogue Concerning the Two Chief World Systems），該書在 3 月出版，8 月就成爲教廷的禁書。

1633 年，他被傳喚到教廷，接受宗教法庭的審判。他的審判從 4 月進行到 6 月，這個時候，他已經六十歲了，又有痛風毛病，而且教會還威脅對他用刑。由教宗烏爾班八世簽可的審判結果，說伽利略有「激烈異端的可能」（vehemently suspected of heresy）。1633 年 6 月 22 日，法庭強迫他宣讀一個準備好的誓言，叫他譴責自己對於哥白尼理論的主張，公開表示：「我棄絕、咒詛並憎惡自己的錯誤。」（I abjure, curse and detest my errors.）最後，他被判處終身監禁。

伽利略因而成爲終身囚犯，軟禁在佛羅倫斯近郊的家。在軟禁期中，雖然他不准再對哥白尼理論發言，可是他繼續研究理論力學，1636 年，他又完成了《關於兩門新科學的論述與數學驗證》（Discourses and Mathematical Demonstrations Concerning Two New Science）。

但是這本書無法在教宗有重大影響的地方出版，於是伽利略把書稿交給一個法國人，由他協助在荷蘭的萊頓出版。完成這本書後不久，他的眼睛完全失明。1639 年，他向教宗要求回復自由，但是遭到拒絕。1642 年 1 月 8 日，伽利略逝世於佛羅倫斯近郊的阿瑟齊。

第二節　經驗論與理性論的對張

　　文藝復興時期，盛極一時的義大利的「自然哲學思潮」在衰微之後，接踵而來的是以英、法兩國爲中心的新時代哲學思想。在英國，培根（Francis Bacon, 1561-1626）首先奠下了經驗論（empiricism）的基礎；以法國的笛卡兒爲鼻祖的理性論（rationalism）思潮，在歐洲大陸應運而生。

經驗論與皇家學會

　　經驗論與理性論從此形成對立性的歐洲兩大哲學主潮；在方法論的奠基方面，經驗論著重感覺經驗，善於使用歸納法；經驗論專事理性的推論，強調數學的演繹方法。培根認爲近代的學問必須建設在人類個別經驗的根源眞理之上，因此應從思維的周邊或即現實經驗開始腳踏實地的哲學思索。笛卡兒則主張學問的統一性反省，哲學思索應以思維的中心或即理性的自覺爲唯一可靠的出發點。

　　培根出身貴族世家，父親曾任掌璽大臣。他在劍橋三一學院畢業後，執業律師，隨即步入政壇，後來獲得王室寵信，升任樞密大臣，並受封爲子爵，卻因受賄蒙羞，而從此退隱，專心著述。

　　培根是樸素的科學主義者。他的主要作品，《新工具》（Novum Organum, 1620）宣揚：眞正的知識只能夠透過實際觀察、實驗得來；從傳統、口耳相傳或者臆度、想像而來的知識都不可靠，必須徹底掃除。他很魯莽地反對哥白尼，認爲其天文系統出於臆造；但是他認爲：伽利略的望遠鏡觀察符合他所提倡的實驗精神，而在《新工具》中以之爲例，詳細討論科學儀器的應用。因爲「知識就是力量」，政府應該全力鼓勵、推動並資助科學研究，以造福社會和人類。在他生前，這些論點並不受注意，但是從 1640 年代的清教徒革命之後，則日益爲人重視，進而影響到「皇家學會」的成立。

　　培根之後，英國人一直保持經驗論的思想傳統，在知識論上善於綿密的感覺分析，而在倫理學方面則多標榜快樂主義或功利主義的理路，而將形上學拒於千里之外。英國三大古典經驗論者洛克（John Locke, 1632-

1704）、巴克萊（George Berkeley, 1685-1753）與休姆（David Hume, 1711-1776）莫不如是。

我思故我在

理性主義的興起，使得西方的許多知識菁英不再以「理性」思考「三位一體」的問題，而把他們追求「位格」的熱忱轉向探索大自然。其中做出最重要突破的哲學家是笛卡兒（Rene Descartes, 1596-1650）。他出身於一個地位較低的貴族家庭。一歲多時，母親患肺結核去世，他也體弱多病。父親再婚後，把他交由外祖母帶大，在父親持續的資助下，接受良好的教育。

當時拉丁文是學者的語言，因此，他的著作通常用他的拉丁姓氏Cartesius屬名。他在數學上的最大貢獻，是將代數和幾何學連在一起，創立了解析幾何。幾何中的笛卡兒座標軸，便是以他的拉丁姓氏爲名。

笛卡兒是虔誠的天主教徒。在哲學方面，笛卡兒是個堅定的理性主義者。他認爲：人類應該可以用數學方法來進行哲學思考。他相信：理性比感官的感受更爲可靠，譬如：在作夢時，我們以爲自己是在一個真實的世界中，其實這只是一種幻覺而已。

他在邏輯學、幾何學和代數數學中，發現了一條重要的規則：對於我完全不懷疑的事物，才可以視之爲真理；除此之外，絕不承認任何事物爲真。他認爲：懷疑是獲得知識的第一步。感官知覺的知識是可疑的，所以他絕不會說：「我看故我在」或「我聽故我在」。他認爲：我們無法懷疑的，是我們正在「懷疑」這件事的「懷疑本身」。由此他推出著名的哲學命題：「我思故我在」（Cogito, ergo sum）。並據此建立「主／客對立」的「二元論」（dualism）哲學：「我」必定是一個獨立於肉體，而且正在思維的東西。

理性主義與解析幾何

1637年笛卡兒發表的《方法論》極力主張：有關自然界的知識必須從毫無疑問的基本原理出發，然後以嚴格的數學推斷出來。在這樣的系統中，亞里斯多德的「目的論」以及生命的「自主性」根本毫無地位。他主

張致力於觀察自然界，只有牽涉空間的「運動」可以用數學處理所以最爲根本。笛卡兒的哲學因此被稱爲「機械哲學觀」（mechanical philosophy）。

笛卡兒認爲：現實世界中有諸多可以用理性來察覺的特性，這就是它們的數學特性（如長、寬、高等）。當我們的理智能清楚地認知一件事物時，該事物一定不會是虛幻的，而是如同我們所認知的那樣。

在《方法論》三個附錄之一《幾何學》中，首先提出他所發明的解析幾何學（analytical geometry）。《幾何學》討論的問題雖然源遠流長，但是他引入了坐標系統，以線條上的點，代表某種空間數量關係的軌跡，將幾何學問題轉變成代數學問題；並引入現代數學符號及運作方式，用 x、y、z 等字母代表未知線段，用 a、b、c 等字母代表已知數量，大幅簡化代數問題的解決。從此數學思考的重心從幾何學的「形」，轉移到代數學的「計算」。1664 年，他出版《哲學原理》（Principles of Philosophy），提出他對力學原理和宇宙結構的具體看法，

笛卡兒還試圖以此作爲出發點，來證明上帝存在。他認爲：我們都具有完美實體的概念。由於我們不可能從不完美的實體上得到完美的概念，因此，一定有一個完美實體（即上帝）存在，來讓我們得到這個概念。

笛卡兒主張的二元論認爲：宇宙中有兩個不同的實體，即思考的（心靈）和外在的世界（物質），兩者的本體都來自於上帝，而上帝是獨立存在的。人是一種二元的存在物，只有人類才有靈魂，既會思考，也占有物質空間。動物只屬於物質世界。

第三節　牛頓的發現與文藝復興的結束

歐洲文藝復興運動發生之後，理性主義興起，有些知識菁英不再以「理性」思考「三位一體」的問題，而把他們的宗教熱忱轉向探索大自然。其中做出最重要突破的人物，是牛頓（Issac Newton, 1642-1727）。在伽利略逝世的 1642 年，牛頓生於英國林肯郡。他的父親在他三歲時去世，母親再嫁，由外祖母帶大。當他十一歲時，繼父也去世，因而和母親以及同母異父的兩個姊姊、一個弟弟一起生活，養成他孤僻的個性。

疫情威脅下的牛頓

1661 年，十九歲的牛頓中學畢業，進入劍橋大學的三一學院（Trinity College），充分感受到啟蒙運動時期新思想、新方法、新發現的強大衝擊，而開始努力向學，並激發出雄心與創造熱情。1665 年，他獲得學士學位，當年夏天，鼠疫流行，大學也停課，牛頓回到老家烏斯索普（Woolsthorpe），一直到 1667 年 4 月才恢復上學。在這兩年期間，他日夜不休地專注於研究工作，日後他所有的重大發現，包括微積分、萬有引力定律、運動三定律以及三稜鏡的折射和散射實驗，都在這段期間獲得突破性進展。

1666 年，他發表了三篇研究運動的論文。1667 年的 10 月，他當選為三一學院的會士（fellow）；次年，他獲得碩士學位，之後，牛頓在劍橋大學三一學院工作二十八年。在這段時間，牛頓很少與人來往，但他結識了盧卡斯（Lucasian）數學教授巴羅（Isaac Barrow, 1630-1677），這個教授職位是亨利·盧卡斯五年前捐獻成立的。他的數學才能受到巴羅的賞識。1669 年 10 月，巴羅辭去教授的職務，並指定二十七歲的牛頓繼承其盧卡斯數學教授的職位。

文藝復興的結束

世有伯樂而後有千里馬，牛頓因此成為三一學院的教授。然而，牛頓所處的時代，也是英國歷史上政治動盪、內戰頻仍的年代。他一生經歷過保王黨與國會派的內戰（1642-1646）、英王查理一世被送上斷頭台（1649）、查理二世復辟（1660）、光榮革命（1688-1689）等等，天主教、英國國教和新教教派之間爭鬥不休，清教徒不得不集體遷移到美洲新大陸，性格狐疑的牛頓當然更要戒慎恐懼，以求自保。

因為三一學院作風保守，他雖然早在 1669 年便因為親自磨製出小巧的高倍單鏡反光望遠鏡，而獲選為英國皇家學會會員，他劃時代的偉大著作《自然哲學的數學原理》（Philosophiae naturalis principia mathematica），卻遲至 1687 年 7 月才正式出版，許多歷史學者就把那一年（1687）當作是文藝復興結束的時代。因為他的許多重要發現未曾

出版，而在 1711 至 1716 年之間和萊布尼茲（G. W. von Leibniz, 1646-1716）發生微積分的發明權之爭（Hall, 1996; Westfall, 1993）。

　　牛頓本人篤信上帝，他和十七世紀的大多數科學家一樣，認為科學研究就是要發現上帝所訂的自然規律。英國數學家和哲學家科茲（R. Cotes, 1682-1716）在他為牛頓之著作《自然哲學的數學原理》所寫的序言中，寫道：「毫無疑問的，這個世界是由上帝絕對的自由意志才得以出現。從這一『本源』中，湧現出我們稱之為自然法則的那些東西，其中確實顯露出許多最聰明的設計創造的痕跡，但我們卻看不到任何必然性的跡象。因此我們絕不能從不可靠的推測中去找尋這些法則，而要從觀測和實驗中去了解這些法則。」（Newton, 1713）

宇宙萬象後的基本原理

　　牛頓力學鋪陳的宇宙體系，具體展現出宇宙整體的理性。從一群相互關聯的公理和定義出發，加上數學和邏輯的形式結構，牛頓力學原理構成一個「封閉性宇宙體系」，能夠解釋在力的作用下，任何物質在時間和空間中改變其位置、速度和方向的運動過程。自然科學研究的對象，都是宇宙的一部分；因此，它們亦將展現出理性的體系、秩序和超越時空的運作法則。理性的秩序和運作法則，都是先驗存在的；宇宙所展現的理性和自然秩序，是連上帝都無法改變的。人類只能發揮其理性，用科學的方法去發現它們，但不能創造。

　　《原理》第三卷「宇宙系統」說明了牛頓稱為「實驗哲學」（Experimental Philosophy）的整套理念。他開宗明義地提出四條「哲學推理規則」：開頭兩條是「化約原則」（reductionism），以最少基本規律，來解釋最大量的現象；第三條「演繹原則」（principle of deduction），從經驗得知的有限事物之性質或規律，如果具有普遍性可以推廣到所有事物。最後一條是「證驗原則」（principle of verification），從現象演繹出來的原理、命題，可能因為牴觸其他的新現象而需要修訂或者變更，不必顧及與之相矛盾的其他假設。這套哲學的核心信念是：在紛紜宇宙萬象背後，存有少數幾條基本原理或定律。現象與原理之間有非常緊密的對應，因此從部分現象就可以得到普遍原理和定律，從而了解全部的相關現象。

煉金術的研究

　　牛頓升任教授後將近十年間（1674-1684），專心致志於煉金術和神學的研究。他盡量避免與學會和學界接觸。事實上，他在這方面耗費的時間、心思、精力，遠遠超過數學和物理學。從 1660 年代末開始，就已經在學院居所附近，著手建造鍋爐，購買儀器、藥物，蒐集和親自謄錄配方、典籍，並從 1678 年開始留下註明日期的實驗紀錄。直到 1696 年遷往倫敦爲止，他認眞研究煉金術前後最少三十年，而且極少間斷，大約只是在 1660 年代中晚期和 1684-1687 年等兩三個時段轉向數學、物理學和光學而已。他的大部分煉金術筆記是在出版《原理》和成大名之後所作。他的助手追述，他作實驗時極其專注，往往通宵達旦，不眠不休，因此留下了上百萬字的煉金術手稿和實驗紀錄。但他破解物質變化之謎的理想始終沒有實現，現代化學的出現是十八世紀末之事。

　　牛頓去世之後，蒲柏（Alexander Pope, 1688-1744）爲他所題的墓誌銘是：「大自然及其規律爲夜幕遮蔽，上帝命牛頓出世，天地遂大放光明」（Nature and nature's law lay hid in night; God said: 'Let Newton be, and all was light'.）（陳方正，2009：577）

第四節　康德的知識論

　　牛頓的鉅著《自然哲學的數學原理》，象徵著文藝復興時代的結束，同時也象徵著歐洲啟蒙運動的開始。啟蒙運動發生之後，理性主義興起。許多思想家紛紛以理性和自由挑戰教會和王室的權威，但對於基督宗教的態度卻是眾說紛紜，莫衷一是。康德可以說是那個時代最偉大的哲學家，他的哲學深受牛頓物理學的影響。一方面揚棄理性論與經驗論的片面之見，建立「先驗理念論」的思想體系；另一方面又通過實踐理性的自我規定，重新發現意志自由、靈魂不滅與神存在等傳統形上學概念在道德形上學中的意義。

康德哲學的發展

　　康德哲學的發展曾經有三次的轉變，第一個階段是從 1755 到 1762 之間的「獨斷論時期」，他在自然哲學方面接受牛頓式力學機械觀，在自然宇宙的形上學基礎方面，則遵循萊布尼茲的單子論觀點。

　　從 1762-1769 年之間，康德對前期的理性形上學見解開始懷疑，受了英國經驗論（尤其休姆）的影響後，主張形上學的探求亦應採用牛頓自然哲學所使用的方法，即從確實的經驗出發，逐步形成普遍的原則，認為：「確信神之存在雖是必然之事，證明祂的存在卻無甚需要。」他在 1766 年發表《通靈者之夢》（李明輝譯，1989），否定傳統形上學對於上帝與精神的主張有客觀的理論根據，開始將形上學的關心問題擺在實踐的信仰基礎上面。

　　從 1770 到 1781 年，是其「批判哲學」的準備時期。他在 1770 年發表的教授就職論文，題為〈感觸界與智思界之形式與原理〉（On the Form and Principles of the Sensible and Intelligible World），文中將人類認知思考活動所能及的範疇分為感觸界（sensible world）與智思界（intelligible world）兩種，前者是指人類感覺器官所能感受的現象界，也是自然科學家們所探討的範疇；後者是人類感覺器官無法觸及的領域，也是形而上學家所關懷的世界。這超越世界中的事物雖然不可觸及，但卻可尋思。

感觸界與智思界

　　在康德看來，對於人類而言，這兩個世界都是十分重要的。他認為：人類的認知思考活動，可以依其思考領域的不同，分為兩種：「理論理性」（theoretical reason），其目的是要探討自然界中各事物間的邏輯關係，它在感觸界進行探索與思考工作，然後根據個人經驗的內容建構出客觀的知識體系，使人類能夠以一種機械式的觀點來了解自然宇宙中的因果秩序；「實踐理性」（practical reason），其目的是在處理本體界中的問題，它根據人類精神的要求，在智思界中創造宗教或倫理價值體系，以導引人類在經驗世界中的活動，使其趨向於康德所謂的「目的王國」（ein Reich der Zwecke）。

　　從 1781 年開始，康德逐步推出了他的先驗哲學。他依據知、情、意的三分法出版他著名的三大批判書，《純粹理性批判》、《實踐理性批判》和《判斷力批判》，分別討論理論哲學、實踐哲學與美學（及目的論）的問題。他經過十多年的沉思與醞釀，在 1781 年初出版《純粹理性批判》這部劃時代的鉅作。由於這部著作篇幅太過龐大，所探討的問題又極為複雜，其中用了許多新的名詞與表述方式。康德自己早已預見到《純粹理性批判》不容易為人所理解，於是《純粹理性批判》出版不久後，康德又出版了一本較為通俗的著作《未來形上學之序論》，來闡明《純粹理性批判》之要義。

　　1785 年出版「道德形上學原論」，首次展示他對道德哲學的根本理念，為 1788 年問世的「實踐理性批判」作一體系化的鋪基工作。1790 年問世的「判斷力批判」則從美學問題的探求，設法溝通第一批判書關涉的機械化自然宇宙（物理科學的對象），與第二批判書建立的道德、自由與信仰的超越世界（道德形上學的對象）之間的鴻溝。

先驗理念論

　　牟宗三（1982/1983/1992/1993）曾經獨力將康德的三大批判書譯成中文，書中將康德的知識論 transcendental idealism 一律譯為「超越的理念主義」，或「超越的理念論」。李明輝（2008）將《一切能作為學問而出現的未來形上學之序論》譯成中文，書中則一律使用「先驗性的觀念論」。

　　這裡我們必須分辨「先驗的」（transcendental）與「超越的」（transcendent）二詞的差異所在：後者是指超越現實經驗。傳統形上學的研究對象，諸如上帝，靈魂等等，均屬「超越的」領域；前者具有康德哲學的獨特意義，是知識論上指建構經驗內容成為客觀真確知識的不待經驗的要素，它是純粹屬於悟性本身的形式條件。

　　因此「先驗」與「先然」（a priori）一詞幾乎是同義。所謂「先驗的方法」，是要分析知識的性質，檢驗普效性成立的基礎。康德又稱他的方法為「批判的方法」。康德認為：知識的成立，必須藉由感性（直觀）與悟性（思維）兩種心靈能力的協力合作。直觀表示接納性（receptivity），而思維則表示自發性（spontaneity）。設若只有直觀，則我們僅能獲得雜

亂無章的知識材料（經驗內容），不能構成統一的知識體系；又若只有思維，我們雖然能夠具有建構知識的統一形式，但缺任何經驗內容。因此康德宣稱：「不具內容的思維是空洞的，不具概念的直觀是盲目的」。此一名言是康德爲了超克理性論與經驗論，同時著重（思維）形式與（知識）材料的思想結晶。由於康德深知自然科學既是建構性（constructive）的知識，又及涉及外界經驗，因此他特別針對悟性的統一形式，分析自然科學成立的根據。

先驗圖式論

爲了具體說明心靈媒介現象（材料）與範疇（形式）二者的作用，康德提出了先驗圖式論的理論。他指出：範疇裡包攝雜多現象，必須透過時間（內容形式）的先驗條件才有可能。所謂概念的「圖式」（schema），是想像力在時間形式中產生的。時間形式一方面涉及感性直觀，一方面又跟範疇同樣具有純粹性或先然性，可以作爲圖式的基礎。圖式論則是指建構成圖式的操作步驟。康德認爲圖式論是「藏在人類心靈深處的一種藝術」。圖式與心像（bild）應嚴予區別：後者爲經驗性的，前者則是悟性的先驗性圖型。康德配合範疇四類的分類方式，提出了以下四種圖式：(1)「數量」圖式是在時間系列之中所產生的；(2)「性質」（或內容程度）圖式是時間內容的產品；(3)「關係」圖式（常恒、原因、必然的同時性）是時間秩序的產品；(4)「樣態」圖式則是時間之總括所產生的。

在《純粹理性批判》一書中，康德以一種所謂「先驗演繹」（transcendental deduction）的方法逐步論證：整個自然宇宙中的事物都受制於某種自然法則（Kant, 1781/1965）。認知主體以先驗的「形式法則」將其感官在感觸界中之經驗整理成爲「現象」，作爲個人認識外界的基礎。因此，先驗的形式法則具有普遍有效性，能夠使認知主體對經驗客體作出必然而且有效的判斷。人類之所以能夠建構出有關客體的客觀知識，其根本緣由即在於此。

知識建構的步驟

具有普遍有效性的科學知識雖然是先驗的綜合命題，然而，人類要從

他感受到的種種經驗現象中，統一經驗內容，而成爲嚴謹的科學知識，必須經過三個步驟的三重綜合：

1. 在感覺層次上，個人必須藉由「領受作用」（apprehension），將他在不同時間系列上經由各種感官對某些特定事物所經驗到的許多蕪雜經驗表象，綜攝成一定的形式。

2. 在想像的層次，個人必須藉由遵循某些心理規則的「再生作用」（reproduction），將業經「領受作用」過濾的經驗表象再加綜合整理。經過想像力的再生作用整理過後，經驗表象才可能具有初步的先驗性質。

3. 然而，要從原有的經驗材料建構出具有先驗形式的知識內容，還必須將各種概念經過「再認作用」（recognization），在「先驗統覺」（transcendental apperception）的層次上予以統一。

「經驗實在論」

　　康德說：「統覺原理是整個人類知識領域中最高的原理。」然而，「先驗的統覺」只是康德爲了說明知識的普效性與必然性不得不提出的一種知識論的絕對預設。康德主張知識的成立基礎不在外界對象，而在悟性主觀的自發性思維形式（範疇），扭轉了知識論的根本立場，爲了徹底解釋知識的客觀性統一問題，惟有訴諸「先驗的統覺」（意識的根源統一作用）。先驗的統覺既非一種形上學的實在，亦非個人的主觀意識作用，而是能夠超越個人意識作用而不具有實體意義的「認知主體」。

　　綜合以上的論述，吾人可以看出康德接受了經驗論者的主張，認爲一切知識應「隨」（mit）經驗而有。換句話說，人類一切知識必有內容或對象，所關涉的內容必須來自現實經驗，否則無由形成知識。然而康德並不以爲英國經驗論者如休姆所主張的見解，足以說明知識爲何具有「普效性」或客觀精確性。康德特別注意到，休姆在徹底批判因果必然性的概念之後，才將因果觀念還原爲「習慣性期待」的心理學問題，使物理學家援用的因果原則頓失任何理論根據。爲了重新保證科學知識的普效性與因果原則的先驗必然性，康德才提出了他的先驗觀念論。

　　更清楚地說，康德雖然承認一切人類知識必隨經驗而起，但他卻否認

知識一概來「自」（aus）經驗。透過感性與外界對象的接觸所獲得的經驗
內容雜亂而無秩序，不能即時構成客觀眞確的知識。知識的成立有待我們
悟性的主動創發作用，按照悟性本身的普遍規則，組織蕪雜的經驗表象，
建構爲一套先然的認知。知識的根本條件並不在於感覺經驗的實際內容
（質料），而是在於悟性的建構能力（形式）。康德因此扭轉洛克以來的
知識論立場，倡導所謂「先驗觀念論」，完成了所謂「哥白尼式的轉向」。

物自體

康德的「先驗觀念論」是建立在兩個絕對預設之上：(1) 就形式方面
而言，先驗的統覺透過意識的綜合作用，能將一切經驗材料整合爲具有
統一性與普效性的知識體系；(2) 就質料方面而言，一切外界現象有其實
在的根源，亦即「物自體」，牟宗三將之譯爲「物自身」，又稱「理體」
（noumenon），或稱「先驗的客體」（transcendental object）。康德堅持，
悟性（理論理性）所構成的科學知識只在現象界的範圍以內有效，悟性如
果踰越知識的界限，擅以超越的物自體爲認識的對象，則是悟性的一種越
權。傳統形上學所以常被稱爲獨斷論，即是基於此一觀點。哲學史家因此
稱康德的此一見解爲一種「不可知主義」（Agnosticism）。

對於康德「物自體」的概念，可以有各種不同的解釋。物自體可以說
爲解釋超越現象的智思世界，也可以看作是不可認知但能產生現象的本體
或原因。康德本人對於「理體」的界說，則是物自體視爲一種劃定知識界
限的消極性概念。康德說：「理體概念只是一種限制性概念，它的功用是
在束縛感性的自負，所以只具消極的使用意義。但它不是隨意虛構之物；
它跟感性的界限連成一起，雖然它不能在感性範圍之外肯定任何積極的事
物。」

兩種形上學

康德認爲「物自體」屬於感觸界，是產生現象的本體或原因，也是
「理論理性」的認識對象。以「理論理性」爲基礎所構成的知識，只有在
現象的範圍內有效。然而，不論人類如何以「理論理性」來探討宇宙，不
論人類創造的知識體系如何擴大，總有一些宇宙本源的問題無法解答。因

此，人類會產生強烈的形而上學慾求，進而以其「實踐理性」開展出一個
超越的智思界，將智思界中的「物自體」（本體）轉成「理念」（idea），
作爲自然界中諸般現象的眞實緣由。

　　然而，康德以爲，傳統形上學以「理念」作爲認知對象是錯誤的。他
在《純粹理性批判》一書中的先驗辯證部分指出：傳統形上學的主要內容
包含理性心理學、理性宇宙論、理性神學三大部分，其對象分別爲「靈
魂」（Seele）、「世界」（Welt）與「神性」（Gottheit）。康德在其著作中
逐一批判：這些「理性理念」（Vernunft idea）都是不受任何經驗約制的「無
制約者」（das Unbedingte），它們只受自由概念的支配，但卻沒有任何認
知上的意義，也不能成爲「理論理性」的對象。他先指出傳統形上學所討
論之理念在經驗上的虛幻，然後宣稱：唯一可以成立的形上學，爲由「實
踐理性」所建構的「道德形上學」（Kant, 1785/1949）。

　　康德認爲：物自體也可能是超感性的「無制約者」，只受自由概念的
支配。他承認人類的形上學欲求，可能將超越理論理性的物自體（本體）
轉成「理念」（idea）。甚至站在實踐自覺的立場，認爲物自體也可能是
（積極意義的）純粹意志本身。依照此一解釋，物自體的意義將從客體移
轉到主體面，可以是實踐理性的自覺內容。《純粹理性批判》的先驗辯證
部分論及傳統形上學的根本概念，並予澄清與批判。康德將一般形上學的
認知對象稱爲「理性理念」。此類理念沒有任何實在內容，本來不能成爲
理論理性的對象，康德逐一批判此類理念在理論上的虛幻無義，而將它們
提升爲實踐理性的信仰對象，終於宣稱唯一可以成立的形上學，爲實踐理
性所建構的「道德形上學」。

第五節　啟蒙與遮蔽

　　康德是歐洲啟蒙運動時期最重要的學者。他的哲學思想對後世科學哲
學的演化造成了相當大的影響；他的知識論是本書討論「牟宗三的科學
觀」的切入點。然而，從本書系「中西會通四聖諦」的角度來看，我們要
了解：康德爲什麼會提出這樣的知識論，進一步看出中、西文化的根本差
異，則必須從他的一本小書《通靈者之夢》談起。

天上的奧祕

該書原名《以形上學之夢來闡釋的通靈者之夢》，李明輝（1989）將它譯成中文，並加了一篇極長的「導讀」，說明該書在康德哲學早期發展中的意義與地位。李氏的「導讀」指出：康德之所以會撰寫該書，肇因於當時一位通靈者的神祕事蹟。

史威登堡（Emanuel Swedenborg, 1688-1772）是一位知名的科學家與自然哲學家。他經歷一場個人的宗教危機之後，晚年逐漸走上神祕主義底道路：自稱擁有一種特殊稟賦，能與靈界交通，因此寫出一系列著作，描述他在冥界中的見聞，其中包括八冊巨著《天上的奧祕》（Arcana Coelestia, 1747-1756），在歐洲各國和北美都有許多信徒。

當時康德已經撰寫了四篇論文，準備撰寫《認識心之批判》。這些論文的共同論點是經驗主義的原則，認為：人類對實在界所形成的知識，只能建立在經驗之上。單憑邏輯法則作概念底分析，無法對實在界形成任何知識。經驗主義的原則，對思想界與存在界之間作了嚴格的劃分。對康德而言，傳統形上學之所以爭論不休、相持不下，主要是因為它們將思想界與存在界混為一談，把邏輯根據當作真實根據，把邏輯關係當作因果關係。特別是對上帝存在、靈魂不死之類的問題，任何人都缺乏直接經驗，所以傳統形上學家可以運用其思辨之能力，各是其是，各非其非。

理性底夢幻者

在這種情況下，康德聽到史威登堡的故事，特地以七英鎊的高價，買了一部《天上的奧祕》，仔細研究，然後以嘲謔的筆調，寫下《通靈者之夢》。這本小書分為兩部分，第一部分依照傳統獨斷形上學之思路，批判靈界存在及靈魂不死的證明並沒有經驗的根據，違反了經驗主義的原則；第二部分試圖用史威登堡的證言，重構靈界之圖像，結果顯示這種圖像之荒誕。

在該書第二部分的第一章，康德先敘說幾則史威登堡的通靈故事，其中一則傳言涉及馬特維爾（Marteville）夫人，一位荷蘭駐瑞典的公使之遺孀。有一個金匠的家屬催她為亡夫打製的一套銀製餐具付清欠款。這位

夫人相信這筆債務在亡夫生前已經結清；然而，她在亡夫遺留下來的文件中找不到證據。

　　這個婦人相信占卜、解夢、以及其他各種神奇之事。因此，她請史威登堡爲她向另一個世界的亡夫探問上述債務的實情。幾天後，史威登堡到這位夫人住所向她報告：家中的一個櫃子裡有祕密夾層，所需的帳單便在裡面。他們立刻照他的描述去找，結果眞的找到收據，金匠的索價要求也因此勾銷。

　　《通靈者之夢》第一部分第三章一開始，康德即引述亞里斯多德的話：「當我們清醒時，我們有個共通的世界；但是當我們作夢之時，每個人有他自己的世界」（頁35）。他倒轉後一句說法，提出：當不同的人之中，每個人各有其自己的世界，我們便可以推想他們在作夢。然後將他們分爲兩大類：「感覺的夢幻者」與「理性的夢幻者」，偶爾與神靈有關係的人通常被歸類爲前者。如果有人在清醒時，仍然沉迷於豐饒的想像所編造的虛構和妄想，甚至漠視目前切身的感覺，則可以稱爲「理性的夢幻者」或「清醒的夢幻者」。此時，他設想其虛構的根源是「在自己之內」，他感覺到的其他對象則是「在自己之外」，並將前者視爲是自己活動的結果。

經驗主義的原則

　　史威登堡的著作將其幻象分成三類。在第一類幻象中，他從軀體解脫出來，而處於睡夢與清醒之間的中間狀態。在此狀態中他看到、聽到甚至感覺到神靈。這種事他只碰過三、四次。在第二類幻象中，他被神靈引走。譬如，他神智清醒地在街上行走，而他的精神卻在完全不同的地方，並且清楚地看到他所處的房舍、人、樹林等等。這可能延續數小時之久，直到他突然再度察覺其眞實的位置。這種事他已碰到兩、三回。第三類是他每天在完全清醒時，所具有的尋常幻象，他的這些故事主要也是取自於此，康德因此判斷：他是個「理性的夢幻者」或「清醒的夢幻者」。

　　依史威登堡的說法，所有人與靈界都有同樣密切的聯繫，但他們感覺不到這點。他與其他人之間的分別只在於：他的內心深處已經對冥界敞開；談到這項稟賦時，他恭敬地說：「這是上主的神性慈悲賜給我的」。

　　爲了要解釋史威登堡的這種異稟，康德以他當時正在鑽研的哲學作爲預設，認爲：一切知識均有我們所能把握的兩端，一端是先天的（a priori），另一端是後天的（a posteriori）。主張經驗主義的各種自然學家認爲：我們從後天的一端開始，取得足夠的經驗知識，然後逐漸上推到更高的普遍概念，從尾部逮住學問之鰻。儘管這種處理方式可能是明智的，但是它一定會碰到無法回答的「爲什麼」，而顯得缺乏學術性與哲學性。所以，思想敏銳的人，改從相反的極限，由形上學底最高點出發。他們會遭到另一種困難：不知從何處開始，也不知往何處去；其論證的推展，也可能不會及於經驗。

機械的科學

　　因此，康德認爲：較爲穩妥的作法，就是每個人「各自依其方式選擇起點，然後不以直線推論，在不知不覺中使論據偏曲，暗中睨視某些經驗或證據底目標，以引導理性」，已達成「某些天眞的學生不曾猜到的目標」，「證明我們事先知道會得到的證明之事」，其實就是康德後來所主張的知識論，意即「先驗的理念論」和「經驗的實在論」。

　　基於這樣的立場，康德批評《天上的奧祕》是「一個妄想者在靈界中的忘我之旅」，其故事的眞實性讀者可隨己意去探尋，「正如傳統獨斷的形上學那樣」。兩者都是「出於形上學底樂園無稽之談」。在該書第一部分的結尾，康德以嘲謔的語氣表示：有讀者可能「簡單地把他們當作醫院的候補者，藉此免除一切的探索」，「從前我們覺得有必要偶爾燒死幾個這類術士，現在只要給他們瀉劑就夠了」。

　　我們必須牢記：康德寫這本書的時候，是啟蒙時期的歐洲。康德的嘲謔，是當時歐洲的現實。我們必須當心的是：歐洲的「啟蒙」是否是對人類文明的另一種「遮蔽」？

　　在《通靈者之夢》第二章〈開啟與靈界間交通的祕密哲學〉中，康德區分人類對於自然的兩種理解方式：機械的和有機的。他認爲：充塞宇宙的無生命的物質，其眞正本性是處於慣性而且維持在同一狀態中。它們具有堅實性、擴延和形狀，基於這一切的現象，可以作一種物理學、同時又是數學的說明，此即爲「機械的」科學。康德所要發展的知識論，就是想

作爲這種科學的基礎。

有機的科學

相反的，如果我們轉而注意宇宙中有生命基礎的存有者，它們藉著內在活動使自己以及無生命的自然素材活動，我們將會相信非物質性存有者的存在，這種存有者的作用法則稱爲「精神的」（pneumatisch）。倘使這些法則在物質世界中的作用，必須以有形物作爲中介，它們的作用便稱爲「有機的」。由於這些自存的非物質性實體所遵循的主動原則，使它們彼此直接聯合在一起，構成一個非物性世界的大整體，康德稱之爲「智思世界」（mundus intelligibilis）。他認爲：它們藉著物質而有的關係只是偶然的，而且是基於上帝的一項特別安排，這種「萬物有生論」（Hylozoismus）主張：自然界的一切都有生命。可是，生命會擴展到自然的那個部分？何等程度的生命，可以稱爲全然的無生命？在康德看來，諸如此類的問題，都是不可能獲得解答的。

康德在構思它的哲學體系時，完全沒有意識到：在遙遠的中國，有一種「通靈者」能夠以工具占卜，藉由《易經》的協助和「天」溝通。《易經》的哲學基礎，就是「萬物有生論」。在中國漫長的歷史中，有些道士和陰陽家，也已用《易經》的思惟方式，發展出與西方「機械論」科學截然不同的「有機論」科學。

本章小結：二元論與超越性

仔細檢視西方科學發展的源流，我們可以看出各派對立思想之間，存有一種內在的關聯性（inner connectedness），即使是科學家對「眞理」的追求和壓抑科學發展的基督教信仰之間，亦不例外。從本章第四節的析論中，我們可以看出：康德的知識論是在歐洲科學發展的脈絡中衍生出來的，它跟歐洲科學的思潮具有緊密的「內在關聯性」，所以他的知識論也具有「不容誤譯」的特性，一旦誤譯，勢必誤導後學者，使其對科學哲學的演化系譜難以產生相應的理解。

西方文化的二元論

　　《通靈者之夢》是康德撰寫《認識心之批判》前的一本「即興之作」。然而，即使是《通靈者之夢》的內容，和追求「外在超越」的西方文化仍然有「內在關聯性」。康德爲了要將傳統形上學的概念排除在科學的範疇之外，他在撰寫《認識心的批判》之前，先用了許多時間研究通靈現象，並且撰成《通靈者之夢》，認爲通靈現象和傳統形上學討論的議題，都是用經驗方法，既無法實證、又無法否認的假命題，不能成爲科學研究的對象。

　　更清楚地說，在西方哲學裡，「超越性」一詞源自於基督教文化傳統。西方二元論（dualism）的哲學將獨立不改的超越者與由之而產生的事物作嚴格的區分，所謂「二元」，其中「一元」是指「世界萬有」（world），另一元則是獨立不改的「超越性原則」（transcendent principle）（Amesv1988）。在存有論的脈絡裡，「超越性」意謂脫離自然世界，而與之相隔絕；在知識論的脈絡裡，「超越性」意謂踰越經驗的界限，超出人類的認知能力（李明輝，1994）。譬如，在康德哲學裡，「物自身」（thing-in-itself）是超越的；作爲道德形上學之基礎的三個理念「上帝存在」、「靈魂不滅」與「意志自由」也是「超越的」。

一元論的宇宙觀

　　然而，康德刻意排除的議題，卻是傳統中國文化的主要內容。追求「外在超越」的西方文化跟追求「內在超越」的華人文化傳統，正好成爲明顯的對比。華人文化傳統裡，並非沒有「超越」的概念。《道德經。第一章》開宗明義地說：「道可道，非常道；名可名，非常名」，由於「道」是「超越」的，所以《道德經。第二十五章》又說：「有物混成，先天地生。寂兮寥兮，獨立而不改，周行而不殆，可以爲天下母。吾不知其名，字之曰道，強爲之名曰大。」這「獨立而不改，周行而不殆，可以爲天下母」的「大道」是不可知的超越，天下萬物俱是由此而生，所以《道德經·第四十二章》又說：「道生一，一生二，二生三，三生萬物。」「一」是太極，「二」是「兩儀」，「三」是「天地人」三才，天

地間萬物均是由此而生，「萬物負陰而抱陽，沖氣以爲和」，《道德經》
對於「道」的詮釋，形成它獨特的「宇宙觀」。

　　在這樣的「宇宙觀」裡，「人」也是存在於「天地」之間的「萬物」
之一，他同樣必須遵循「負陰而抱陽，沖氣以爲和」的運作規則。這種
「一元論」的世界觀，使得在中華文化傳統中成長的學者很難在「獨立而
不改的超越本體」與「由之而產生的事物」之間作嚴格區分，也很難對西
方科學哲學的演化系譜及其核心概念產生相對應的理解。因此，本書將以
後續兩章的篇幅，分別析論《易經》的文化系統和中國傳統「有機論」的
科學，希望幫助中國知識分子走出「雙重邊緣化」的困境，進而促成文化
中國的復興。

參考文獻

牟宗三（譯）（1982）：《康德的道德哲學》。台北：臺灣學生書局。

牟宗三（譯）（1983）：《康德「純粹理性之批判」（上）、（下）》。台北：
　　台灣學生書局。

牟宗三（譯）（1992）：《康德「判斷力之批判」（上）》。台北：台灣學生書
　　局。

牟宗三（譯）（1993）：《康德「判斷力之批判」（下）》。台北：台灣學生書
　　局。

李明輝（1994）：〈從康德的實踐哲學論王陽明的「知行合一」說〉。《中國文
　　哲研究集刊》，4，415-440。

李明輝（譯）（1989）：《通靈者之夢》。台北：聯經出版公司。

李明輝（譯）（2008）：《一切能作爲學問而出現的未來形上學之序論》。台
　　北：聯經出版公司。

李雅明（2008）：《科學與宗教：400年來的衝突、挑戰和展望》。台北：五南
　　圖書公司。

陳方正（2009）：《繼承與叛逆：現代科學爲何出現於西方》。北京：三聯書
　　店。

Ames, C., & Archer, J. (1988). Achievement goals in the classroom: Students'
　　learning strategies and motivational processes. *Journal of Educational
　　Psychology, 80*(3), 260-267.

Francis, B. (1620). *Novum organum*. New York: P. F. Collier.

Hall, A. R. (1996). *Isaac Newton: Adventurer in thought.* Cambridge: Cambridge University Press.

Newton, I. (1713). *Philosophiae naturalis principia mathematica.* Cambridge: Cambridge University Press.

Kant, I. (1781/1965). *Critique of pure reason* (N. K. Smith, Trans.). New York: St Martin's Press.

Kant, I. (1785/1949). *The fundamental principles of the metaphysic of morals* (T. K. Abbott, Trans.; M. Fox, with and introd). New York, Liberal Arts Press.《道德底形上學之基礎》（李明輝譯）。台北：聯經出版公司。

Westfall, P. H. (1993). Book review: Variance components. *Journal Marketing Research, 30*(2), 258-259.

第三部分
易與道：中國科學的發展

第六章
《易》的文化系統及其衍生

　　本書第三部分包含四章，旨在說明中國傳統「有機論」科學的特色，並且以之與本書第二部分作爲對比，希望讀者能夠對這兩種文化系統產生相應的理解，藉以達成本書系「中西會通」的終極目標。

　　在中華文化裡，《易》是諸經之首，因此，本書第六章將討論「《易》的文化系統及其衍生」；第七章的內容爲道家認識世界的方式：「體知」和「觀復」；以及據此而發展出的「有機論」的科學。

　　第八章〈卦氣說、周髀與曆數〉是本書第三部分的重點。《周髀算經》可以說是中國古代天文學的基礎，以之與西方天文學的發展（見本書第二部分）相互比較，再佐之以第九章對於「《本草經》、《周易參同契》和《本草綱目》」的討論，可以比較清楚地看出中國近代科學落後的原因所在。

　　本章首先說明：在中華文化裡，《易經》原本是「人」與「意志天」溝通的重要工具，孔子作〈十翼〉，將它由一本占卜之書，轉化成爲自我修養之書，然後說明：陰陽家的源起，以及華人詮釋《周易》所衍生出的兩派六宗。「機祥宗」的京房，首創「八宮卦」，將五行生剋之說與「伏羲八卦」互相結合，將「文王卦」的卦序重新排序，希望用它們來解釋宇宙間的萬事萬物；「造化宗」陳摶將傳說中的河圖洛書，繪成具體的《龍圖易》；「老莊宗」的王弼，主張「析名辯理，唯理是從」，由此誕生出北宋時期的「儒理宗」及宋明理學。由《易經》的文化系統由其衍生出各家各派的關係，可以看出：中華文化發展的大方向。

第一節　由「意志天」到八卦

在〈兩種不同的超越與未來中國文化〉一文中，項退結（1995:240）指出：從殷商一直到西周時代，中國人都深信帝、上帝或天主宰著大自然與人間世。甲骨文原先將至高無上的主宰稱呼為「帝」，後來因為人間的統治者也自稱為帝，不得已只好改稱天上的主宰為「上帝」（胡厚宣，1944）。

超越的天

當時中國人所說的上帝並非獨一無二的神，但祂對大自然與人間世顯然擁有至高無上的權威（陳夢家，1956）。《書經》中記載的十二周誥，如〈大誥〉、〈康誥〉、〈召誥〉、〈多士〉等，通常多是「上帝」與「天」的名號並列，譬如：

> 非台小子，敢行稱亂，天命殛之。《書經·湯誓》

> 天乃大命文王，殪戎殷受厥命。《書經·康誥》

> 天降威，我民用大亂喪德。《書經·酒誥》

> 旻天大降喪于殷，我有周佑天，致王罰，敕殷命，終于帝。《書經·多士》

「天」能夠「降威」，「降喪」，能夠「大命文王」，並能「天命殛之」，由此可見，這是「主宰天」或「意志天」，能夠主宰人間之事物。由於天具有超越一切的主宰力，人類必須對天抱持誠恐的虔誠心理。

> 明明在下，赫赫在上，天難忱斯，不易維王，天位殷適，使不挾四方。《詩經·大雅》

敬天之怒，無敢戲豫。敬天之渝，無敢馳驅；昊天日明，及爾出王。昊天日旦，及爾游衍。《詩經‧大雅》

敬之敬之，天維顯思，命不易哉。《詩經‧周頌》

甲骨卜兆

殷商時代（約西元前十七世紀—前十一世紀），神道思想鼎盛，殷人遇到生活中的重大事件，往往用龜甲或獸骨卜兆，祈求「人格神」或「意志天」給予指示。羅振玉在《殷墟書契考釋》中，曾經描述殷人以龜甲或獸骨卜兆的方法：「卜用龜甲，也用獸骨。龜背甲厚，且甲面不平，不易作兆，故用腹甲，而棄其背甲。獸骨用肩胛骨及脛骨，皆刮而用之。」古人相信「天圓地方」之說，龜形上有圓甲，四腳方立，具備天地之象；「凡卜祀者用龜，卜他事者皆以骨。田獵用脛骨；征伐之事，用肩胛骨；故殷墟所出，獸骨什九，龜甲什一而已。其卜法，則削治甲骨，使其平滑」，「於此或鑿焉，或鑽焉，或既鑽且鑿焉」，「此即《詩》與《禮》所謂『契』也」。「既契，乃灼於契處以致坼」，甲骨厚薄不一，質地不同，灼時火勢熱度各有差別，殷人即根據灼出的兆象，判定吉凶。古人將兆分類極為精細，每兆都有指示凶吉的文字，稱為「頌」或「繇」，卜者即可「視其成兆，根據其頌，斷定吉凶」。

在那個時代，天地神祇的地位，至高無上，殷人用龜甲占卜的方法，試圖了解這種「人格神」或「意志天」的意志，希望藉此預知人間事務的吉凶禍福。人們對占卜所示，毫無選擇，唯有唯命行事，非理性的「巫術」主導了殷人的社會。

伏羲作八卦

到了西周（約西元前十一世紀—前771年）周人不再使用龜甲，而改以蓍草卜卦，象徵著他們對於「天人關係」的觀念已經產生了極大的變化。這種變化反映在人們對《易經》的解釋之上。

《易經》是中國諸子百家的共同經典。《漢書》藝文志謂《易》之作

乃：「人更三聖，世歷三古」。「易」之演變由伏羲畫卦，經神農、黃帝、堯、舜，爲「易」之上古前期；夏、商、周各用六十四卦，夏成「連山易」、殷成「歸藏易」，周成《周易》，是爲「易」之中古前期。連山、歸藏早已失傳，今之所稱《易經》專指《周易》。孔子及其門人贊易，作彖、象、文言、繫辭等各篇，爲「易」之下古後期。道家的魏伯陽在《周易參同契十三章》說：「若夫至聖，不過伏羲，始畫八卦，效法天地。文王帝之宗，結體演爻辭。夫子庶聖雄，十翼以輔之。」（高懷民，1986）然而，在這三期之前，《易經》的來源又是什麼？

根據《山海經》的記載：「伏羲得河圖，夏人因之，曰《連山》；黃帝得河圖，商人因之，曰《歸藏》；烈山氏得河圖，周人因之，曰《周易》。」伏羲之易，稱爲「先天易」；《連山》、《歸藏》、《周易》都是以伏羲之易爲「體」，推演而成。《周禮》記載：春官大卜，「掌三易之法，一曰《連山》，二曰《歸藏》，三曰《周易》，其經卦皆八，其別皆六十有四。」由此可見，三易之法到了文王手中，已經發展成爲「大卜」之術，稱爲「後天易」。

河圖洛書的「神話」

伏羲的「先天易」和文王的「後天易」有什麼不同？《易經·繫辭上傳》第十一章曰：「天生神物，聖人執之。天地變化，聖人效之。天垂象，見吉凶，聖人象之。河出圖，洛出書，聖人則之。易有四象，所以示也。繫辭焉，所以生也；定之以吉凶，所以斷也。」

所謂「天生神物」，根據《尚書》的記載，是「河出龍圖，洛出龜書，赤文綠字，以授軒轅。」漢代的孔安國在《尚書傳》中解釋：「河圖者，伏羲氏王天下，龍馬出河，遂則其文以畫八卦。洛書者，神龜負文而列於背，有數至九，禹遂因而第之，以成九疇。」

相傳上古伏羲時代，在洛陽東北的黃河中浮出龍馬，背負「河圖」；洛河中浮出神龜，背負「洛書」；伏羲氏依此而畫成八卦，作爲自然界中記事之符號，成爲《易經》的源起。《易經·繫辭傳》第一章說：

古者庖羲氏之王天下也，仰則觀象於天，俯則觀法於地，觀鳥獸之

文，與地之宜，近取諸身，遠取諸物，於是始作八卦，以通神明之德，以類萬物之情。

但伏羲氏之所以能夠揚名後代，是由於他「王天下」，「作結繩而為網罟，以佃以漁」，開展了畜牧時代。

羑里演易，憂患之思

伏羲氏畫出八卦之後約三千五百年，八卦符號並沒有任何進展。易學發展的第二期是「周文王羑里演易」。周原本是商朝屬下的一個諸侯國。周文王姬昌（西元前 1152 年—前 1056 年）在父親季歷死後，繼承西伯昌侯之位，商紂時期，建國於岐山之下，積善行仁，禮賢下士，政化大行。

根據《史記》〈殷本紀〉的記載，紂王「以西伯昌、九侯、鄂侯為三公。九侯有好女，入之紂。九侯女不喜淫，紂怒殺之，而醢九侯。鄂侯爭之疆，辯之疾，並脯鄂侯。西伯昌聞之，竊嘆。崇侯虎知之，以告紂，紂囚西伯羑里。」

〈周本記〉記載：「崇侯虎譖西伯於殷紂曰：『西伯累善積德，諸侯皆嚮之，將不利於帝』，帝紂乃囚西伯於羑里。」

殷商時代，神道思想鼎盛，天神、地祇、人鬼的地位至高無上，殷人以甲骨卜吉凶，卜時灼龜甲成兆，兆成則吉凶立判。姬昌被囚於羑里的七年期間，看到紂王逆天暴物，決心有所圖謀於殷。在古代，王者踐位，君臨天下，傳說中是受命於天。為了要向天下召告天命革新，所以必須在卜法之外，另立一種求神問天的方式。他看到古聖伏羲氏傳下的這一套符號系統，正可利用，所以潛心研究，總結夏商兩代八卦的思想，將伏羲八卦演繹成六十四重卦，三百八十四爻，每卦有卦辭，爻有爻辭，成為對後世影響深遠的《周易》（見圖 1）。〈繫辭傳〉云：「易之興也，其當殷之末世，周之盛德邪？當文王與紂之事耶！」「易之興也，其於中古乎！作易者其有憂患乎！」「憂患」一詞，其實就是指羑里之思。

表 6-1　文王六十四卦　易經序卦傳（上經三十卦、下經三十六卦）

八卦	乾	兌	離	震	巽	坎	艮	坤
乾	乾為天	澤天夬	火天大有	雷天大壯	風天小畜	水天需	山天大畜	地天泰
兌	天澤履	兌為澤	火澤睽	雷澤歸妹	風澤中孚	水澤節	山澤損	地澤臨
離	天火同人	澤火革	離為火	雷火豐	風火家人	水火既濟	山火賁	地火明夷
震	天雷無妄	澤雷隨	火雷噬嗑	震為雷	風雷益	水雷屯	山雷頤	地雷復
巽	天風姤	澤風大過	火風鼎	雷風恆	巽為風	水風井	山風蠱	地風升
坎	天水訟	澤水困	火水未濟	雷水解	風水渙	坎為水	山水蒙	地水師
艮	天山遯	澤山咸	火山旅	雷山小過	風山漸	水山蹇	艮為山	地山謙
坤	天地否	澤地萃	火地晉	雷地豫	風地觀	水地比	山地剝	坤為地

「一曲之士」百家爭鳴

　　自從周文王羑里演易，西周時期，人們不再用龜甲卜兆，卜筮變成普遍的現象。《國語·楚語》上有一段記載：

　　古者民神不雜，民之精爽不貳者，而又能齊肅衷正，其智慧上下比義，其聖能光遠宣朗，其明能光照之，其聰能徹聽之。如是則明神降之，在男曰覡，在女曰巫。

　　在那個「民神雜揉，不可方物；先人作享，家爲巫史」的時代，人們遇到生活中的困頓事件，而無法作決策的時候，往往都會求助於神明，想要尋求「絕地天通」（絕地民與天神相通）之道。覡、巫是能夠幫助人解釋「天意」的人，而卜筮則是他們常用的方法。由於「其聰能聽徹之」，「其明能光照之」，所以能讓求助者覺得「明神降之」，而信任他們對「天意」所作的解釋。

　　到了春秋戰國時代，群雄並起，「百家爭鳴」，許多知識分子開始對《易經》作出不同的詮釋，《易經》成爲諸子自家的共同經典。對於這個轉變，《莊子·天下篇》的說法是：

　　古之所謂道術者，果惡乎在？曰：『無乎不在。』曰：『神何由降？明何由出？』『聖有所生，王有所成，皆原於一』，不離於宗，謂之天人。《莊子·天下篇》

　　莊子所謂通曉天地之道的「道術者」，其實就是「其智能上下比義，其聖能光遠宣朗」的「巫」、「覡」，他們之所以能夠「配神明，醇天地，育萬物，和天下，澤及百姓」，憑藉的本事就是「明於本數，係於末度，六通四群，小大精粗，其運無乎不在」。

　　具有這種「絕地天通」的本事，「其明而在數度者」，「舊法世傳之史尚多有之」。「史」是替諸侯世家貴族服務的史官。到了春秋戰國時期：

　　天下大亂，賢聖不明，道德不一，天下多得一察焉以自好。譬如耳目鼻口，皆有所長，時有所用。

　　這種人，莊子稱之爲「一曲之士」，認爲：他們雖然號稱能夠「判天地之美，析萬物之理，察古人之全」，其實很少有人能夠「備於天地之

美，稱神明之容」。所以「內聖外王之道，闇而不明，鬱而不發，天下之
人各為其所欲焉，以自為方。」因此，莊子很感慨地說：

> 悲夫！百家往而不返，必不合矣！後世之學者，不幸不見天地之純，
> 古人之大體，道術將為天下裂。

莊子認為：諸子百家「不見天地之純，古人之大體」，並擔心「道術
將為天下裂」。他的擔心其實並無法改變「百家爭鳴」、「道術將為天下
裂」的時代趨勢。下列各節將扣緊本書主旨，先說明孔子解釋《易經》的
意義。

第二節　孔子解釋《易經》

孔子名丘，字仲尼，山東曲阜人。三歲時，父叔梁紇死，幼時隨母親
顏氏生活。顏氏以禮殯為專業，所以他自小好設祭祀禮容。由禮知識而通
達社會知識，再加上他好學不倦，到處拜師求知，故能精通六藝、六經，
後來乾脆開設「私學」，吸引眾多弟子向他學習。

魯國處於東夷之地，既有相信「薩滿」的民風，又是周公舊封，「猶
秉周禮」，孔子的家世使他也懂得殷商的鬼神文化。這樣的時空背景下，
他必須在成為「多元文化」的競逐中，走出自己的人生之道，最後他終於
在堯、舜、夏禹留下的「民本」思想中集大成，而形成自己以「仁」作為
核心的思想體系。

周遊列國，晚而喜易

孔子思想成熟後，五十一歲時，曾經擔任魯國中都宰，二年後升為司
空，並攝朝事，隨定公會齊侯於峽谷，齊侯歸還汶上三田之地。

孔子相魯，政績斐然。因此引來齊國的忌恨。齊景公刻意饋女樂予
魯，「季桓子受之，三月不朝」，孔子因此辭離相職，五十五歲開始周遊
列國。

魯哀公十一年冬，孔子六十八歲，魯君以重幣迎孔子返魯，賜享退

休大夫待遇，予以養老。他開始整理詩、書、禮、樂等教材，自謂：「吾自衛返魯，然後樂正，雅頌各得其所。」《論語·子罕》。七十歲寫《春秋》，九個月完成。而後寫《易傳文言》，《史記·孔子世家》記載：「孔子晚而喜易，序、彖、繫、象、說卦、文言。」直到七十三歲去世。

　　用詮釋學的觀點來看，孔子晚年所作的最重要工作之一，就是詮釋《易經》。子貢曾經說：「夫子之文章，可得而聞也；夫子之言性與天道，不可得而聞也。」

　　「得而聞」是「聞而有所得」之意。從孔子晚年的經歷來看，子貢是孔子非常重要的弟子之一，他不僅能文能武，當吳王夫差要求與魯會盟時，「子貢一出，存魯，破吳，強晉，霸越」，而且善於經商，是後世儒商心中的典範，像這樣才能出眾的人，對於孔子所說的「性與天道」，都會感嘆「不可得而聞」，而其他弟子更不用談了。

同途而殊歸

　　1973年10月湖南長沙馬王堆漢墓出土的文物中，有手抄帛書《易傳》全文，其中有一段重要記錄：「夫子老而好易，居則在席，行則在囊。有古之遺言焉，予非安其用，而樂其辭。後世之士，疑丘者或以易乎？子貢問：夫子亦信其筮乎？子曰：我觀其義耳，吾與史巫同途而殊歸。」

　　這是非常值得注意的一段對話。孔子一生跌宕，在他生命經驗最為豐富的晚年，全心注釋《易經》，「居則在席，行則在囊」。《易經》原本是卜筮之書，當子貢問他：「夫子亦信其筮乎？」，他很擔心「後世之士」發生誤解，所以一再強調：他跟史筮不同，並不是「安其用，而樂其辭」，而是要「觀其義」，所以與史筮是「同途而殊歸」，目的完全不同。然而，針對這個問題，「後世之士」有沒有產生疑惑難解的爭議呢？

　　這個問題的答案是肯定的。前文提到，《易經》發展的第三個階段，就是孔子作〈十翼〉，將它由一本卜筮的書，轉化成為人生哲學與修養的書。《易經》包括經傳共24,207字。其中「經」約四千多字，「傳」約二萬多字，約為「經」文的五倍。更清楚地說，孔子註釋《易經》，賦予它完全不同的意義，使它成為儒家的一本重要經典，否則它不過是一本卜筮之書而已。

儒家的宇宙論

在《易經‧十翼》中，以〈彖傳〉的內容與宇宙論的關係最爲密切（韋政通，1968）。例如：

> 大哉乾元，萬物資始，乃統天。雲行雨施，品物流行。
> 至哉坤元，萬物資生，乃順承天。坤厚載物，德合無疆。

「坤元」是「資生萬物之德」。「乾元」是屬於天的「元」。大地是一切存在的根據，它必須仰賴這種「始生萬物之德」的「乾元」，才能成就其偉大。所以說：「大哉乾元，萬物資始，乃統天。」然而，天雖然有「乾元」，能夠行雲施雨，若要使品物流行，還必須借助於「坤元」之力，故曰：「至哉坤元，萬物資生，乃順承天。」資始是授氣，資生是成形，意思是說：「坤元」之德在生育滋長萬物，但這種生育滋長之作爲必須順承天意，代天完工，故造物之功屬地，「天地感，而萬物化生」，「天地革，而四時成」。

這樣的宇宙觀具有幾個明顯的特色：第一，它假設宇宙本身具有無限的創造力，宇宙中萬物的流行變化均由天地的相遇、相感而不斷顯現。它不像西方基督教那樣，在宇宙之外，另外樹立一個超越的實體，並假設宇宙萬物均由此實體所創造出來。

第二，它假設宇宙間萬物的變化，具有一種循環性的關係：

> 天地之道，恆久不已也，利有攸往，終則有始也。日月得天而能久照，四時變化而能久成，聖人久於其道而天下化成。視其所恆，則天地萬物之情可見矣。

第三，它假設宇宙萬物是生生不已、永無止息的。在前述引文中，「乾元」之德是「資始萬物」，「坤元」之德是「資生萬物」。「始」之意即爲「生」，所以說：「天地之大德曰生」；周易六十四卦的最後一卦爲「未濟」，〈彖傳〉又強調「終則有始」，這些觀念都蘊涵了「剝

極必復」、「否極泰來」、「生生不已」的往復循環式宇宙觀（方東美，
1981）。

《易》卦的結構

這些內容似乎是孔子想要交待：他的弟子平常「不可得而聞」的「性
與天道」的問題。然而，《易經》的內容並不是僅此而已。《易傳》共有
七種，其內容分為〈彖〉上下、〈象〉上下、〈繫辭〉上下、〈文言〉、
〈序卦〉、〈雜卦〉及〈說卦〉等十篇文章，後人稱之為《十翼》。〈彖〉
上下及〈象〉上下四篇文章的內容主要涉及「宇宙論」，也就是所謂「性
與天道」的議題；從〈繫辭〉以後的各篇，則是在說明《易》卦的結構，
包括卦象、卦序、以及卜卦的方法、程序等等，是「史筮」所關心的議
題。根據《易傳》的解釋，《易經》中的每一卦都是由「陰／陽」衍生出
來的，每一卦的結構都分別代表了天、地、人，也就是宇宙間特定時空中
「人」的狀態或遭遇：

是故《易》有太極，是生兩儀，兩儀生四象，四象生八卦，八卦定吉
凶，吉凶生大業。昔者聖人之作易也，將以順性命之理。是以立天之道曰
陰與陽，立地之道曰柔與剛，立人之道曰仁與義。兼三才而兩之，故易六
畫而成卦；分陰分陽，迭用柔剛，故易六位而成章。《說卦傳》

《易傳・繫辭下傳》說：《易經》這本書，「廣大悉備；有天道焉，
有人道焉，有地道焉」。在前述《易傳・繫辭傳》和《易傳・說卦傳》的
這兩段引文中，則說明：《易經》八八六十四卦中，每一卦的結構都兼備
天、地、人三才之道，而以六畫之爻象之。六畫之卦，以初、三、五為陽
位，以二、四、六為陰位，再更迭六爻之柔剛以居之，由交錯的卦象，則
可以看出天地間之文理。

昔者聖人之作易也，幽贊於神明而生蓍，參天兩地而倚數，觀變於陰
陽而立卦，發揮於剛柔而生爻，和順於道德而理於義，窮理盡性以至於
命。《易傳・說卦傳・第一章》

在八卦「正位居體」的思想中，仁義位三爻和四爻。以「既濟」的卦位爲例來說，六爻皆得其位，圓滿而和諧，兩儀一陰一陽偶配爲三對。從上向下數，上爻是陰，五爻是陽。四爻是仁，三爻是義。二爻是柔，初爻是剛。天，地，人，三才均得正位。而人是位居於內卦上爻與外掛下爻，即位居於地之上和天之下，而含有地坤之陰與下乾之陽，所以孔子說：「立天之道曰陰與陽，立地之道曰柔與剛，立人之道曰仁與義。」仁義就是「陰陽柔剛結構體」。

很多人看到諸如此類的論述時都會覺得奇怪：孔子不是說他「非安其用，而樂其辭」嗎？爲什麼他也會如此詳細交待「史筮」所關心的議題呢？這難道不是要「安其用」嗎？有些「後來之士」甚至因此懷疑，《十翼》從《繫辭》之後各篇，並非孔子所作（如歐陽修）的《易童子問》。

立「人道」於「天道」

本書認爲：孔子這樣做是有其用意的。《易傳‧序卦下傳》說：

有天地，然後有萬物。有萬物，然後有男女。有男女，然後有夫婦。有夫婦，然後有父子。有父子，然後有君臣。有君臣，然後有上下。有上下，然後禮義有所錯。夫婦之道，不可以不久也，故受之以恒，恒者久也。

孔穎達的《周易正義》曰：

先儒以易之舊題分，自咸以上三十卦爲上經，以下三十四卦爲下經。序卦傳至此，又別起端首。先儒皆以上經明天道，下經明人事。」「乾坤明天地初闢，至屯乃剛柔始交，故以純陽象天，純陰象地。則咸以明人事人物既生，共相感應。若二氣不交，則不成於相感。此卦明人倫之始，夫婦之義，必須男女共相感應，方成夫婦。

《易經》「上經」明天道，最後一卦爲「咸」卦，「必須男女共相感應，始成夫婦」，「下經」明人事，而以「恒」卦爲首，因爲「夫婦之道，

不可以不久也」；其餘各卦，則分別象徵人生的不同處境。整體而言，「乾、坤、咸、恆」四卦以「人道」去接通「天道」，可以說是儒家思想的根源。

孔子作《易傳‧文言傳》，最重要的貢獻，就是將《易經》轉變成為一本道德修養的經典。因此，他在質疑：「易之興也，其於中古乎？作易者，其有憂患乎？」之後，對《易經》各卦的意義，重新提出了自己的解釋，譬如：

是故：履，德之基也。謙，德之柄也。復，德之本也。恆，德之固也。損，德之修也。益，德之裕也。困，德之辨也。井，德之地也。巽，德之制也。《繫辭下傳，第七章》

朱子註曰：「九卦，皆反身修德，以處憂患之事也。而有序焉：基所以立，柄所以持，復者心不外而善端存，恆者守不變而長久，懲忿窒欲以修身，遷善改過以長善，困以自驗其力，井以不變其所。然後能巽順於理，以制事變也。」

孔子相信：他所主張的「仁義道德」是跟「天道」相通的，這就是先秦儒家所謂的「立人道」於「天道」。孔子晚年他在和魯哀公的一次對話中，很清楚地表現出這種觀點：

公曰：「敢問君子何貴乎天道也？」孔子對曰：「貴其不已。如日月東西相從而不已也，是天道也。不閉其久，是天道也。無為而物成，是天道也。已成而明，是天道也。」《禮記‧哀公問》

天人合德

先秦時期的儒家認為：天與人之間存有一種內在的含攝關係。宇宙萬物皆從天道之生生變化中得其性、命，而人為萬物之一，故人的性、命亦是如此：

誠者，天之道也。誠之者，人之道也。《中庸·第二十章》

誠者，物之始終；不誠無物。是故君子誠之爲貴。《中庸·第二十五章》

故至誠無息，不息則久，久則徵，徵則悠遠，悠遠則博厚，博厚則高明。《中庸·第二十六章》

誠則形，形則著，著則明，明則動，動則變，變則化，唯天下至誠爲能化。《中庸·第二十三章》

從日月代明、四時錯行、淵泉時出、川流不息等自然現象中，先秦儒家悟出：「誠者，天之道也。」宇宙中任何事物的始終都含有「誠」的道理，「至誠無息」，「不誠則無物」，「唯天下至誠爲能化」。由於「人道」即「天道」，「人心的條理與自然的條理有某種合轍之處」（劉述先，1989/1992：505），「誠之者，人之道也」，只要至誠無妄，得自天道的人性便可以朗現出來。所以說：

唯天下至誠，能盡其性；能盡其性，則能盡人之性；能盡人之性，則能盡物之性；能盡物之性，則可以贊天地之化育；可以贊天地之化育，則可以與天地參矣。《中庸·第二十二章》

至誠如神

這種類比的推論方式，並不是康德所謂的「理論理性」，我們也無法用任何科學的方法在經驗界中加以驗證。然而，它卻是中國儒家所獨有的「實踐理性」，能支持個人去踐行儒家的「仁道」。這種論點認爲：「天就內在於人之中，人把自己內在的德性發揭出來，就是闡明天道的一種方式。故實際人生雖有限，卻通於無限，而可以與天地參」（劉述先，1989/1992：508）。

　　《中庸》是孔子的孫子子思所作，第廿章〈哀公問政章〉之後，由廿一至廿六章反覆強調：「誠」是「人」與「天」溝通的唯一方法，第廿四章甚至說：「至誠之道，可以前知。國家將興，必有禎祥；國家將亡，必有妖孽。見乎蓍龜，動乎四體。禍福將至，善，必先知之；不善，必先知之。故至誠如神。」

　　「龜」是商代占卜所用的龜甲，「蓍」是《周易》卜筮所用的蓍草。這段話說明：在孔子門人的心目中，《易經》就像是一本神祕的宇宙符碼，有些「如神」的人可以秉其「至誠」，「與天地參」，用它來解釋天地間的萬事萬物，孔子就是其中之一，他作《十翼》，就是想幫助後人解開這本宇宙符碼。所以《中庸》第三十章說：「仲尼祖述堯舜，憲章文武。上律天時，下襲水土。辟如天地之無不持載，無不覆幬。辟如四時之錯行，如日月之代明。」因此稱之爲「至聖」。

第三節　陰陽學派與象數之學

　　繼孔子之後，中國歷史上還有許多「如神」的聖哲，秉其「至誠」，窮其一生之精力，想解開《易經》的宇宙符碼。對於《易經》解碼事業做過重大貢獻的人物，除了出自儒家之外，還有許多人來自道家和陰陽家。這裡先談陰陽家。

五材說

　　中國歷史上最早提到五行之說者，是《國語・鄭語》：「以土與金、木、水、火雜，以成萬物」，這是所謂的「五材說」，把金、木、水、火、土當作是構成萬物的基礎材料，《左傳》說：「天生五材，民並用之，廢一不可」，也是同樣的意義。可是，《尚書・洪範》說：「五行，一曰水，二曰火，三曰木，四曰金，五曰土。水曰潤下，火曰炎上，木曰曲直，金曰從革，爰稼穡。潤下作鹹，炎上作苦，曲直作酸，從革作辛，稼穡作甘」，意義就變了，這時候，「五行」的「行」，是指「潤下、炎上、曲直、從革、稼穡」等五種「行動」，並不是具體的材料，而且它跟個人主觀的「鹹、苦、酸、辛、甘」等感覺連結在一起，提供了一種哲學

想像的鉅大空間。

管仲（西元前 725-645）是春秋時代法家代表人物，齊桓公以他為相，九合諸侯，一匡天下，成為春秋五霸之首。稷下學派將他的思想編成《管子》一書，其中〈四時〉篇曰：「是故陰陽者，天地之大理也；四時者，陰陽之大經也。刑德者，四時之合也；刑德合於時，則生福；詭則生禍」，將人事治理的應行之道跟天地四時的運作連結在一起，代表法家立「人道」於「天道」的觀點。

五德終始說

戰國後期，齊國思想家鄒衍（西元前 305 年－前 240 年）出身自「稷下學宮」，提倡「五德終始說」，認為：木、火、土、金、水代表五種「德性」，五行相生相剋，周而復始的循環運轉，可以解釋皇朝興衰的歷史變遷；德盛，朝代興盛；德衰，朝代滅亡；成為陰陽學派之肇始。

以「兼儒墨，合名法」廣招門客，而成為秦相的呂不韋（?－西元前 235），其門人合撰的《呂氏春秋》，繼承了鄒衍之說，其〈應同〉篇曰：「凡帝王者之將興也，天必先見祥乎下民。黃帝之時，天先見大螾大螻，黃帝曰『土氣勝』：土氣勝，故其色尚黃，其事則土。及禹之時，天先見草木秋冬不殺，禹曰『木氣勝』；木氣勝，故其色尚青，其事則木……。」

《呂氏春秋》的作者群將黃帝、夏禹、商湯、周文王等四個政權分別配以五行中的「土、木、金、火」，用以解釋他們所崇尚的「黃、青、白、赤」等顏色，他們的結論是：「代火者必將水，天且先見水氣勝。水氣勝，故其色尚黑，其事則水……。」這種說法顯然是在為秦國的崛起建構「奉天承運」的理論基礎，同時也反映出當時中國人的宇宙觀。

這種宇宙觀充分反映在《禮記》的〈月令〉中。《月令》具有兩層意義，其一是曆法，說明四季的交替與農事應當如何進行，另一則是政令的配合。譬如：〈孟春紀〉：「天氣下降，地氣上騰，天地和同，草木繁動」，適合「春耕」；〈仲冬紀〉：「天氣上騰，地氣下降，天地不通，閉而成冬」，只宜「冬藏」。

總而言之，在春秋戰國時代，陰陽五行和《易經》似乎是彼此有關而又互相獨立的兩套宇宙符碼，當時的知識菁英試圖用它們來解釋天地間

的萬事萬物，包括天文曆數、占卜吉凶、醫藥知識、禮儀程序、社會倫理……等等（葛兆光，1988）。這種解釋方式當然並不精確，而且必須經歷不斷的修正與調整。

王道配天論

秦始皇掃滅群雄，統一天下，接受鄒衍的五德終始說，自稱以水德君臨天下，因爲鄒衍說周爲火德，水能勝火，故可以取而代之。到了漢代，儒學開始與陰陽學相混，形成一種儒學其名、陰陽學其實的新學派，其代表人物是西漢時期的董仲舒（西元前 179 年—前 104 年）。他是廣川人，早年精研《公羊春秋》，孝景時爲博士。《漢書》〈董仲舒傳〉說他「承秦滅學之後，下惟發憤，潛心大業，令後學者有所統壹，爲群儒首」。其實董仲舒的思想並非「純儒」，其中混雜有許多陰陽家的成分，他以君臣、父子、夫婦「三綱」爲經，以仁義禮智信「五常」爲緯，建構出所謂「王道配天」的理論：

　　天高其位而下其施。高其位所以爲尊，下其施所以爲仁，故天尊地卑。地之事天，猶臣之事君，子之事父，婦之事夫，皆行其順而竭其忠。〈王道通三〉

　　是故大小不逾等，貴賤如其倫，義之正也。〈精華〉

　　「天爲君而覆露之，地爲臣而持載之，陽爲夫而生之；陰爲婦而助之；春爲父而生之，夏爲子而養之。」「王道之三綱，可求於天。」「故聖人多其愛而少其嚴，厚其德而簡其刑，以此配天。」〈基義〉

基於這樣的理論，董仲舒又提出「天人感應」之說：「國家將有失敗之道，而天乃出災害以譴告之；不知自省，又出怪異以警懼之；尚不知變，而傷敗乃至〈天人對策〉。」換言之，他一方面用「王道配天」論來神化君權，一方面又企圖借助天威來約束皇權。爲了讓皇帝接受他的觀點，他說災異的發生，是「天心之愛人君，而欲止其亂也」。既然如此，

作爲統治者的皇帝，應當如何自處？董仲舒的看法是「仁者愛人，義者正己」：「春秋爲仁義法。仁之法，在愛人，不在愛我。義之法，在正我，不在正人。我不自正，雖能正人，弗與爲義；人不被其愛，雖厚自愛，不予爲仁。」〈仁義法〉。因此，他建議統治者：「正心以正朝廷，正朝廷以正百官，正百官以正萬民，正萬民以正四方。」他說：「天有陰陽禁，身有情欲衽，與天道一也。是以陰之行不得干春夏，而月之魄常厭於日光。」「天之禁陰如此，安得不損其欲而輟其情以應天？」在董仲舒看來，損利才能存義，損情才能存性，君王既知此理，便應當「損其欲而輟其情」。董仲舒的這種論點，爲後世宋明理學「存天理、去人欲」的主張奠下了基礎。

兩派六宗

《周易》原本是卜筮之書。孔子之後，對於《周易》的詮釋發展成「義理」與「象數」兩派。孔子說他「與史筮同途而殊歸」，表示他的目標雖然是在闡明《易經》的義理，但是並不排除「象數之學」。到了漢代，情況就不一樣了。根據《四庫全書·經部·易類》的分類：

　　《易》之爲書，推天道以明人事者也。《左傳》所記諸占，蓋猶太卜之遺法。漢儒言象數，去古未遠也。一變而爲京、焦，入於禨祥，再變而爲陳、邵，務窮造化，易遂不切於民用。

　　王弼盡黜象數，說以老莊。一變而胡瑗程子，始闡明儒理，再變而李光楊萬里，又參證史事，易遂日啟其論端。此兩派六宗，已互相攻駁。

　　《四庫全書總目》的這段文字，對《易經》在漢代以後的流變，作了非常精要的論述。《周易》之爲書，原本是要藉由卜筮，「推天道以明人事」，以天地造化的變易之道，闡明人事之理。漢代以後，對於《周易》的詮釋發展成爲兩派六宗。所謂兩派，是指「象數」和「義理」。物象是象，卦爻之象也是象；大衍之數是數，各卦爻中的陰陽奇偶爻位是數，傳說中的河圖洛書也有數，故稱之爲「象數」。卦爻辭和傳中蘊涵的基本道理，則稱爲「義理」。

這兩派又分爲六宗：《左傳》中所說的各種太卜遺法，稱爲「占卜宗」；西漢時的京房、焦延壽事鬼求神、預言災異，稱爲「機祥宗」；北宋時陳摶、邵雍窮究天地造化之理，是爲「造化宗」。王弼黜象數，以老莊釋「易」，成爲「義理派」的奠基人，改稱「老莊宗」；南宋時期後，程頤等人闡述儒理，稱「儒理宗」；李光、楊萬里參酌史實以釋卦象，爲「史事宗」。

「義理派」側重於闡釋《周易》的文義和道理。《周易》內容可分爲文字和圖形兩大部分，對於《易》學的文字系統而言，「義」是意義，「理」是道理；義理派認爲：陰陽之道的「理」早已存在，陰陽之道的「象」與「數」，是用來表徵早已存在的「道」和「理」。《周易》有云：「一陰一陽之爲道」，以此作爲基礎，卦象的陰陽變化，五行生剋關係、爻位的辯證關係、卦辭的理論詮釋，構成了博大精深的哲學體系，統稱爲《周易》的「易理」。「義理」旨在闡釋卦名和卦爻辭所象徵的物象和事理，其具體內容則是因時因人而有不同的見解。

第四節　京房學與「八宮卦」

京房（西元前77年－前37年），本姓李，字君明，西漢東郡頓丘（今河南清豐西南）人，精音律，推律自定爲京氏。依《漢書・儒林傳》的記載，京房受學於梁人焦延壽，焦延壽自稱曾經師從孟喜問易，孟喜死後，京房認爲延壽《易》即孟氏學，但孟喜的弟子都不承認。焦氏擅長以災異講《易》，京房予以發揚光大，使「機祥宗」在當時聲名顯赫。然而，焦延壽淡泊名利，他看到京房鋒芒太露，曾對人：「得我道以亡身者，必京生也。」

「非謗政治，歸惡天子」

漢元帝初元四年，京房出仕爲郎。不久，「西羌反，日蝕，又久青，亡光，陰霧不清」。京房趁機「數上疏，先言其將然。近數月，遠一歲，所言屢中，天子悅之」。取得元帝信任後，他又向皇帝建言：「古帝王以功舉賢，則萬化成，瑞應著；末世以毀譽取人，故功業廢，而致災異。」

因此，他建議：「宜令百官各試其功，災異可息」《漢書·京房傳》。

元帝因此「詔使房作其事」，房以《考功課吏法》上奏，公卿朝臣卻認為：「房言煩碎，令上下相司」，紛紛表示反對。當時宦官石顯為中書令，其友人五鹿充宗為尚書令，兩人把持朝政。京房想除掉他們，在一次元帝召見他時，他指出：「《春秋》紀二百四十二年災異，以視萬世之君。今陛下即位以來，日月失明，星辰逆行，山崩泉湧，地震石隕，夏霜冬雷，春凋秋榮，《春秋》所記災異盡備。」這就是用人不當所致。

元帝聽得悚然心驚，趕忙問他：「錯用的是誰？」他趁機指出：「上最信任，與國事惟幄之中，進退天下之事者是矣！」將爭鬥矛頭指向石顯，雙方矛盾更為深刻。當皇帝要求京房推薦其「弟子知曉考功深吏事者，欲試用之」，石顯等人趁機上書：「使弟子不若試師」，元帝接受其說，「以房為魏郡太守，秩八百石」，使其得以考功法治郡。京房調離朝廷中樞後，石顯等人又進讒言，最後以「非謗政治，歸惡天子」的罪名，被判棄市。

京氏易

京房著作甚多，有《京氏易學》存世。他的三位弟子殷嘉、姚平、乘弘皆為經學博士。從此《易》有京氏學，研求者代不絕跡，可以說是兩漢時期《易》學發展的一個高峰。京房所發明的「八宮卦」系統，以基本之八卦為主，稱為「八純卦」。八純卦為本宮卦，每卦統率七個非純卦。各宮主卦，自初爻起，向上每次變一爻，即得一卦，即為「五世」。傳五世卦，變其四爻，為「遊魂」卦；依遊魂卦，變其下卦，成為「歸魂」卦（見表 6-2）。

在京氏易之前，陰陽五行生剋之說雖然早已存在，但陰陽五行是陰陽五行，八卦是八卦，彼此似乎是互相獨立的兩個系統。京房首先將兩者結合，五行中，水、火各占一宮，其餘三行（金、木、土）各占兩宮。（見表 6-2）。依照五行的屬性來看，金、木、土皆為具體的物質，而水、火卻是兩種能量的狀態。金代表剛而漸動之性；木是生生不息之機；土則是孕生萬物之地。從京房所著《易經象辭》來看，乾兌皆居金，但在乾宮中有金、土、木、火；兌宮中有水無火，所以乾金亢燥，而兌金寧靜。震

木坤土無火，巽木艮土織水，所以也有同樣效應。京房易就用這樣的類思惟，將五行和八卦的象數相配，以作出合乎《易》理的推斷。

表 6-2　京房「八宮卦」及卦序

八宮	上世	一世	二世	三世	四世	五世	游塊	歸塊
乾宮	乾為天	天風姤	天山遯	天地否	風地觀	山地剝	火地晉	火天大有
坎宮	坎為水	水澤節	不雷屯	水火既濟	澤火革	雷火豐	地火明夷	地水師
艮宮	艮為山	山火賁	山天大畜	山澤損	火澤睽	天澤履	風澤中孚	風山漸
震宮	震為雷	雷地豫	雷水解	雷風恆	地風升	水風井	澤風大過	澤雷隨
巽宮	巽為風	風天小畜	風火家人	風雷益	天雷無妄	火雷噬嗑	山雷頤	山風蠱
離宮	離為火	火山旅	火風鼎	火水未濟	山水蒙	風水渙	天水訟	無火同人
坤宮	坤為地	地雷復	地澤臨	地天泰	雷天大壯	澤天夬	水天需	水地比
兌宮	兌為澤	澤水困	澤地萃	澤山咸	水山蹇	地山謙	雷山小過	雷澤歸妹

　　任何一種「文化系統」一旦形成，並能予人以某種意義感，它就有了自己的生命。當外在條件有利時，就可能吸引到一些追隨者，從不同的視域，繼續加以闡釋，使其獲得進一步的開展。

　　先秦時象數派已經開始發展，到了兩漢時期達到極盛。他們特別重視象數，側重於以卦象、爻象、卦變的解析，來推論人事之吉凶，認為所有

的經傳都要在《周易》中找出象數的根源。如果找不到，就另創新說。他們創出以卦氣、納甲、納音、月建、卦變、互卦、飛伏各種不同的方式來解經，弄得繁瑣零碎，玄奧難解。其末流又結合陰陽五行，發展出太乙、遁甲、六壬等方術，甚至讖緯合流，以談陰陽災變爲務。

到了西漢末年，漢室不振，外戚宦官擅權，政治鬥爭不斷。在政治動盪不安的年代，社會上經常流傳著一些混雜有宗教迷信的謠言。各派政治勢力爲了鞏固本身的權力並打擊異己，往往故意散播一些號稱得自「天啟」的符讖，以壯大自己的聲勢，造成「讖語」的大流行。有些術士式的儒生也因此而以「讖語」的方式，重新解釋儒家經典，對應經書，寫成所謂的「緯書」，譬如「詩緯」、「書緯」、「易緯」等等，史稱「讖緯」。

陰陽家與科學

馮友蘭（1992）在他所著的《中國哲學史》（下冊）第三章〈兩漢之際讖緯及象數之學〉中，仔細分析現存的緯書內容，認爲它們可以說是「象數之學」的開端。經書談「義理」，兩漢之人則作緯書談「象數」，以爲對照，跟成哀之後出現的讖書，不可並論，因爲其中並不全然像讖書那樣的荒誕迷信。在該章結論部分，馮氏討論「陰陽家與科學」時，說：

陰陽家之學，雖有若斯流弊，而中國科學萌芽，則多在其中。蓋陰陽家之主要的動機，在於立一整個的系統，以包羅宇宙之萬象而解釋之。其方法雖誤，其知識雖疏，然其欲將宇宙諸事物系統化，欲知宇宙間諸事物之所以然，則固有科學之精神也。秦漢之政治，統一中國；秦漢之學術，亦欲統一宇宙。蓋秦漢之統一，爲中國以前未有之局。其時人覺此尚可能，他有何不可能者？其在各方面整齊化、系統化之努力，可謂幾於狂熱。吾人必知漢人之環境，然後能明漢人之偉大。

試觀以上所略述，可見中國之講曆法音樂者，大都皆用陰陽家言，此外如講醫學及算學者亦多用陰陽家言。試觀《黃帝內經》及《周髀算經》等書，即可知之。陰陽家在此方面之努力，直至最近，始漸消滅。民國紀元前數年之曆書，固仍有七十二侯等也。

　　後來表 6-3 可以看出，五行八卦系統涉及的諸多面向。值得注意的是：馮氏此處所謂的「始漸消滅」，是指在西方文化侵襲下而導致的「消滅」，並不是中華文化自行演化所造成的結果。其中所蘊涵的意義，將在本書下列章節繼續申論。

表 6-3　「伏羲八卦」與「陰陽五行」相結合，以解釋宇宙間的萬事萬物

八卦	乾	兌	離	震	巽	坎	艮	坤
口訣	乾三連	兌上缺	離中虛	震仰盂	巽下斷	坎中滿	艮覆碗	坤六斷
卦象	☰	☱	☲	☳	☴	☵	☶	☷
卦數	1	2	3	4	5	6	7	8
五行	金	金	火	木	木	水	土	土
方位	西北	西	南	東	東南	北	東北	西南
人物	父親	少女	中女	長男	長女	中男	少男	母親
身體	頭	口	眼	足	肝	耳	手、鼻	腹
腑臟	肺	肺	心	肝	肝	腎	脾胃	脾胃
現象	天	海洋、河流	太陽	雷	風	月亮	山、陸地	地
性情	剛健	喜悅	聰明	急躁	粗野	機智	固執	遲緩

第五節　「造化宗」的河圖、洛書

　　《易經》源自河圖、洛書。這個說法雖然早就有文字記載，但卻有文無圖。後來的圖示相傳為五代末年、北宋初期的傳奇人物陳摶所作。陳

搏（871-989）生平事蹟眾說紛紜，真偽難辨。據說他年少時，好讀百家之書，一見成誦。舉進士不第，即隱居於武當山、華山和少華山，求仙訪道。

《龍圖易》

《華嶽志》記載：北周世宗曾召見過陳搏，授大夫之職不就，因而賜號「白雲先生」。宋太宗趙匡義（927-997），是宋太祖趙匡胤的弟弟，他登帝位後，自作詩《贈陳搏》：「曾向前朝出白雲，後來消息杳無聞，如今若肯隨徵召，總把三峰乞與君」，並派使臣詔見他。陳搏卻作了一首《答使者辭不赴詔》：「九重特降紫袍宣，才拙深居樂靜緣，山色滿庭供畫幛，松聲萬壑即琴弦；無心享祿登臺鼎，有意學仙到洞天，軒冕浮雲絕念慮，三峰只乞睡千年。」他也因此詩而被譽為「睡仙」。

在使臣懇求下，陳搏只得勉強赴京。到了開封府，在太宗厚待下，群臣問他「玄默修養之道」，他說：「山野之人於時無用，亦不知神仙黃白之事、吐納養生之理，非有法術可傳。假令白日沖天，於世何益？」他因此贈宋太宗四字「遠近輕重」四字，希望能「君臣同心協德，興化政治」，曰：「遠者遠招賢士，近者近去佞臣，輕者輕賦萬民，重者重賞三軍」，宋太宗遂引《道德經》，賜號「希夷先生」。

陳搏融合由漢朝到唐朝的九宮學說以及五行生成數的理論，首創「龍圖易」，將先天伏羲卦和後天的文王卦整合在一起，構成一套完整的文化系統。其門下弟子將之傳給周敦頤和邵雍，敦頤因而作《太極圖說》，朱熹又將之收在《周易本義》中，對宋明理學的發展，造成了重大的影響。

河圖的結構

《易經》的內容包含象、數、氣、理四個不同的面相。河圖、洛書首先呈現的是結合「象」和「氣」的「數」。前兩者雖然都是由黑、白的圓點所組成，但其結構及意義卻完全不同。河圖中的黑、白圓點（見圖6-1），分別代表陰、陽二氣。孤陰獨陽並無生化之功，必須陰陽相得以合方可成物，而萬物之生成必須得天地之氣，故河圖之數亦分天地之數。由於氣無形而難言，數有名而可紀事，故以數代氣。數之所在，即氣之所至；數之分合，可知氣之變化，數之順逆，可知氣之吉凶。

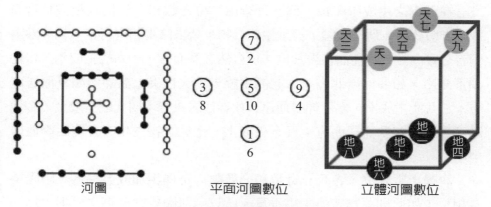

圖 6-1　河圖數位之結構

　　河圖的氣數所生成爲五行，象徵天地運行之功，是立體而非平面，所以其數分別冠上天地二字；表示陽數在天、陰數居地（圖 6-1）。洛書的氣數所生成爲生物，生物不得離於地，屬於地平面，是平面而非立體，故其數未冠天地二字（圖 6-2）。

　　河圖歌曰：「一六在北，二七居南，三八居東，四九居西，五十居中」，各方位之數皆爲一陰一陽，一生數和一成數。陽生而陰成，陰生則陽成，陰陽二氣互相以生以成。陰陽既合，則天地之氣已化，於是五行乃成，並依序而出。在河圖中（見圖 6-1），一三五七九爲天數（陽數），二四六八十爲地數（陰數）；一二三四五爲生數，六七八九十爲成數。五爲中央之數，各位皆成五，即和天地之道，故五行皆以五爲其根。凡生在天地間者，皆依附土以爲生化，必依賴土以存以變，方見其用。

河圖之運行

　　河圖歌曰：「天一生水，地六成之；地二生火，天七成之；天三生木，地八成之；地四生金，天九成之；天五生土，地十成之。」天地之數，各當其位，相得有合，始能致生化之用，而成五行自然之序。如一加五爲六，故水爲一六。二加五爲七，故火爲二七。三加五爲八，故三八爲木。四加九爲金，故金爲四九。五加五爲十，故土爲五十（見圖 6-1，平面河圖數位）。

在五行之生成中，每一個五行皆由一位奇數和一位偶數相得有合而成。奇數象陽，偶數象陰，表示生成之物，皆為陰陽相得有合，且具陰陽兩者之實，並依其性而各得其位。依自然之序而言，一六能生成水，水性潤下寒冷，如冬而居北方；二七能生成火，火性炎上溫熱，如夏而居南方；三八能生成木，木性伸展通達，如春而居東方；四九能生成金，金性剛硬肅殺，如秋而居西方；五十生成土，土性載物生化，分屬四季而居中。

河圖十數五位，各有一奇數和一偶數，奇偶相加成五為合，陰陽得合相生，如此則萬物皆能生生不息。所以，河圖變動排列之原則，為一與四合成五，二與三合成五，七與八合成十五，九與六亦合成十五。其數序以陽數自一始，至九終（一三五七九）；陰數自四始，至六終（四二十八六）。陽為生數，終則為成。故陽數用九，陰數用六；九、六兩數皆為成數，故易以九與六代乾與坤：以乾象天為陽，陽數用九；以坤象地為陰，陰數用六；是以全易由乾坤生，全易之數亦自九六出（見圖6-1，河圖數位之結構）。

河圖中數位運行之原則，陰陽必異向而行：一三五七九為陽數順行，四二十八六為陰數逆行。故陽始於北（一），而終於西（九）；陰始於西（四），而終於北（六），為陽終（九）陰始（四），而陰盡（六）陽伸（一），二者環接，生生不息。有如一年之中，陰陽二氣周流於天地之間，而成為春夏秋冬四時，往復循環不已。

易之所以為易，乃是重在變易，因天地之間萬物沒有不變者。數之變化在於動，數有變動而五行卻未分開，如將立體的河圖畫成平面（見圖6-1），一六由重疊變為平行，三與八，四與九，二與七，亦未分離，五行之數仍相合而有得。河圖之陽數成圓循環，其行永無盡。

洛書九宮之演變

河圖為體，洛書為用。河圖之體雖有十數而不用十，運用九數即可成循環不息；洛書雖有九個數，卻足以成其用。以洛書數序而言，如其為一二三四五六七八九，左列應為一二三四，右列應為六七八九（見圖6-2，洛書數序），則陰陽為異向運行，異向則無法陰陽偶合（陰陽偶合

爲一與六，三與八，四與九，二與七），就無生成之功，故二、八必須移位使成洛書（圖 6-2，九宮數序）。

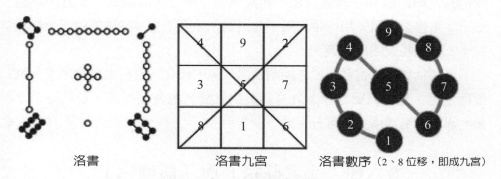

洛書　　　　　　　　洛書九宮　　　　　洛書數序（2、8 位移，即成九宮）

圖 6-2　洛書數位之變動

　　洛書歌：「載九履一、左三右七、二四爲肩、六八爲足、五在中央。」由洛書之象數排成九宮，將其橫、直、斜的數，各自相加，其和皆爲十五，如橫者，三加七加五爲十五；如直者，一加九加五爲十五；如斜者，四加六加五爲十五，二加八加五爲十五。這就是《易經》中所說的「三五錯綜」，其錯綜之則推而演之，即是九宮奧妙之用。

　　洛書必須由河圖推演其變化，以極其用，其象在生成之後，數位分而爲九，故可自五行推至九宮，以明生化之序。以一居北，而六在西北；三居東，而八在東北；九居南，四在東南；七居西，而二在西南，其所合仍相得，五之在中宮，乃本於中極不變之理。陽得五位，陰得四位，陽居四正位，陰居四偶位，陽正位於中宮，陰環行於四隅。洛書以動而形變化，其數從一至九，以已定之氣數，化分無盡，而明往復之理。是以洛書九宮氣數，可以包含宇宙間的萬事萬物之理。

河圖洛書之關係

　　綜上所述：河圖之中爲「五」和「十」，四邊之數相減均爲「五」，中數也寓「五」及「十五」。洛書之中也爲「五」，其四邊之數，橫豎斜向之數相加，皆爲「十五」。於是，在河圖與洛書的原型中，「五」居中，五爲眾數交結之點，爲中央之數，含陰陽二氣之全，同時也爲五行之本，

其中之「理」已含天地之數的妙用，也正是「允執厥中」之「中」的體現。

　　河圖之數和爲五十五，洛書之數和則爲四十五。此乃代表天地生化陰陽消長之數的關係。河圖爲體，體應全而不可少，故陽數二十五，陰數三十；洛書重在用，用則陰從陽，故陽數二十五不變，陰數則由三十變爲二十，表示陽長陰消之義。

　　河圖爲體，洛書爲用，才能明陰陽二氣的變化。五行爲萬物之本，數簡而未定，是爲河圖之象；九宮爲萬物之變，數繁而行周，是爲洛書之象。河圖與洛書兩者不可分，缺一則無用。

第六節　「老莊宗」與「儒理宗」

　　在說明「象數派」如何衍生出「機禪宗」和「造化宗」之後，接著我們要談的是：「義理派」的「老莊宗」之所以出現的社會條件。

　　東漢末年，中央政府政治腐化，十常侍橫行朝野，皇權衰落，地方豪強崛起，土地兼併問題日益惡化，社會分化成爲「士族」與「寒門」兩大階層。東漢靈帝接受劉焉的建議，將原本的中央和郡、縣之間，加入州一級，成爲中央、州、郡、縣的四級結構，州牧位居郡守之上，掌握一州的軍政大權。

　　自東漢恒、靈二帝開始，宦官、外戚、黨錮、黃巾之亂，兵連禍結，民不聊生。清流儒士因爲宦官濁流，而一再慘遭黨錮族戮，士人學風也開始發生變化。從西元 220 年曹丕篡漢，到西元 581 年楊堅族滅北周宇文氏，建立隋朝，這三百六十餘年的魏晉南北朝，是中國歷史上的大亂世，政局動盪不安，社會分崩離析，學術文化方面卻是新潮澎湃，異峰突起。時人開始探討儒、釋、道的異同，不僅研究孔子所罕言的「性與天道」，更經常討論怪、力、亂、神等方面的議題。漢代流行的「天人感應，陰陽五行」之說，逐漸轉爲易、老、釋等玄學理論的建設。

家學淵源，才情出衆

　　「義理派」最重要的奠基人王弼，便生長在這個變亂的時代裡。王弼（226-249）字輔嗣，山陽高平（今山東省微山縣）人。東漢末年，天下

大亂，弼祖父王凱與其族弟王粲避亂荊州，依附荊州牧劉表，王粲是著名文學家，「建安七子」之一，劉表重粲之才，有意以女妻之，又嫌其形貌醜陋，非女婿才，將女嫁給王凱。凱有風貌。凱生子業，業生弼。王粲之子，因案絕嗣，以王業爲繼嗣。王粲變成了王弼的繼祖。

　　王弼是世所罕見的奇才。他出身官僚世家，漢靈帝時，「文同三閭、孝齊閔、騫」的蔡邕（伯喈），家有藏書萬卷。蔡邕先遭黨錮之禍，「十年亡命」後，奉董卓之命出仕，「三日尙書」，終不免與董卓一起受害。生前將藏書贈送王弼的繼祖王粲。這批書後來「盡歸輔弼」，他因此自幼博覽群籍。十餘歲時，好讀老子之書，而且口才出眾。

恃才高傲，遭厲疾亡

　　弼生前與鍾會、何晏、夏侯玄等人爲友，同倡玄學清談，清正高傲，「頗以所長笑人，故時爲士君子所疾」。鄭玄（127-200）字康成，是漢代集經學之大成者，他學無常師，精於讖緯，漢靈帝時，因黨錮事件被禁，乃專心著述，遍注群經，《拾遺記・卷六》說：當時「求學者不遠千里，贏糧而至，如細流之赴巨海。京師謂康成爲『經神』」。三國時期的華歆稱讚他「當時之學，名冠華夏，爲世儒宗」，但是王弼恃才傲物，《幽明錄・卷三》記載，他爲《周易》作注時，輒笑鄭玄爲儒，認爲：「老奴甚無意」，一夜聞門外腳步聲，有人進來，自稱鄭玄，極有忿色，斥責：「君年少，何以輕穿文鑿句，而妄譏誚老子邪？」王弼心生畏惡，不久即患厲疾而死，年僅二十三歲。

　　王弼和鄭玄的故事，說明當時「義理派」和「象數派」之間的緊張關係。王弼短短的一生，完成了許多著作，目前尙存的著作有《周易注》、《周易略例》、《周易大衍論》、《老子注》、《老子指略》、《論語釋疑》等。跟本書關聯較爲密切的，是他對《周易》的注疏。

「得意忘象」

　　漢人解《易》重象數，例如將八卦視爲天、地、雷、風、水、火、山、澤等象，用「馬」來代表乾卦「健」的意義，用「牛」來代表坤卦「順」的意義等等。王弼注《周易》，一改西漢支離煩瑣的學風，不用象數，以

老子思想解《易》，並闡發自己的觀點，在學術上開啟一代新的「正始玄風」。

王弼在《周易略例・明象》中指出：「義苟在健，何必馬乎？類苟在順，何必牛乎？爻苟合順，何必坤乃爲牛？義苟應健，何必乾乃爲馬？」對象數之學提出批判。在《玄智、玄理與文化發展》中，戴璉璋（2002）指出：王弼依據《周易》卦爻的結構，主張「卦以存時」、「爻以示變」、「象以明體」、「象以盡意」，他強調：

> 夫象者，出意者也。言者，明象者也。盡意莫若象，盡象莫若言。言生於象，故可尋言以觀象；象生於意，故可尋象以觀意。意以象盡，象以言著。故言者所以明象，得象而忘言；象者，所以存意，得意而忘象。

他旗幟鮮明的主張，達意要通過象，明象要通過言，寄言出意，探求玄理。從言與意的思辨理性上釋《易》，較前人比附的方法邁進了一大步。

捨本逐末

然而，作爲「義理派」的奠基者，王弼《周易注》也潛藏了一個非常嚴重的問題。前文提到，王弼認爲：「義苟在健，何必馬乎？類苟在順，何必牛乎？爻苟合順，何必『坤』乃爲牛？……」這樣的主張是旗幟鮮明地反對《易經》中的「類化思維」。殊不知：《易經》文化的最大特色就是「類化思維」（張易生，2022），就是王弼自己所說的「觸類可爲其象」！他會作出這樣看似「自我矛盾」的主張，當然有其道理。他接著說：

> 或者定馬於乾，案文責卦，有馬无乾，則僞說滋漫，難可紀矣。互體不足，遂及卦變；變又不足，推致五行。一失其原，巧愈彌甚。從復或値，而義无所取。蓋存象忘意之由也。忘象以求其意，義斯見矣。

由此可見，王弼之所以會作這樣的主張，主要是爲了反對兩漢以來，緯書盛行，陰陽家大行其道，「僞說滋漫，難可紀矣」的弊病，所以他堅決主張：「合義可爲其徵」，「忘象以求其意，義斯見矣」！

《周易‧繫辭下》說：惟有能夠「通神明之德」，「類萬物之情」的人，才有可能破解《易經》的宇宙符碼。即使如此，《周易‧繫辭上》又說：「書不盡言，言不盡意」，這本宇宙符碼的解密工作是件漫長而看不到盡頭的工作，所以「聖人立象以近其意，設卦以盡情偽，繫辭焉以盡其言」。

換句話說，《易經》應當是一本不容割裂的與宇宙符碼，如今王弼為了「解卦」一時的方便，竟然主張：「得意在忘象，得象在忘言。故立象以盡意，而象可忘也；重畫以盡情，而畫可忘也」。這種捨本逐末的說法，豈不應驗了莊子當年的預言：「悲夫！百家往而不返」，「道術將為天下裂」？

辨名析理，唯理是從

王弼的本體論主張：「物無妄然，必由其理」。他所說的「理」，是「統之有宗，會之有元」的「宗」和「元」。他認為「道」和「一」是萬事萬物存在的根據，故稱之為「宗」、「元」。王弼因此主張以「理」釋「道」；用「辨名析理」的方法，「唯理是從」，為後世理學的發展，埋下了伏筆。

在《玄學與理學的學術思想理路研究》一書中，朱漢民（2011）從幾個方面比較王弼的《周易注》和伊川的《程氏易傳》，認為他們都同樣摒棄「象數」派的神祕繁瑣，並主張「理生象數」，「以理為本」。譬如程頤說：

理無形也，故因象以明理，理既見乎辭矣，則可由辭以觀象。故曰：得其義，則象數在其中矣。理無形也，故假象以顯義，乾以龍為象。《二程集‧周易程氏傳‧乾》

程頤站在儒家的立場，更進一步地主張：《周易》六十四卦三百六十四爻的義理都可以用儒家所主張的「理」來加以理解：

或問：〈乾〉之六爻皆聖人之事乎？曰：盡其道者聖人也。得失則吉

凶存也，其待〈乾〉哉？諸卦皆然也。《二程集・周易程氏傳・乾》

　　「義理派」詮釋《周易》，認為：「六爻皆聖人之事」，「諸卦皆然」，這是非常重要的一個論點。朱伯崑（1991）的《易學哲學史》分析王弼所謂的各種方法，包括：觀義說、一爻為主說、爻變說、適時說與辨位說等等，都影響了宋代理學的發展方向。

朱子集大成

　　總而言之，王弼以言簡意賅的論證取代漢人的繁瑣註釋，以義理分析摒棄象數之學與讖緯迷信，開創了一代經學新風。朱子非常了解王弼的貢獻，他在《周易正義》上說：「《易》本卜筮之書，故末派浸流於讖緯。王弼乘其極敝而攻之，遂能排擊漢儒，自標新學。」但對朱子影響更大的，是五代末年出現的《龍圖易》。

　　東漢末年，黃巾崛起，社會動盪不安，人民生活顛沛流離，精神極度空虛，需要宗教的慰藉。由於孔子不喜談論性、命與天道，佛教在漢朝傳入中土之後，經過三、四百年的努力，逐漸填補這個空隙，而得以迅速發展。

　　漢唐儒學的代表，是唐代孔穎達的《五經正義》，它對儒家經典的解釋支離而繁瑣，傳播不易。魏晉南北朝時代，以老莊為主的玄學盛行，儒學已經顯得蒼白無力。到了唐朝，漢朝初年傳入中國的佛教已經完成本土化。開元天寶年間，《六祖壇經》的出現，意味著禪學已經成為中國化的佛教，不但征服了士大夫階層，也在民間廣建佛寺，與道教宮觀分庭抗禮。晚唐時期，藩鎮割據，中國歷史進入五代十國的亂局，一般庶民不信道，則信佛，儒學面臨邊緣化的處境。在這個時代，促成宋明時期儒學復興的關鍵人物，反倒是道教奇人陳希夷。

　　《宋明理學的科學詮釋》第二部分「朱子理學思想溯源」曾經以三章的篇幅說明：朱子如何綜合周敦頤、張載、二程等北宋四子（「義理派」的「儒理宗」），以及陳摶、邵雍（「象數派」的「造化宗」）等人的思想，發展出自己的理學思想體系，並以之作為基礎，編撰《四書章句集注》，成為儒學第二期發展的集大成者。

本章小結：《易》的文化系統緣流

康德是歐洲啟蒙運動時期最重要的哲學家。本書第五章在介紹他主要的哲學思想之後，最後一節刻意引用他年輕時出版的一本小書《通靈者之夢》，書中認為：抓住「學問之鰻」，必須堅持亞里斯多德主張的「經驗論原則」，由下而上，去追尋「先驗的理念」。他嚴詞批判傳統形上學家主張的「理念論」，認為諸如上帝存在、靈魂不滅之類的理念，必然會造成「二律背反」，不可能成為「理論理性」之基礎。

康德早年著作《通靈者之夢》原名為《形上學之夢與通靈者之夢》。本章第一節提到《國語‧楚語》上的一段記載：

古者民神不雜。民之精爽不攜貳者，而又能齊肅衷正，其智能上下比義，其聖能光遠宣朗，其明能光照之，其聰能聽徹之，如是則明神降之，在男曰覡，在女曰巫。

在上古時代，具有這種「絕地天通」之能力的巫、覡，其實就是康德筆下的「通靈者」：他們跟上天溝通的方法，最早是燒炙龜甲和牛骨，後來就發展成為用蓍草卜卦，用《易經》解卦。中國歷史上對於《易經》的解釋，發展成為兩宗六派，從本章的回顧可以看出：用康德「通靈者之夢」提出的概念來說，古代中國人雖然重視其生活世界中的「象」，但同時也考慮「形而上」的「道」，想要認識外在世界；而不像啟蒙運動時期的歐洲人那樣，堅持從「經驗主義的原則」入手，想要捕捉「知識之鰻」。

這種認識外在世界的進路，使古代中國人以五行和八卦為基礎，發展出一種「萬物有生論」的宇宙觀，《宋明理學的科學詮釋》一書稱之為「陰陽氣化宇宙觀」。本章先說明儒家和陰陽家對解釋易經所作的貢獻。然而，任何一種文化系統的長處，通常也蘊藏著該一文化系統的短處。下一章將從道家觀點，繼續析論中國古代「有機論」科學的貢獻及其限制。

參考文獻

方東美（1981）：〈中國人的人生觀〉。《中國人生哲學》（頁169-208）。台北：黎明文化事業。

朱伯崑（1991）：《易學哲學史》。台北：藍燈事業股份有限公司。

朱漢民（2011）：《玄學與理學的學術思想理路研究》。台北：臺大出版中心。

韋政通（1968）：〈從周易看中國哲學的起源〉。《中國哲學思想批判》（頁31-70）。台北：水牛出版社。

高懷民（1986）：《先秦易學史》。台北：東吳大學中國學術著作獎助委員會。

胡厚宣（1944）：《甲骨學商史論叢初集》。台北：大通書局有限公司。

項退結（1995）：〈兩種不同超越與未來中國文化〉。《詮釋與創造——傳統中華文化及其未來發展》，頁505。台北：聯合報系文化基金會。

馮友蘭（1992）：《中國現代哲學史》。香港：中華書局。

葛兆光（1988）：《中國思想史第一卷：七世紀前中國的知識、思想與信仰世界》。上海：復旦大學出版社。

陳夢家（1956）：《殷墟卜辭綜述》。北京：科學出版社。

張易生（2022）：《易經符號詮釋學：華人格物的理論與實踐》。台北：文史哲出版社。

劉述先（1989/1992）：〈由天人合一新釋看人與自然之關係〉。《儒家思想與現代化》。北京：中國廣播電視出版社。

戴璉璋（2002）：《玄智、玄理與文化發展》。台北：中央研究院中國文哲研究所。

第七章
「道」與中國的科學

　　本書第六章從儒家和陰陽家的立場作爲切入點，說明由《易經》文化系統衍生出來的兩派六宗在中國歷史上的辯證性關係。《四庫全書・經部・易類》上說：「易遂日起其論端，此兩派六宗，已互相攻駁」，接著又說：

　　《易》道廣大，無所不包，旁及天文、地理、樂律、兵法、韻學、算術，以逮方外之爐火，皆可援《易》以爲說，而好異者又援以入《易》，故《易》說愈繁。夫六十四卦大象皆有「君子以」字，其爻象則多戒占者，聖人之情，見乎詞矣。其餘皆《易》之一端，非其本也。

　　文中之「大象」、「爻象」之象辭，傳說均由孔子所作，由此可見，所謂「聖人之情，見乎詞矣」，是站在儒家立場的說法。本書一再強調：《易》爲諸經之首，在中國歷史上，詮釋《易經》而發展出傳統「有機論」之科學者，還有道家。因此，本章將先說明「道」的意義，然後說明「體知」和「觀復」，是道家認識世界的主要方式，以及傳統中何以這種方式，配合陰陽氣化宇宙觀，發展出「有機論的科學」。最後再以天文和醫藥的發展爲例，說明中國傳統科學的優缺點，藉以闡明：在中西會通的時代，中國學術社群對科學哲學的演化系譜爲什麼必須要有相應的理解。

第一節　「道」的面相

　　在道家對《易經》的詮釋裡，「道」是個有多重意義的概念。當代哲學家嚴靈峰（1966）、唐君毅（1986）、袁保新（1984）、傅偉勳（1985）

等人，都曾經以《老子》一書中有關「道」的敘述爲基礎，剖析「道」的哲學意涵。茲以傅氏之分析爲架構，綜合以上各家之言，略述老子「道」的六大面相（six dimensions or aspects）：

1.道體（Tao as Reality）：道是真實存在的形而上的本體。

有物混成，先天地生，寂兮寥兮，獨立而不改，周行而不殆，可以爲天下母。吾不知其名，字之曰道，強爲之名曰大。〈二十五章〉

2.道原（Tao as Origin）：道是宇宙萬物生化之根源。

道生一，一生二，二生三，三生萬物。〈四十二章〉

道生之，德畜之，物形之，勢成之。是以萬物莫不尊道而貴德。〈五十一章〉

3.道理（Tao as Principle）：道是宇宙萬物生存變化的必然規律。

天之道，不爭而善勝，不言而善應，不召而自來，繟然而善謀。天網恢恢，疏而不失。〈七十三章〉

天之道，其猶張弓與。高者抑之，下者舉之；有餘者損之，不足者補之。天之道，損有餘而補不足。〈七十七章〉

4.道用（Tao as Function）：道指人生守道修身、為人處世所應遵守的法則。

見素抱樸，少私寡欲。〈十九章〉

上善若水，水善利萬物而不爭，處眾人之所惡，故幾於道。〈八章〉

5. 道德（Tao as Virtue）：**道即為德，包括道體的「玄德」，以及使人得於道體之「德」。**

生而不有，為而不恃，長而不宰，是謂玄德。〈五十一章〉

持而盈之，不如其已；揣而銳之，不可長保。金玉滿堂，莫之能守。功遂身退天之道。〈九章〉

6. 道術（Tao as Technique）：**道指可以運用到治政或軍事上的方略或方法。**

這裡最值得注意的是分別提到道為「體」和道之「用」的 1、4 兩項，它和前一章第五節析論的河圖洛書之「體」、「用」一樣，都可以顯示：「體用觀」在中華文化中的源遠流長。上述分析，還可以讓我們看出「道」在《老子》思想中多義性。然而，倘若我們要想在本書的論述脈絡裡了解道家的宇宙觀，進而探討它如何衍生出中國的科學，就必須進一步對道家思想的相關脈絡作整體性的詮釋：

萬物之本體

有物混成，先天地生，寂兮寥兮，獨立不改，周行而不殆，可以為天下母，吾不知其名，字之曰：「道」。《道德經・二十五章》

這一段話可以看做是道家的本體論，也是道家對於「道」所作的基本定義。我們可以想像，當老子在沉思宇宙萬物之本原的時候，他感覺到：在生生不息的萬物背後，應當有一個既化育又推動的根本性力量，這種「獨立而不改，周行而不殆」的根本性力量，無以名之，只能勉強稱之為

「道」。

　　天下萬物生於有，有生於無。〈四十章〉

　　道生一，一生二，二生三，三生萬物，萬物負陰而抱陽，沖氣以為和。〈四十二章〉

　　「道」既然是宇宙萬物的根本，它就不能是某種特定的「有」；但作為宇宙萬物的根本，它又不是絕對的「無」。因此，「道」跟康德所說的「本體」一樣，是一種弔詭性的存在（paradoxical being）。宇宙萬物都各有其「道」，所以說「萬物負陰而抱陽，沖氣以為和」；可是「道」卻又不是宇宙萬物。道家用太極圖作為「道」的基本符號象徵（prime symbol），這個符號代表的意義是：「道」創生了萬物，而又必須寄存在萬物之中；它無所不在，卻又不能孤立的存在（成復旺，1992：70）。用莊子的話來說：

　　夫道，有情有信，無為無形。可傳而不可受，可得而不可見。自本自根，未有天地，自古以固存。神鬼神帝，生天生地。在太極之先而不為高，在六極之下而不為深，先天地生而不為久，長於上古而不為老。〈大宗師〉

道法自然

　　「道」超越了時間和空間的限制，「未有天地，自古固以存」；同時又超越了任何有形的個體，「自本自根」；「道」創生了萬物，而又周流於宇宙萬物之中，是「萬物之所繫，一化之所恃」，「神託於秋毫之末，而大宇宙之總」，宇宙中萬物的存在和流變，莫不各有其「道」：

　　夫道者，覆天載地。……山以之高，淵以之生，獸以之走，鳥以之飛。日月以之名，星歷以之行。麟以之遊，鳳以之翔。《原道訓》

神託於秋毫之末，而大宇宙之總。《原道訓》

「節四時而調五行。」「夫太上之道，生萬物而不有，成化象而弗宰。」《原道訓》

這種「生萬物而不有，成化象而弗宰」的「太上之道」，是一種沒有意志，沒有目的的自然力，是「自己而然」，沒有任何外力可以使之然；其生化萬物的原理亦是自然無為，所以老子說：

道法自然。〈二十五章〉

輔萬物之自然而不敢為。〈六十四章〉

大道氾兮，其可左右。萬物恃之以生而不辭，功成而不有。衣養萬物而不為主，可名於小；萬物歸焉而不為主，可名為大。以其終不自為大，故能成其大。〈三十四章〉

由於「道」是一種沒有意志的自然力，它雖然無所不在（其可左右），萬物必須「恃之以生」，但是它卻不會歸功於自己。人們在每一件事物身上都可以看到「道」的力量，所以可能認為它很「小」；但它又是一種「衣養萬物」的力量，所以又可能認為它很「大」。不論人們怎麼稱呼它，「道」自身總是沉默不語，而「終不自為大」，所以人們才會主觀地稱其為「大道」。

道與語言

用西方哲學的概念來說，這種「萬物恃之以生」的「道」，是「超越的」（transcendent），所以它也是無法用語言文字或感覺器官來加以描述的。在《道德經》第一章中，老子便開宗明義的指出：「道可道，非常道；名可名，非常名」。見諸於語言文字的「道」，便已經不是「道」的本來面貌。莊子非常清楚地闡明了道家的這種立場：

道不可聞，聞而非也；道不可見，見而非也；道不可言，言而非也；知形形之不形乎？道不當名。《知北遊》

莊子曾經說過一個很有趣的寓言，可以用來說明「道」和「語言」之間的關係：

南海之帝為儵，北海之帝為忽，中央之帝為渾沌。儵與忽時相遇於渾沌之，渾沌待之甚善。儵與忽謀報渾沌之德，曰：「人皆有七竅，以視、聽、食、息，此獨無有，嘗試鑿之。」日鑿一竅，七日而渾沌死。《應帝王》

「儵」是儵然以明，可以用太極圖的「陽」來代表；「忽」是忽然之暗，可用太極圖的「陰」來代表。明與暗，或陰與陽，都是原於渾沌，而又依於渾沌似明非明，似暗非暗，是「陰」、「陽」二者之後的本體。人類若是企圖用感覺器官或語言文字來理解「道」，就等於是在替「渾沌」開竅，七竅開盡，「渾沌」亦不得不死。

第二節　道家的認識論

「道」既然無法用語言文字來加以表述，然則，人如何能夠「知」「道」呢？《道德經》上說：「道生一，一生二，二生三，三生萬物」，跟〈易傳〉中所說的：「易有太極，是生兩儀，兩儀生四象，四象生八卦」，其實是在敘述同樣的道理。更清楚地說，《易經》的宇宙觀認為：宇宙間的萬物莫不各有其「道」，「一陰一陽之謂道」，《道德經》則進一步加以詮釋：「萬物負陰而抱陽，沖氣以為和」，宇宙萬物之謂道，都是由「陰」、「陽」兩種對反的力量，互相激盪所構成，這就是〈易傳〉所說的：「太極生兩儀，兩儀生四象，四象生八卦」。

宇宙論

八卦中每一卦的「象」，都是由上、中、下三爻所構成。這三爻可以

是實線所代表的「陽爻」，也可以是虛線所代表的「陰爻」。《道德經》所謂的「道生一」，一是指「太極」，「一生二」的「二」是指「陰陽兩儀」，「二生三」，則是指構成每一卦之「象」的三爻。三爻是指「天地人」，「人」在「天地」之中，這是每一個卦「象」的生成原理。而〈易傳〉所說的「太極生兩儀，兩儀生四象，四象生八卦」，則是「八卦」的生成原理。相傳周文王被拘於羑里時，將「八卦」中的每一卦做不同的重覆組合，演繹成由六爻構成的六十四卦，並加上〈卦爻辭〉，用以代表宇宙萬物演變的狀態，萬物亦是在於「天地」之中。

中國哲學家俞宣孟（2005）在其所著《本體論研究》一書中指出：西方哲學對於「存在」的研究，構成其「本體論」（ontology）；這是西方哲學的獨到之處。傳統中國哲學並不以「being」（「存在」或「是」）作為分析單位，也沒有這樣的哲學範疇。在中國哲學裡，最基本的單位是「陰／陽」，每一件東西都是由「陰」和「陽」兩種對反的力量所構成。有些人因此認為：老子所說的「道生一，一生二，二生三，三生萬物」是中國文化中的「本體論」，其實不然。俞宣孟指出：這段引文中的「生」字，說明了它是在談宇宙生成原理的「宇宙論」（cosmology），而不是本體論。

「象」與「信」

更清楚地說，「道」雖然是宇宙萬物的「超越的」（transcendent）本體，但道家並沒有針對這個「超越」本體繼續探究，進而像西方哲學家那樣，發展出本體論，而是以「陰／陽」思維作為基礎，提出了道家的「宇宙論」。在「陰／陽」思維的框架下，老子提出的方法是用「冥思」（meditation）來體悟「道」：

道之為物，唯恍唯惚。惚兮恍兮，其中有物；恍兮惚兮，其中有象；窈兮冥兮，其中有精；其精甚真，其中有信。自古及今，其名不去，以閱眾甫。〈二十一章〉

視之不見，名曰夷；聽之不聞，名曰希；搏之不得，名曰微；此三者，不可致詰，故混而為一。」「執古之道，以御今之有，能知古始，是

謂道紀。〈十四章〉

　　「形之可見者，成物；氣之可見者，成象。」《吳澄‧道德眞經注》，「物」與「象」都是可以由感官感知的形而下的存在。「精」是指精神，或事物內在的生命力；「信」是指信實，靈驗（成復旺，1992：69），是由「周行而不殆」的「道」所透露出來的信息，這兩者都是感覺器官無法感知到的形而上的存在。形而上的「道」，必須藉由形而下的「象」或「物」，才能呈現出其「精」或「信」；可是，倘若我們企圖用感覺器官來理解「道」，我們會一方面覺得它是「視之不見」，「聽之不聞」，「搏之不得」，一方面又覺得它並不是全然的空無，而具有「夷」、「希」、「微」的窈冥性格。

天人合一

　　乍看之下，這種追求「恍惚」、「窈冥」狀態的「冥思」，跟古希臘人在 theoria（古希臘語，意指「觀看」、「沉思」）的宗教儀式中所作的「沉思」（contemplation）似乎非常相似。仔細加以比較，兩者之間又有其根本的不同。古希臘人在 theoria 的宗教儀式中作「沉思」，是希望在變動不居（becoming）的現象後面，找出不變的「存在」（being）；但道家「冥思」的目的並不在於此。

　　對於老子而言，處於「無狀之狀、無物之象」之「恍惚」狀態中的「道」，本身雖然不可知，而無法用語言來加以描述；可是「道」之所寄託的「物」，卻是可知而且可以用語言文字來加以描述的。所以《道德經》第一章在講完「道可道，非常道；名可名，非常名」之後，馬上緊接著強調「無名，天地之始；有名，萬物之母」。在老子看來，人有完全的能力，可以了解「道」在萬「物」之上的運作：

　　大曰逝，逝曰遠，遠曰反。故道大，天大，地大，人亦大，域中有四大，而人居其一焉。〈二十五章〉

　　「大曰逝，逝曰遠，遠曰反」，是指「道」在某一特定事物上的運行

規律。「道大，天大，地大，人亦大」可以解釋爲：人類個體的發展具體而微地重現了物種發展的歷程，「人心的條理和自然的條理有某種合轍之處」，因此，透過適當的途徑，人心便能夠了解大自然中萬物運行之規律（劉述先，1989：98）。

然而，「域中四大」之一的人，應當如何了解萬物運作之律則呢？對於這個問題，道家和古希臘哲學家也有非常不同的看法。古希臘哲學所注重的是「個別」與「一般」之間的關係。希臘哲學家關於「個別」與「一般」之關係的討論，後來發展成爲形式邏輯。這種思惟方式傳到西方基督教世界之後，又跟他們對於「三位一體」的思辨結合在一起，埋下了「理性主義」的種子。歐洲文藝復興運動發生之後，發展出以科學實驗來確定因果關係的方法。近代歐洲的自然科學和技術，便是以形式邏輯系統和實驗方法兩者爲基礎發展出來的。

「常道」與「觀復」

不論是發展形式邏輯，或是從事科學實驗，都必須先預設「主／客」的對立。更清楚地說，作爲研究主體之研究者必須和他所要研究的客體站在對立的立場，才能從眾多的個體之中抽象出一般的形式原則，才能夠從事科學實驗。然而，這並不是道家的立場。在道家看來，「道」是一種不可知的「渾沌」、「恍惚」或「窈冥」狀態，他們對所謂的因果關係也毫無興趣。道家最關心的問題是：自然狀態下的「物」，在時間向度上所展現出來的「道」：

　　萬物莫不尊道而貴德，道之尊，德之貴，夫莫之命而常自然。〈五十一章〉

「常自然」便是不受外力干擾而在自然狀態下所展現出來的「常道」。然則，人應當如何理解萬物之「常道」呢？

莊子以爲：「體知」基本上是一種實踐的問題，而不是知識的問題，必須訴諸於主體實踐才能夠完成。他說：「夫道，有情有信，無爲無形；可傳而不可受，可得而不可見」〈大宗師〉，這種可以意會而不可以言傳

的「道」，當然很難轉化成為知識上的普遍原理。

　　莊子所說的「庖丁解牛」就是一個很好的例子。庖丁在其長久的實踐中，掌握了熟練的解牛技巧，他為文惠君解牛時，「手之所觸，肩之所倚，足之所履，膝之所踏」，十分的乾淨俐落，甚至解牛時發出的聲響，也是「莫不中音，合於桑林之舞，乃中經首之會」。文惠君嘆為觀止，問他為什麼能夠如此神乎其技？庖丁的回答是：他「所好者道也」，早已經超出「技」的範疇。他剛開始解牛時，所看到的是整隻牛的形體。三年之後，掌握住牛的經絡結構，解牛時，便再也看不到全牛，而能夠「依乎天理」，「因其固然」，「以神遇不以目視，官知止而神欲行」。因為牛的關節處有間，「而刀刃者無厚」，「以無厚入有間」，所以能遊刃有餘，一把解牛刀用了十九年而刀刃猶新。〈天道篇〉所記載的「輪扁斲輪」之言，更清楚地說明了這一點：

　　　臣也，以臣之事觀之，斲輪，徐則甘而不固，疾則苦而不入，不徐不疾，得之於手而應於心，口不能言，有數存焉於其間，臣不能以喻臣之子，臣之子亦不能受之於臣，是以行年七十而老斲輪。古之人與其不可傳也，死矣。然則，君子所讀者，古人之糟魄矣。

　　輪扁斲輪的技巧完全是靠個人實踐經驗累積起來的。這位行年七十的「斲輪老手」，憑著多年經驗，在斲木為輪的時候，能夠「不徐不疾，得之於手而應於心」。他雖然知道其間「有數存焉」，但這中間的「數」到底是什麼，卻是只能體會，不能言傳，甚至無法傳授給自己最親近的子女，更不能形成抽象的一般理論（蒙培元，1992）。在道家看來，和這種親身體驗的「道」相較之下，書本上的文字記載，只不過是「古人之糟魄」罷了！

第三節　「體知」與「默會致知」

　　乍看之下，道家主張的「體知」和麥可·波蘭尼（Michael Polanyi, 1964a）在《個人知識》一書中所說的「默會致知」，似乎是十分相似的。波蘭尼認為：一位生物學家、醫生、藝品商或布商的專家知識，一部分

是得自書本，但是，「盡信書不如無書」，如果沒有親身體驗的訓練，這種書本知識對他們是毫無用處的。唯有將心力專注於感官，他在辨認一件生物標本，一種疾病徵候，一件繪畫真跡或一塊特殊織物時，才能獲得正確的意識與感覺。在他看來，若要獲得完整的知識，個人必須長期地內斂（dwell in）於物，經由親身的經驗，獲得一種默會致知（tacit knowing），這種致知的方式，他稱之為「透過內斂而參與」（participation through indwelling）。

科學的過程亦是如此。科學研究並不是一般人所想像的那樣可以仰賴於主、客對立式的「超脫」（detachment）方法；而必須訴諸「存在於世界中」的「融入」（involvement）。科學家從選擇問題到證實發現的致知過程，都是植根於個人的默會整合行動，而不是立基於明示的邏輯運作。

自我中心的整合

波蘭尼（1964b）認為：科學是以個人對自然界之融貫性的辨識力為基礎的，科學家透過一步步的反思內斂（reflexive indwelling），和他的研究對象達到歡會神契（conviviality）的地步，他便能夠提出最有希望的揣測。他之所以提出這些揣測，並不是憑空臆想，而是他相信他一定能夠獲得支持其觀念的資源。換言之，這是一種以非明示的致知（nonexplicit knowing）作為基礎的信託行動（fiduciary act），其理想是要發現他深信存在於事物中的融貫與意義，而不是把一切化簡成沒有意義的幾條公式。

探討一經發動，他的想像便會受到其支援意識的引導，不斷往前，並運用其潛在資源，四處尋路。當他以「體知」的方式內斂於融貫體的細部時，他的焦點意識（focal awareness）是在融貫體上，融貫體的細部則為其支援意識（subsidiary awareness）。然而，當他將焦點放在這些細部之上，而嘗試用語言符號將其明確化時，它們在整個融貫體中的現象學性格（phenomenological character）也會隨之轉變，而未必能夠在邏輯上指歸於融貫體。由此可見，從想像中的融貫逐步建立真正的融貫，必然包含有一種以邏輯為基礎的統整過程，而且沒有一定的規則可循。唯一的規則，很可能就是個人熱切的獻身和投入。因此，我們也可以將這種整合看作是一種「自我中心的整合」。

　　然而，仔細比較「內斂致知」與道家所說的「體知」，我們又可以看到兩者之間的明顯差異。道家認為：「離卻文字方為道，捨盡語言始近真」，以道家思想作為基礎的中國科學所關懷的核心問題是：如何把握「物」在其自然狀態下所展現出來的「道」，並善加利用，而不是將「物」之「存在」與「時間」二分，再從其中抽象出形式性的律則。中國傳統的科學和技藝也是依照「質料」（樸）的本性製作「器具」（器），而不是用人工方法改變其性質，再加以製作。

　　　人法地，地法天，天法道，道法自然。〈二十五章〉

　　　致虛極，守靜篤。萬物並作，吾以觀復。夫物芸芸，各復歸其根。歸根曰靜，靜曰復命，復命曰常，知常曰明。不知常，妄作凶。〈十六章〉

　　「道生一，一生二，二生三，三生萬物」。「三」是指「天地人」，依照道家「一分為三」的宇宙觀，「人」在「天地」之中，萬物亦存在於「天地」之中。老子主張用「致虛極，守靜篤」「天人合一」的方法，就事物本來的自然樣態來看待事物。用老子的話來說，這就是「人法地，地法天，天法道，道法自然」，或者是「以身觀身，以家觀家，以鄉觀鄉，以天下觀天下」，處身於事物的自然狀態之中，以主客不分的方式，用心靈去親身感受；而不是像希臘人那樣，站在事物之外，以主、客對立的方式，用感官去觀察，用智慮去思考。

　　「萬物並作，吾以觀復」，用這樣的方式體察事物在時間向度上的變化，便可以看到「夫物芸芸，各復歸其根」。每一件事物，經過一定時間的變化之後，最後總是會回復到它原始的狀態。這種過程，老子稱之為「歸根」、「復命」。這種事物變化的律則是永恆不變的，掌握住這樣的律則，則人能「執古之道，以御今之有，能知古始」，所以說：「自古及今，其名不去，以閱眾甫」。

《易經》的詮釋法

　　道家這種認識世界的方式，可以說是從《易經》的詮釋方法衍生出來

的。

《周易‧繫辭上》第十篇說：「易无思也，无為也，寂然不動，感而遂通天下之故」，《周易‧繫辭下》稱：「古者包犧氏之王天下也，仰則觀象於天，俯則觀法於地，觀鳥獸之文，與地之宜，近取諸身，遠取諸物，於是始作八卦，以通神明之德，以類萬物之情。」這段引文先談八卦的起源，「以通神明之德，以類萬物之情」，則是說明《易》思維的特色。

張易生（2022）認為：綜合上述說法，可以形成《易經符號詮釋學》的四大步驟，寂然不動、感而遂通、以類萬物之情、以通神明之德；這和胡塞爾現象學方法論的四大步驟：懸宕、本質還原、本質直觀、先驗判斷，大致是互相對應的。

在我來看，這真是石破天驚之論！馮友蘭（1992）所著的《中國哲學史》指出傳統中國哲學所談的「方法」，大多是談修養方法，幾乎沒有西方的「方法論」。用本書的立場來看，《易經符號詮釋學》其實就是傳統中國文化中最重要的方法論。因此，在《宋明理學的科學詮釋》第一章中，我特別引用王弼注釋《老子》和《周易》的論點，和胡塞爾的詮釋現象學互相對比，藉以闡明這種方法論的特色。值得注意的是：在《易經符號詮釋學》的四大步驟中，「易無思也，無為也，寂然不動，感而遂通」，是一般普遍適用的詮釋方法；至於「以通神明之得，以類萬物之情」，則是少數人經過長期的修煉，才能達到的聖王境界。

《道德經》第三十八章說：「失道而後德，失德而後仁，失仁而後義，失義而後禮」，中華文化的整體發展方向，是一種由「聖」而「俗」的「世俗化」或「理性化」歷程，儒學發展到宋明時期，理學也只講「寂然不動，感而遂通」。因此，《宋明理學的科學詮釋》以三章的篇幅，說明朱子如何以「寂然不動，感而遂通」的功夫，闡明他「心統性情」的修養論、「窮理致知」的知識論、和「敬義挾持」的實踐論。

政治權力的干預

莊子在〈天道篇〉中所說「輪扁斫輪」的故事，還有一點值得特別注意的是：「輪扁」和「桓公」的對話脈絡：

　　桓公讀書於堂上，輪扁斲輪於堂下，釋椎鑿而上，問桓公曰：「敢問公之所讀者何言邪？」

　　公曰：「聖人之言也。」

　　曰：「聖人在乎？」

　　公曰：「已死矣。」

　　曰：「然則君之所讀者，古人之糟魄已夫！」

　　桓公曰：「寡人讀書，輪人安得議乎！有說則可，無說則死。」

　　「庖丁解牛」和「輪扁斲輪」的故事雖然都強調「體知」的重要性，認為：不論是「解牛」，或是「斲輪」，要作到「不徐不疾，得之於手而應於心」的地步，都是很難傳授給別人，「口不能言」，「臣不能以喻臣之子，臣之子亦不能受之於臣」。然而，文惠君是以一種欣賞的態度，向庖丁請教他解牛的技巧；桓公卻是以權力威脅輪扁：「寡人讀書，輪人安得議乎！有說則可，無說則死！」輪扁才說出：為什麼他認為「君之所讀者，古人之糟粕」。

　　莊子敘說的這兩則故事，很鮮活地說明了：傳統中國掌握政治權力的君王對於知識的可能干預。下一節將從西方人的觀點，說明中國傳統「有機論」的科學，然後再以中國傳統的天文學和藥理學為例，闡明古代中國的科學家如何在皇權的宰制下，以陰陽氣化宇宙觀作為基礎，用「體知」、「觀復」和「寂然不動，感而遂通」等認識世界的方式，發展出「有機論」的科學。

第四節　中國的科學與李約瑟爭議

　　以道家「觀復」的哲學作為基礎，用「主／客」不分的方式，體會自然界中每一事物的變化，不是不能發展科學，而是已經發展出另一種型態的「科學」。這種科學，李約瑟稱之為「有機論」的科學，跟西方人以「主／客」對立的方式建構科學微世界，所發展出來的「機械論」科學，有其本質上的不同。要說明這兩者之間的差異，必須從西方科技界所謂的「李約瑟論題」談起。

　　清朝末年，一連串的重大挫敗使得中國人喪失了民族自信心，他們跟韋伯一樣，以爲中國文化傳統裡，根本沒有「科學」。到了五四時期，發起新文化運動的知識分子更相信：唯有「民主」和「科學」這兩尊「洋菩薩」才能救中國，由此而產生出「科學主義」和「反傳統主義」，至今猶難以自拔。

中國的科技文明

　　在那個時代，不論是中國或西方的知識分子都普遍相信：中國沒有「科學」。直到李約瑟（Joseph Needham, 1900-1995）出版其《中國科技文明史》，才改變了世人的看法。李約瑟是英國生物學家，1937 年，他在劍橋大學的霍普金斯實驗室聘用了三位中國研究生助理，後來與其中之一的魯桂珍（1904-1991）發生婚外情。魯桂珍爲金陵女子大學畢業生，她向李約瑟介紹中國的醫學和科技發明，使他大爲震驚，認爲中國文明在科學技術史中發生過巨大作用，並未受到充分認識，因而決心研究科學技術史。

　　1941 年起，他榮膺「英國皇家學會」院士銜。珍珠港事變爆發後，英國政府有意加強對中國的科技援助，特定任命他爲駐華大使館顧問及「中英科學合作辦事處」（Sino-British Science Cooperation Office）主任，讓他有機會到日本占領區之外的各地參訪，訪問學術機構，結交中國學者，並大量收集相關書籍及資料，作爲他日後著作的根據（Winchester, 2008）。

　　從 1954 年起，他所著的《中國科技文明史》陸續出版。在這部鉅著中，李約瑟根據非常詳實的史料指出：直到十五、六世紀之前，中國的科學一直比西方發達，世界上許多重大的關鍵性發明，都是由中國人所完成的，而且這些發明在傳入歐洲之前，早已經在中國使用了幾百年。令人感到奇怪的是：這些發明傳入歐洲之後，立即對歐洲社會造成重大影響，但它們對中國社會結構的影響卻甚爲微小。比方說，中國人魏晉時期發明的「護肩輓馬法」，在西元十世紀傳到歐洲，使得交通運輸大爲便利，農村式商業因之興盛，並促進中世紀以後的都市發展。中國人在秦漢時代發明了羅盤和船的尾舵，中世紀傳入歐洲之後，使其航海事業大爲發達，不僅

能夠環航非洲，而且還發現了新大陸。唐代發明的火藥，十四世紀傳入歐洲，轟平了許多王國的碉堡，並促成了歐洲的貴族封建政治。除此之外，中國人在醫學、天文學、機械學、動力學方面，都有十分輝煌的建樹（Needham, 1954-2004）。

李約瑟難題

根據他自己所蒐集到的資料，李約瑟認爲：歐洲文藝復興後所發生的科學革命，事實上是由世界上各民族共同奠下基礎的。在這個前提下，李約瑟提出了著名的「李約瑟難題」：「爲什麼現代科學出現於西方，而不是在中國？」

針對這個問題，李約瑟也提出了自己的答案。1930 年代是英國知識分子的「紅色年代」。在前蘇聯物理學家黑森（B. M. Hessen）和維也納學派左翼歷史學家齊爾塞（E. Zilsel）的影響之下（劉鈍、王揚宗，2002），李約瑟指出：直到 1905 年清廷宣布廢除科舉考試制度之前，中國的仕吏科層制度使得大多數的知識分子把擔任公職當做是掌握權力的最重要途徑。明代以後的科舉制度又將考試內容限定在儒家經典的範圍之內，使知識分子對道家式的探索自然毫無興趣。有興趣探索自然的「巫、醫、樂師、百工之人」被貶抑在社會底層，「君子不齒」；而中國的農業生產體制使商人階級從未獲得像歐洲人那樣的社會地位，科技發明無法轉化成爲商業競爭，從而又使這些發明對社會結構的影響減到最低。

李約瑟論旨

中國歷史上高度理性化的「封建官僚體制」（bureaucratic feudalism）阻止了資產階級和資本主義的出現。在文藝復興時期西方的「軍事—貴族封建體制」（military-aristocratic feudalism）都徹底崩潰，而爲資產階級所取代。但農業生產體制、仕吏科層體制、和儒家意識型態三者構成了所謂中國社會的「超穩定結構」（金觀濤、劉青峰，2000），直到二十世紀初期，都很少受到科技發明的影響。結果中國人儘管在歷史上發明了許多東西，卻沒有像歐洲那樣，在文藝復興之後產生資本主義革命。

李約瑟認爲：中國之所以會形成其獨特的社會體制，是因爲她所處的

地理環境：北面是寒冷的冰原，西面被沙漠切斷，南面是叢林，東面是寬廣的海洋，造成她獨有的水利問題，尤其是治理黃河的問題。中國人從很早的時候就必須集中資源，修建水利網，她的水利網超出歐洲任何一個封建領主的領地，所以中國必須發展出中央集權式的官僚文明，而不是封建主義。

李約瑟甚至大膽預言：如果中國人處在像歐洲那樣的環境，「那將是中國人發明科學技術和資本主義，而不是歐洲人；歷史上偉大人物的名字將是中國人的名字，而不是伽利略、牛頓和哈維等人的名字。」

科學史的兩個面向

李約瑟對於這個問題的回答，可以稱爲「李約瑟論旨」。在〈科學的歷史〉（1968）一文中，孔恩（Kuhn, 1968）指出：區分科學史的一個重要向度，是內部史和外部史的不同。主張內部史的科學史家把科學看作是一門獨立的學科，科學家理性地運用科學方法來解決清楚界定的問題，不管社會上發生什麼事情，都不受外界影響。屬於內部史的科學史幾乎不談國王和總統、戰爭和革命、經濟變遷和社會結構。

主張外部史的科學史家認爲：雖然科學家希望擺脫社會或社會變遷的影響，這一點其實是無法做到的。科學必然存於社會之中，科學家是在特定文化背景中社會化的人，他們具有獨特需要和目標，而且是在某種社會背景中，爲成功而奮鬥的人。既然科學是大社會的一部分，是在這個大社會裡運作的，合理的科學史必然不能不顧及外部史。

從科學史的角度來看，所謂的「李約瑟論旨」所強調的是科學的「外部史」。西方及中國學術社群對於這種史觀的反應，有相當明顯的不同（陳方正，2009）。德瑞克‧約翰‧德索拉‧普萊斯（Derek Tohn de Solla Price）曾經和李約瑟、王鈴合作研究蘇頌大水鐘（Heavenly clockwork），李約瑟並且以之作爲其論旨的重要證據之一（Needham, Wang & Price, 1960）。但普萊斯（1961）在自己所著的《自巴比倫以來的科學》一書中，卻明白宣稱：只有西方文明才產生了「高等科學技術」，其他文明與社會只是因爲日常生活需要，而產生「類似噪音的低級技術」而已。他也提到：他後來又發現一個和蘇頌水鐘一樣精巧的希臘機械鐘，其年代卻比蘇

頌水鐘早一千年。

反事實的假設

在《中國科技文明史》出版到第十一冊的時候，美國科學史刊物《伊西斯》（Isis）曾經舉辦一次「書評論壇」（Review Symposia），邀請兩位歷史學者執筆。科學史家林懷持與史景遷（White & Spence, 1984）指出：李約瑟始終緊抱他六十年前劍橋學生時代被灌輸的觀念和看法，使得他的工作遭遇到不必要的困難。現代的科學史家已經沒有人像他那樣，以單線進步的方式來看問題，他們必須考慮眾多交互作用的因素。在為李約瑟七十歲祝壽的論文集中，葛瑞漢（Graham, 1973）指出：現代科學出現的先決條件是「希臘邏輯和幾何、印度數字及代數的相遇，希伯來—基督教直線時間的進步意識，以及上帝為宇宙立法的宗教意識」，相信祂制定宇宙萬物必須遵從之法則。在他看來，社會經濟因素雖然也可能發生作用，但西方文化傳統才是導致現代科學的基本因素。他同時也指出：宋代的沈括雖然被看做是重要的科學家，但他心目中並沒有像歐洲學者那樣的「自然科學」的觀念。

曾經在 1980 年代和李約瑟合作過的席文（Sivin, 1982）發表了一篇論文，題為《為什麼中國沒有發生科學革命：真的沒有嗎？》文中批評：李約瑟問題是一種「反事實的假設」，它正如在問「為什麼我的名字沒有出現在今天報紙的第三版」，根本不可能有合適的答案。

中國科技的宣教師

在李約瑟逝世前一年，荷蘭科學史家科恩（Cohen, 1994）出版《科學革命：歷史的探究》。書中詳細分析李約瑟所提出中國對西方科學的五項主要影響，他的結論是：由於共同源自於古希臘文明的傳統，西方的確從伊斯蘭文明吸收了重要的科學成果。中國與伊斯蘭文明在歷史上雖然有許多接觸，但中國的科技並沒有藉由後者的翻譯中介而傳到歐洲。而且由於中國和西方的自然哲學不相容，「西方似乎沒有從遙遠的中國得到很多。」他因此稱李約瑟為中國科技的「宣教師」（Preacher），這可以說是李約瑟在現代科技史上的定位。

2004 年，《中國科技文明史》出版最後的第七卷（Needham, 1954-2004），以研究中國科技、經濟史聞名的漢學家伊懋可（Mark Elvin）在其第二部分的序言中指出：此書第一卷出版半世紀以來，「李約瑟的工作仍然只是很有限地融入一般科學史的脈絡之中。」「李約瑟從未解決『李約瑟問題』，至今也沒有任何其他人能夠在令人心服口服的情況下做到這一點。」所以這問題可能「比我們現在大多數人所能想到的，還要艱難」。更清楚地說，李約瑟的工作中，能夠融入一般科學史的「有限」部分，其實是他所收集到的實徵性資料。至於他對其問題所提出的「史觀」或「史論」，則存有極大的爭議性。

中國的反應

李約瑟難題在中國引起了跟西方截然不同的反應。在中國決定採取「改革開放」路線後不久，1982 年，中國科學院《自然辨證法通訊》雜誌社在成都召開了「中國近代科學落後原因」研討會，會後出版《科學傳統與文化》論文集（1983），絕大多數的參與者都和李約瑟同樣採取「外部史」觀，金觀濤、藩洪業、劉青峰（1983）在論文集的第一篇文章便開宗明義地宣稱：今天「任何具有科學史常識而又不帶偏見的人，都會承認：在人類歷史上長達千餘年的時期內，中國科技曾經處於世界領先地位，並對整個人類文明作出許多決定性的影響。」

李約瑟過世後，中國科學院自然科學史研究所的劉鈍和王揚宗（2002）出版了《中國科學與科學革命：李約瑟難題及其相關問題研究論著選》，書中收集了二十世紀中外學者的相關重要論文 30 篇，包括西方學者對李約瑟論題的尖銳批評，可以說是中國人對於此一問題較為持平的總結。

然而，台大教授劉廣定（2002）在《中國科學史論叢》一書中，則從其化學專業的觀點，指出李約瑟這一系列著作中的許多謬誤。本書系旨在「中西會通」，由此觀之，李約瑟的著作突顯出「中國有機論」和「西方機械論」這兩種科學的對比，固然是他的一大貢獻。但他並未能看出：中國「有機論」科學的內部，跟宋明理學的發展方向一樣，其實也有一股「理性化」的力量，在追求「客觀的知識」。用文化心理學者華辛

納（Valsiner, 2009）的主張來看，我們在從事文化系統的比較時，不僅要了解「A 與非 A」之間的差異，而且要能夠說明「A 如何變成非 A」（A is becoming non A）。「有機論」與「機械論」的兩種科學觀，是「A 與非 A」之比。在思考「A 如何變成非 A」的時候，我們必須記住《四庫全書》上的那句話：「《易》通廣大，無所不包，旁及天文、地理、樂律、兵法、韻學、算數，以逮方外之爐火。」下列兩章將分別以中國傳統的天文學和藥理學爲例，說明這種「廣大悉路」的知識體系，其實也蘊含了「漏洞百出」的危機。

參考文獻

成復旺（1992）：《道家開闢了中國審美之路》。上海：古籍出版社。

李約瑟（1983）：《科學傳統與文化—中國近代科學落後的原因》。中國科學院《自然辯證法通訊》雜誌社編。選自成都會議上宣讀的論文。

金觀濤、劉青峰（2000）：《中國現代思想的起源—超穩定結構與中國政治文化的演變（第一卷）》。香港：中文大學出版社。

金觀濤、樊洪業、劉青峰（1983）：〈科學技術結構的歷史變遷—二論十七世紀後中國科學技術落後於西方的原因〉。《自然辯證法通訊》，1。

俞宣孟（2005）：《本體論研究》。上海：上海人民出版社。

袁保新（1984）：〈老子形上思想之詮釋與重建〉。《鵝湖月刊》，110，2-7。

唐君毅（1986）：《中國哲學原論：原道篇（卷一、卷二）》。台北：台灣學生書局。

陳方正（2009）：《繼承與叛逆：現代科學爲何出現於西方》。北京：三聯書店。

傅偉勳（1985）：〈老莊、郭象與禪宗：禪道哲理聯貫性的詮釋學試探〉。《哲學與文化》，139，2-18。

蒙培元（1992）：〈老莊哲學思想特徵〉。收在陳鼓應主編，《道家文化研究》，第二輯，上海：古籍出版社，頁111-124。

馮友蘭（1992）：《中國現代哲學史》。香港：中華書局。

張易生（2022）：《易經符號詮釋學：當代華人格物的理論與實踐》。台北：文史哲出版社。

劉述先（1989/1992）：〈由天人合一新釋看人與自然之關係〉。《儒家思想與

現代化》。北京：中國廣播電視出版社。

劉鈍、王揚宗（2002）：《中國科學與科學革命—李約瑟難題及其相關問題研究論著選》。遼寧教育出版社，頁886。

劉廣定（2002）：《中國科學史論集》。台北：臺大出版中心。

嚴靈峰（1966）：《老莊研究》。台北：中華書局。

Cohen, H. Floris. (1994). *The Scientific revolution: A historiographical inquiry*, chapter 6.5, "Why the scientific revolution eluded China", pp. 439-83. Chicago: University of Chicago Press. 中譯文見：劉鈍、王揚宗，2002，214-78。

Graham, A. C. (1973). *Needham's the grand titration. Chinese science: Exploration of an ancient tradition.* Cambridge: MIT Press.

Kuhn, T. (1968). The history of science. *International Encyclopedia of Social Science*, 14, 74-83.

Needham, J., Wang, L., & Price, D. J. (1960). *Heavenly clockwork: The great astronomical clocks of medieval China.* Cambridge: University Press.

Polanyi, M. (1964a). *Personal Knowledge.* New York: Harper Torchboo.

Polanyi, M. (1964b). *Science, faith and society.* Chicago: University of Chicago Press.

Price, D. J. (1961). *Science since Babylon.* New Haven: Yale University Press.

Sivin, N. (1982). Why the scientific revolution did not take place in China -or didn't it? *Chinese Science*, 5, 45-66.

Valsiner, J. (2009). Cultural psychology today: Innovations and oversights. *Culture & Psychology, 15*(1), 5-39.

White, Jr., & Spence, J. D. (1984). Science in China. *Isis*, 75, 171-189.

Winchester, S. (2008). *The man who loved China.* New York: Harper Collins.

　　李約瑟在研究《中國科技文明史》的時候，曾經用「有機論」與「機械論」之科學的對比，來描述中國與西方的對比。這種作法其實已經陷入以「二元對立」論述中西文化的陷阱。英國社會學家阿切爾（Archer, 1995, 1996）在哲學立場上屬「批判實在論」的陣營，她主張的「分析二元論」（analytical dualism）認為：任何一種文化傳統都有一種來自內部求取發展的動力，我們要了解一種文化傳統，不僅要了解該文化系統（cultural system）的「文化型態學」（morphostasis），而且要了解該文化與其社會條件交互作用產生的「文化衍生學」（morphogenesis），因此本書第三部分後續兩章，將分別回顧中國天文學與中國醫藥學的發展歷史，藉以說明：中國為什麼無法發展出西方式的科學。本章首先要談的是中國天文學與曆法的發展。

第一節　音律與曆法：十二消息卦

　　了解農民曆的人大多知道：中國的農民曆跟《周易》和天文學是緊密連結在一起的。本節將以漢代經學家孟喜所提出的「卦氣說」作為切入點，說明這三者之間的關聯，然後闡明：中國歷史上曆法的演變，是從《易經》整體論的世界觀，逐步分化出天文學的客觀知識，並以之作為基礎編制曆法。

十二消息卦

　　《周易‧繫辭傳》說：「寒往則暑來，暑往則寒來，寒暑相推而歲成

焉」。孟喜依此首先提出「卦氣說」。「卦」是指《周易》的六十四卦，「氣」是指自然界消長進退的陰陽之氣。孟喜依其陰陽進退消長，將四時、二十四節氣、十二個月、七十二候相互結合，進而提出「十二消息卦」之說。他首先提出「四正卦說」，以四正卦分主四時：坎主冬、震主春、離主夏、兌主秋；四正卦二十四爻分主二十四節氣；每月有兩個節氣，月首稱「節」，月中稱「中」，故一年有十二個「節氣」、十二個「中氣」。十二消息卦，分別代表一年的十二個月，十二月卦各主每月「中氣」中的「中候」，這就是六十四卦配七十二候。「機祥宗」的焦贛、京房承續此說，虞翻亦用以解《易》。「儒理宗」的孔穎達、程頤、朱熹、來知德亦加以引用。茲將十二消息卦繪圖如下：

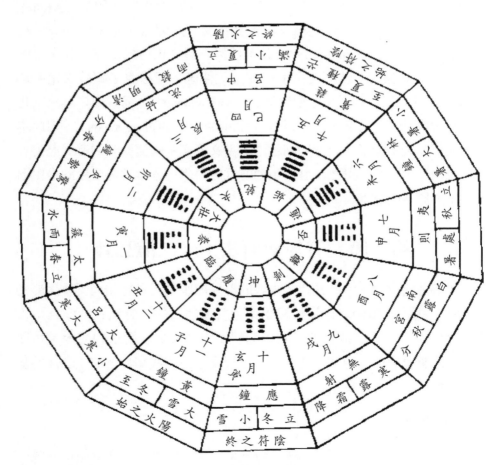

圖 8-1　十二消息卦，取自王章陵（2007），頁 70。

四正卦

　　孟喜本人的易著已經亡佚，一行禪師的《卦議》引用孟氏陰陽卦氣說，說明四正卦爲坎、震、離、兌。坎卦象 ☵ 以陰包陽，稱爲「陽七」，亦即筮法中的「少陽」。按「老變少不變」原則，少陽不變，不變則靜，「故陽七之靜始於坎」。坎卦象徵冬至十一月，少陽之氣微動於下。由正月到二月時，陽氣由微生之靜，逐漸達到陽動狀態，陽進陰必退，繼即震卦主事。孟氏說：「極於二月，凝固之氣消，坎運終焉」（王章陵，2007）。

　　震卦卦象 ☳ 是初陽爲主，兩陰從之，稱爲「陽九」，相當於筮法中的「老陽」。「陽九之動始於震」，震象徵春分陽氣動生萬物，到四月達於鼎盛，接下來即由離卦主事。孟氏說：「春分出於震，始據萬物之元（元氣），爲主於內，極於南正，而豐大之變窮，震功究焉。」

　　離卦卦象 ☲ 以陽包陰，稱爲「陰八」，相當於筮法中的「少陰」。少陰不變，故「陰八之靜始於離」。震卦主四月陽極之後，即爲離卦的一陰微生。陰氣生進，則陽衰必退。到了八月，陰氣逐漸積蓄成勢，達到極變的狀態，接著便是兌卦主事。孟氏說：「微陰生於地下，積而未彰，至於八月，文明之質衰，離運終焉。」

　　兌卦卦象 ☱ 以一陰爲主，動於上，兩陽從之，稱爲「陰六」，相當於筮法中的「老陰」。「陰六之動始於兌」，象徵秋分，陰氣主殺主止，令萬物盛熟而止。至十月，陰氣達到鼎盛，萬物收藏。孟氏說：「仲秋陰行於兌，始循萬物之末，爲主於內，群英降而承之。極於北正，而天澤之施窮，兌功究矣。」

　　孟喜「四正卦說」，說明一年四季陰陽二氣進退消長的規律，由此衍生出「十二消息卦」，用十二卦代表十二月，從「復」至「乾」，爲陽長陰消，由「姤」至「坤」，爲陰長陽消。以十二卦配十二月，說明一年中陰陽二氣進退消長的規律。

「氣」與「候」

　　中國古代，早已有二十四節氣之說。《淮南子・天文訓》說：「日行

一度，十五日爲一節，以生二十四時之變」，這是以十五日爲一氣，每月兩氣，一年十二個月，故一年有二十四氣。月首之氣稱爲「節氣」或「節」，月中之氣稱爲「中氣」或「中」；譬如正月，立春是節氣，雨水是中氣，餘此類推（見圖 8-1）。

所謂七十二候，即根據每氣所處的時令，分別用與之相應的某些植物或動物相配，成爲七十二候表。這些植物或動物稱爲「候物」。如冬至，蚯蚓結，麋角解，水泉動；立春，東風解凍，蟄蟲始振，魚上冰等等。

孟喜卦氣說的要義，在於以陰陽二氣變化，說明一年寒暑消長的過程，所以十二月卦稱爲十二消息卦。就爻象的變化言，前六爻爲陽息陰消，稱爲息卦；後六卦爲陰息陽消，稱爲消卦。一年節氣的變化亦是如此。而陰陽消長說，又源自《彖》的爻位說，如以剝卦爲「柔變剛」，姤卦爲「柔退剛」，臨卦爲「剛浸而長」，夬卦爲「剛決柔」。「消息盈虛，天行也」，所以京房認爲：宇宙事物的存在和變易，均可以概括爲「一陰一陽之爲道」。

「知識系統」間的穿梭

中國自古以農立國，歷代統治者都非常重視農民曆的編製。象數派的「禨祥宗」在漢代又盛極一時，他們寫了許多「緯書」，跟當時的讖書合流，許多統治者相信祥瑞符應之說，不敢不重視曆數。到了宋代，宋太宗甚至下令：「召天下技術有能明天文者試隸司天台，匿不以聞者，罪論死」。第二年，各州郡就送了一批天文術士進京任職。國家僅僅掌控住曆法的編製權，因此陳遵嬀（1955）在他所著的《中國古代天文學簡史》中，可以算出：

元朝以前制定的曆法，差不多有八九十種，其中屬於創作的有十三種；而最著名的，只有三種，即太初曆、大衍曆和授時曆。太初曆假托於黃鐘，大衍曆則附會於易象；獨授時曆法，根據晷影，全憑實測，打破古來治曆的習慣，開闢後世新法的根源。（頁 49）

太初曆爲西漢時期落下閎等人所作，後來，劉歆將之改爲「三統

曆」。「大衍曆」和「授時曆」分別由唐代一行禪師和元代郭守敬領銜完成。在上述引文中，所謂「黃鐘」是中國古樂十二律中六種陽律的第一律。「大呂」，爲六種陰律的第四律。「卦氣說」將十二音律和十二消息卦配在一起（見圖 8-1），反映出古代中國「天人合一」的思想。這段引文顯示：中國古代眞正有創造力的曆法家，通常是數學家和天文學家，他們不但能夠自己製造天文觀測儀器，有些人還精通象數之學，能夠在幾種不同的「知識系統」之內穿梭。因此，本章除了介紹這三種曆法的創製者，還要特別討論劉宋時期的祖沖之，藉以說明中國科學的「理性化」方向。

第二節　《周髀》與渾天儀

了解卦氣說的要義之後，本節所要談的是中國古代天文學的淵源。兩漢時期，讖緯流行，朝野人士普遍相信「星變慧孛占驗之術」。東漢寧帝時代，身爲議郎的經學大師蔡邕（132-192）遭人誣陷，被貶至朔方時，曾上書建言：「宜博問群臣，下及岩穴，知《渾天》之意者，使述其義，以裨《天文志》，撰建武以來星變慧孛占驗著明者。續其後」。他寫的這篇《天文志・續漢》開頭便說：

言天體者有三家：一曰《周髀》，二曰《宣夜》，三曰《渾天》。宣夜之學，絕無師法。《周髀》數術具存，考驗天狀，多所遺失，故史官不用。唯《渾天》者，近得其情，今史官所用候台銅儀，則其法也。立八尺圓體之度，而具天地之象，以正黃道，以察發斂，以行日月，以步五緯。精微深妙，萬世不易之道也。

這篇文章收錄在《後漢書・天文志》中。《晉書・天文志》亦收錄本文，但其中「一曰《周髀》」作「一曰蓋天」，《周髀》其實就是「蓋天說」的量測之術。因爲「宣夜說」早已失傳，「絕無師說」，所以本節只討論《周髀》和《渾天說》。

《周髀》成書，歷時久遠，並非一人所作。從其內容來看，其前半

部多為殷商周初期的作品，後半部則是漢後之作（唐如川，2015）。現存
《周髀算經》附有南宋鮑澣所作之跋：

> 《周髀算經》二卷，古蓋天之學也，以句股之法，度天地之高厚，推
> 日月之運行，而得其度數。其書出於商周之間，自周公受之於商高，周人
> 志之，謂之《周髀》，其所後來遠矣。

唐朝的科舉考試設有明算科，進用數學人才。科考及格者，可以進入
政府，當基層吏員，在衙門中負責有關計算的工作。高宗因此下令數學家
李淳風（約西元 604-672）編修十部算經，作為明算科考試的標準本，以
及國子監算學的教材。這些算經大部分已經失傳，目前僅有《周髀算經》
和《九章算術》留傳於世。

《周髀算經》第一章「圓方勾股」敘說出幾何學著名的「勾股定理」。

> 昔者周公問於商高曰：「竊聞乎大夫善數也。請問古者包犧立周天曆
> 度，夫天不可階而升，地不可得尺寸而度，請問數安從出？」商高曰：
> 「數之法出於圓方，圓出於方，方出於矩，矩出於九九八十一。故折矩，
> 以為句廣三，股脩四，徑隅五。既方之外，半其一矩，環而共盤，得成
> 三、四、五。兩矩共長二十有五，是謂積矩。故禹之所以治天下者，此數
> 之所生也。此方圓之法。萬物周事而圓方用焉，木匠造制而規矩設焉，或
> 毀方而為圓，或破圓而為方。方中為圓者謂之圓方，圓中為方者謂之方圓
> 也。」周公曰：「大哉言數！請問用矩之道。」商高曰：「平矩以正繩，
> 偃矩以望高，覆矩以測深，臥矩以知遠。環矩以為圓，合矩以為方。方屬
> 地，圓屬天，天圓地方。」

「方屬地，圓屬天，天圓地方」描述了「蓋天說」的「宇宿觀」：「天
似蓋笠，地法覆盤」，天像個傘蓋，地像個倒扣的盤子。依照這樣的宇宙
觀，《周髀》認為：「以勾股之法」，就可以「度天地之高厚，推日月之
運行」。在上引周公與商高的對話中，所謂「圓出於方」，用趙友欽在《革
象新書・乾象周髀篇》中的說法，是指方之四角，一割之為八角，再割之

爲十六角，如是越割則「角數越多，而其爲方者，不復方而爲圓矣」。後聞「方圓之法」中所說的「毀方而爲圓」，「方中爲圓者，謂之方圓」，其意亦同。所謂「方出於矩」的「矩」是兩邊均等的直角三角形，合兩矩則可以構成一個四角均等之正方形，這就是後文所說的「合矩以爲方」。倘若「矩」（正角三角形）的兩邊均爲六寸，將橫者折卻三寸，留其三寸以爲勾；將直者折卻二寸，留其四寸以爲股；則其斜邊（弦）的長度爲五，「勾三股四弦五」，這是中國歷史上最早出現的「勾股定理」，可以表現爲下列等式或圖式：

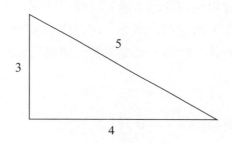

古代天文學家是如何用「勾三股四弦五」的勾股定理，來作天文測量的呢？要回答這個問題，我們必須先了解「周髀」的意義。「髀」本爲大腿骨，代表直立的竿，竿也稱表，竿下有一測量日影長短的水平刻度尺，稱爲「圭」，合稱圭表。「周髀」原是指周朝立在洛陽的一根竿子，用來測日影之長短。古代周成王命周公，經營王城洛邑。在周城四方之中，立長八呎的圭表「髀」，用來測日影變化，以觀測天地之數。因圭表立在周地，故稱「周髀」。

以「周髀」測量日影，可以看到，一天之中，從日出到日落，日影（晷）由長逐漸短，取最短者爲（正）晷，通常它是每一天正午日影之長。然而比較一年中日影的變化，晷最短的一天爲夏至，晷最長的一天爲冬至，這一天晝最短。《周髀》說：

　　於是三百六十五日南極影長，明日反短。以歲終日影反長，故知之三百六十五日者三，三百六十六日者一。故知一歲三百六十五日，四分日之一，歲終也。

　　其意為，多天太陽往南去，到了日影最長之後，又開始變短，經過 365*3+366 天之後的正午，又回復到影子最長，所以將平均年取成 365 1/4 日。古代中國不說四分之一日，而說四分日之一。

　　《周髀》以榮芳問於陳子的方式，提出了許多大問題，包括「日之高大」，「光之所照」，「一日所行」，「遠近之數」，「人所望見」，「四極之窮」，「列星之宿」，「天地之廣袤」影。再由陳子一一仔細作答。

　　這可以看作是古人以晷儀（圭表）作為工具，藉由測量日影的變化，來建構「蓋天說」的宇宙圖像（高平子，1987）。「蓋天說」是理論，晷儀是工具，榮方依據這樣的理論，構想出種種問題，再由陳子說明如何以晷儀測量日影的變化，來探索宇宙。在《古代天文學中的幾何方法》第五章中，張海潮和沈貽婷（2015）具體說明《周髀》如何解決天文學上的幾個重要議題。包括：

1. 二十四節氣的訂立。
2. 測日高及日直徑的辦法。
3. 十九年七閏的訂立及對月球公轉的理解。

天球儀與張衡

　　天球儀是將星空表示在一個球面上的一種天文儀器。在天球儀上恆星和星座的位置可以不變地顯示出來。觀看天球儀的人是從儀器的外面看它上面顯示的星座，因此它其實是人類所見星空的鏡像反射。

　　本書第三章提到，世界上不同文化中的天文學者都曾經製作過大同小異的天球儀（見圖 3-1）。西漢（西元前 202 年－西元 9 年）期間，天文學家落下閎製作的天球儀，稱為「渾儀」。西元前 52 年，耿壽昌為它設計了一個永久固定的赤道環。

　　東漢時期（23-220），天文學家傅安和賈逵在西元 84 年新增了黃道環；西元 125 年，又在著名的天文學家張衡（78-139）帶領下，製作成帶有地平圈和子午線環的渾天儀。張衡（78-139）出身於南陽大族，祖父曾任蜀群太守。他少年時到雎陽太學讀書，「觀太學，遂通五經，貫六藝」，成為「才高於世」的飽學之士。

　　長安原來是西漢的首都，有許多名勝古蹟，張衡先到長安遊歷。不久

又去京師洛陽，二十三歲那年他在家鄉南陽郡當主簿，協助太守鮑德處理文書工作。他利用當主簿的閒暇，將多年遊學的見聞用當時流行的文體寫成《二京賦》，後來又寫《南都賦》，描寫他的家鄉南陽。為中國古代文學史上著名的「精思博會之作」。

到了三十歲左右，張衡研究的方向轉變，他精讀《太玄經》和《墨子》，養成對自然科學的濃厚興趣。西元 111 年，東漢政府下詔各郡推薦「賢士」到朝廷任職，鮑德舉薦三十四歲的張衡入朝，做了郎中。四年後，調任太史令，掌管天文曆法、氣象、地震等工作，並負責在朝廷舉行大典時，選擇「良辰吉日」。

《靈憲》與渾天儀

當時關於宇宙的構造和形狀，存有「蓋天說」和「渾天說」的爭辯。張衡比較兩派論說，結合實際觀測，認為「蓋天說」不符合實際，因而寫《渾天儀圖注》和闡述自己的觀點，發展渾天說。

夜間的月亮為什麼會有圓缺的變化？西漢時已經有人提出「日兆（照）月，月光乃出，故成明月」的主張，張衡進一步指出「月光生於日之所照，當日則光盈，就日則光盡」，月亮本身不發光，人們看見月亮圓缺的變化，是因為日照面的不同所致。在《靈憲》裡，他更以此為基礎上論述月蝕的道理：「當日之沖，光常不合者，蔽於地也，是謂闇虛……在星星微，月過則食。」在太陽的對面有一個地方被地球遮住，光線總是照不到，是地球的影子，張衡叫他闇虛。當這個影子經過月亮時，就會發生月蝕。

張衡製的渾天儀就是一架渾象，主要結構是一個大圓球，用銅鑄成，其上刻有黃道、赤道、南北極、二十八宿以及恆星等等，但他的渾天儀比早期的渾象進步。他設計了一套漏壺，用漏壺流出來的水，推動渾天儀的旋轉，而且控制得很準確，使儀器的轉動跟天球的轉動一致。後代的發明家根據張衡用漏水來轉動儀器的原理，製成了世界上最早的天文鐘，成為現代機械鐘錶的始祖。

張衡晚年致力於地震的探索。經過六、七年的努力，在西元 132 年造成世界上第一架欽州地震的儀器：候風地動儀。類似的地震儀直到十三世

紀才在波斯（今伊朗）出現。他不僅在天文學、地震學和文學方面有傑出
表現，而且製造過指南車、木鳥、機械計時器，寫過一本《算罔論》，研
究過圓周率，還畫過一幅地形圖。晚年雖然做到尚書的職位，可是由於朝
廷腐敗，西元 138 年，寫了一篇《歸田賦》，感嘆當時「天道之微昧」，
請求免官，第二年就病故了。

第三節　《太初曆》與《三統曆》

　　太初曆是中國歷史上第一部完整，而且有文字記載的曆法。漢初以
前，中國主要採用「古六曆」（黃帝、顓頊、夏、殷、周、魯）中的《顓
頊曆》。由於這種古曆計算不夠精密，曆法與天象運行正朔失合，漢武帝
元封七年，司馬遷與太中大夫公孫卿、壺遂等上書，「言曆紀壞廢，宜
改正朔」，武帝徵求御史大夫倪寬的意見後，詔令司馬遷等人「議造漢
曆」。其中，落下閎、鄧平所造曆法，尤爲精密。在司馬遷的推薦下，漢
武帝「乃詔遷用鄧平所造八十一分律曆，罷尤疏遠者十七家」，並將元封
七年（西元前 104 年）改爲太初元年，以紀念「太初曆」的頒行。

與農時相應

　　太初曆測算出一朔望月等於 29 又 81 分之 43 日，故又稱爲「81 分律
曆」。以冬至所在之月爲 11 月，以正月爲歲首，平年 12 個月，閏年 13
個月，月大 30 日，月小 29 日，並將 24 節氣訂入曆法，與春耕、夏忙、
秋收、冬藏的農業節奏合拍。

　　中國自古以農立國。曆書與農時是否相應，至關重要。顓頊曆以孟冬
（今農曆十月）爲歲首，與農時不相應。太初曆將之改爲以正月爲歲首；
又在沿用十九年七閏法的同時，把閏月規定在一年二十四節氣中無中氣的
月分，使曆書與季節月分相符。二十四節氣的日期，也與春生夏長，秋收
冬藏的農時互相照應。

　　落下閎用「連分數」的數學原理（「通其率」）計算太初曆的數據，
他推算：「日後八百歲，此曆差一日，當有聖人定之」。他還測知 135 個
月爲一個交食週期，每一交食週期內將發生日蝕 23 次；他對太陽系諸行

星的會合週期測算也相當準確，例如水星為 115.87 日，僅比現代的測值 115.88 日小 0.01 日。直到 1579 年，歐洲人彭柏里（Bombelli）才提出類似的數學原理，但已經比落下閎晚 1600 多年。李約瑟在《中國科學技術史》一書中因此盛讚落下閎是世界天文學領域一顆「燦爛的星座」。

太初曆在漢武帝太初元年頒定。漢成帝末年，由劉歆重新編訂，改稱三統曆。從漢武帝太初元年夏五月（前 104 年）至後漢章帝元和二年二月甲寅（85 年），太初曆共實行了 188 年。

三統曆

劉歆出身於漢宗室，父親劉向為經學大師，楚元王劉交之後。他從小喜讀《詩書》、《易經》，才思早慧。西元前 32 年，漢成帝即位，封劉歆為黃門郎。河平三年（西元前 26 年）劉向領校祕書，劉歆協助父親工作。當時書籍收藏分散各處，沒有統一的目錄。漢成帝命劉向負責整理，分門別類，建立分類目錄。工作進行了十幾年，劉向死後，由劉歆接繼。大約在西元前 7 年左右，劉歆將校訂的圖書和每書的簡介（敘錄）編成《七略》，完成了中國圖書目錄學的第一項開創性工作。

劉歆愛好《春秋左氏傳》。在校書過程中，他為《左傳》寫注疏，使《左傳》前後貫通，章句義理完備。他認為左丘明同孔子親自相處，而公羊、穀梁二人的接近孔子，不如左氏，地位應在七十二弟子之下，所以儒學正統應為《左傳》。當時許多五經博士反對此一觀點，連他的父親劉向也不贊同。在當時崇尚《穀梁傳》的情況下，他在學術上陷於孤立。《七略》完成後，劉歆先後出任河內五原和涿郡太守，數年後，以病免官。

西元前一年，哀帝崩，王莽為大司馬，迎立年僅九歲的漢平帝，由太后臨朝，實權落在王莽手中。劉歆出任右曹太中大夫，中疊校尉，再次登上政治舞台。次年，劉歆受命為京兆尹，負責首都行政。西元四年，王莽命他兼管明堂、辟雍、靈台；明堂為漢代祭祀的場所，辟雍是學術機構，靈台即天文台，觀察天象和氣象變化。

元始五年（西元 5 年），劉歆及平晏、孔永、孫遷等四人管理明堂、辟雍、靈台，皆封為列侯。他們從全國徵召周官、天文、圖讖、鐘律、月令、兵法、史書的能人異士數千人，齊聚京師，比較古籍異同，考論音

律，進行各種學術活動。並以劉歆爲首，寫成了鐘律書和《三統曆譜》，史家班固則採其要點，寫成《漢書·律曆志》。

日月合璧，五星聯珠

古代曆法中一般都會設定曆元，作爲推算的起點。這個起點，通常是取一個甲子日的夜半作爲理想時刻。因爲它既是朔，又是冬至節氣；從曆元往上推，可以求出一個日月的經緯度正好相同，五大行星又聚集在同一個方位的時刻，出現「日月合璧，五星聯珠」之天象，這個時刻會稱爲上元。從上元到編曆年分的年數叫作積年，通稱上元積年，上元是若干天文週期的共同起點，有了上元和上元積年，曆法家就可以計算日、月、五星的運動和位置。

中國歷史上最早推算上元積年的天文學者，就是劉歆。劉歆的《三統曆》以 19 年爲一章，81 章爲一統，三統爲一元。經過一統即 1,539 年。朔旦、冬至在同一天的夜半，但未回復到甲子日。經三統即 4,617 年，才能回到原來的甲子日。這時年的干支仍不能復原。《三統曆》又以 135 個朔望月爲交食週期，稱爲「朔望之會」。一統正好有 141 個朔望之會。所以交食也以一統作爲循環的大週期。這些都是以太初元年十一月甲子朔旦夜半作爲起點。劉歆爲了求得日月合璧、五星聯珠的條件，又設 5,120 個元、23,639,040 年的大週期，這個大週期的起點稱作太極上元。

「上元積年」的功與過

三統曆的行星五步詳細描述行星在一個會合週期內的動態，成爲後世曆法的楷模，它首創「上元積年」的推求，在數學史上頗有地位。但是，這一方法引導後代曆法家繁複推求上元積年，浪費精力，到了元代，郭守敬編制授時曆，才廢除不用。

有些史家認爲：劉歆編三統曆是爲了幫助王莽篡漢，但也有人認爲：這是他編《七略》，校典經籍，爲了要解決許多年代的干支問題。新朝末年，各地動亂。道士西門君惠預言：劉歆上應天象，將復興漢朝。劉歆相信其說，又怨恨王莽殺他兒子，所以和衛將軍王涉、大司馬董忠合謀叛變，但事機洩敗，劉歆自殺。

第四節　祖沖之與戴法興的歷史性辯難

「三統曆」之後，中國歷史上的第二部名曆是祖沖之的「大明曆」。為了了解大明曆的來龍去脈，我們必須先說明在他之前的「元嘉曆」。

何承天（370-447），東海剡（今山東剡城縣）人，五歲時喪父，由叔父晉右將軍何倫撫養成人。母親徐氏為晉祕書監徐廣之姊。何承天家世良好，從小聰穎博學，諸子百家無不精通。

東晉末年，青年時期的何承天先後擔任過南蠻校尉參軍，長沙公輔國府參軍，也做過瀏陽令、宛陵令、錢塘令等。他「性剛愎，不能曲意朝右，頗以所長侮同列」，因此官途並不順遂，數起數落，甚至「被收繫獄」。

兩代製作「元嘉曆」

東晉亡於劉宋之後，元嘉十六年，何承天為著作佐郎，隨即轉為太子率更令。此後他才聲望日隆。宋文帝很重視他的才學。《何衡陽集》附《本傳》說：「承天博見古今，為一時所重」，「時（文）帝每有疑議，必先訪之。」

劉宋初年，沿用曹魏楊偉造的「景初曆」，自魏景初元年使用以來，已有 200 餘年的歷史。由於此曆本身內在的缺點，使用年久，誤差越來越顯著。元嘉二十年，何承天把他私造的新曆法獻給劉宋文帝，在奏書中說：

> 自昔幼年，頗好曆數，耽情注意，迄於白首。臣亡舅故祕書監徐廣，素善其事，有既往《七曜曆》，每記其得失。自太和至太元之末，四十許年。臣因比歲考校，至今又四十載，故其疏密差會，皆可知也。

由此可知，元嘉曆並非短期之作。何承天的舅父徐廣，一輩子熱愛曆數，為編撰《七曜曆》，自晉太和至太元累積下將近四十年的比測資料。何承天從舅父學到曆數之法，也熱心於曆算工作。徐廣亡故後，他繼續從事相關資料的《七曜曆》觀察校核，至元嘉二十年，又經過了四十餘年。

這些豐富的觀測紀錄，爲他制定的元嘉曆打下了牢固的基礎。

宋文帝元嘉年間，長江流域的經濟和文化，都呈現出東晉以來未曾有的榮景。何承天將他的曆法呈現給劉宋政府，宋文帝認爲「殊有理據」，並交給曆官檢驗，認爲新曆比舊曆精密，於是取名爲元嘉曆，於元嘉二十二年開始頒行。直到劉宋滅亡，南齊也沿用元嘉曆。蕭梁代齊，仍繼續使用，先後行用達65年之久，至梁天監八年才改用祖沖之造的大明曆。

順天以求合

祖沖之（429-500），字文遠，范陽薊縣（今河北保定）人。祖家歷代對天文曆法都有深入研究。祖沖之從小就有機會接觸天文、數學知識，青年時，即得到博學多才的名聲；他的兒子祖暅之也是數學家。

在數學上，祖沖之研究過《九章算術》，他著有《綴術》一書，收集了祖沖之父子的數學研究成果。《綴術》在唐代被收入《算經十書》，成爲唐代國子監算學課本，當時學習《綴術》需要四年的時間，可見《綴術》的艱深。由於這本書內容深奧，以至「學官莫能究其深奧，故廢而不理」。

同時，祖沖之收集了古代天文觀測的紀錄，作爲「日月離會之證，星度疏密之驗」。但他認爲：要校訂曆法，參考古代文獻，僅只是研究工作的一面，更重要的是天象的實際觀測，做到晉代杜預所說的：「當順天以求合，非爲合以驗天」。放置在《周易》的文化傳統來看，所謂「順天以求合」，是發展出一套「先驗的」數學體系，來解釋天之觀測的結果；「爲合以驗天」，則是爲了配合「超驗的」形上學系統，而用它來解釋實徵觀察的資料。祖沖之在《上曆表文》中說，他曾「親量圭尺，躬察儀漏，目盡毫釐，必窮籌策」，唯有秉持這樣的精神，才能判斷古曆的是非，使自己編定的曆法上通於古，下驗於今。

南朝宋孝武帝聽說祖沖之的才能，派他到華林學省從事研究工作。在此期間他編制了《大明曆》，計算了圓周率。這一結果精確到小數點後第7位，此紀錄直到一千多年後，才由十五世紀的阿拉伯數學家阿爾卡西（Jamshīd al-Kāshī）以17位有效數字打破。

祖沖之父子所採用的「冪勢既同，則積不容異」的原理，解決了球體體積的計算問題。十七世紀義大利數學家卡瓦列里重新發現這一原理，所

以西方文獻一般稱卡瓦列里原理。為了紀念祖沖之父子的重大貢獻，人們也稱之為「祖暅原理」。

〈辯戴法興難新曆〉

中國天文史上，東晉時期的經學家虞喜（約270-345）最早發現歲差。何承天曾經討論過歲差對曆法的影響，但終因太麻煩，棄而不用。祖沖之在曆法計算中首先引進歲差，雖然並不精確，卻是中國曆法史上的一大突破。

大明六年（西元462年），三十三歲的祖沖之終於完成了他最重要的傑作「大明曆」，這是南北朝時期最為精密的一部曆法。他寫了一篇《上曆表文》，將大明曆呈現給劉宋政府，要求予以頒行。劉宋朝廷交付群臣評議，因孝武帝寵臣戴法興的反對而受阻，祖沖之隨即寫了《辯折》作為回應。《大明曆》、《上曆表文》、《辯折》、連同戴法興的批評意見，一齊寫成〈辯戴法興難新曆〉，載在《宋書·曆志》及《全齊書·第十六卷》，成為中國古代天文曆法發展史上難得的科學名篇。

當時朝中官員大多不懂曆法，只有位高權重的寵臣戴法興略通曆法，他提出六條理由，激烈反對新曆，其中第一點，是他認為：「冬至所在，萬世不易」，根本不相信有歲差的存在：「夫二至發斂，南北之極，日有恆度，而宿無改位。故古曆冬至，皆在建星」，所以不能背離古代的曆法（古六曆），「刊古革今」。

據理力爭

針對這一點，祖沖之引述歷史記載，從春秋到漢朝，從晉朝到南北朝，冬至點大約100年移動2度：「百載差二度」，並不是「萬世不易」。他更進一步批評：「周秦之際，疇人喪業，曲技競設，圖緯實繁，或借號帝王以崇其大，或假名聖賢以神其說。」因此古六曆並非神聖不可改變。要驗證曆法的準確性，必須用日蝕月蝕來校驗，「月盈則蝕，必在日沖，以檢日則宿度可辯，請據效以課疏密」。他指出歷史上四次太史註記的月蝕宿度值，並以月蝕沖法計之。結果證明「凡此四蝕，皆與臣法符同，纖毫不爽」。

　　戴法興師法兩漢經學家，以解經訓詁的方式詮釋曆法。他引經據典不是為了改進曆法，去順天求合，而是為了維護古制。他批評祖沖之改變十九年七閏的做法是「削閏壞章、空撤天路」：「夫日有緩急，故斗有闊狹，古人制章，立為中格。年積十九，常有七閏，晷或虛盈，此不可革。」

　　年輕的祖沖之謹慎引用數據，仔細說明：「以舊法一章十九歲有七閏，閏數為多，經二百年輒差一日。」有必要改變閏周。他具體指出，在《四分曆》和《元嘉曆》中，十九年七閏已經有很大誤差：「章歲十九，其疏尤甚，同出前術，非見經典。」進而論證自己主張閏周的原因，是依據多年親自的測量，「案《春秋》以來千有餘載，以食檢朔，曾無差失，此則日行有恆之明徵也。且臣考影彌年，窮察毫微，課驗以前，合若符契，孟子以為千歲之日至，可坐而知，斯言實矣。日有緩急，未見其證，浮辭虛貶，竊非所懼。」

理未易明

　　祖沖之強調：「臣考影彌年，觀審毫微，課驗以前，合若符契」，這種實事求是的精神與做法，是值得嘉許的。然而，戴法興在辯論中，為了維護十九年七閏的說法，提出「日有緩急」的論點，認為太陽的運動不是勻速的。祖沖之認為這種看法「未見其證」。可是，過了一百多年，到六世紀時，劉宋天文學家張子信根據長期觀察，發現太陽的運動在冬至點前後較快，在夏至前後較慢。後來隋代的劉焯也證實了這個觀點。

　　祖沖之把上元定為甲子年甲子日的冬至日子時，此時日月合璧，五星連珠。戴法興嚴詞批判這種作法：「夫置元設紀，各有所尚，或據文於圖讖。或取效於當時」，「沖之苟存甲子，可謂為合以求天也。」上元積年本是一個虛設的數。在三國曹魏時楊偉立「景初曆」（西元 237 年），和南朝何承天製「元嘉曆」（西元 443 年）時，已經用比較簡單的方法來處理上元積年的問題，但祖沖之並沒有汲取前人的經驗，反而把曆法的計算變得異常複雜，這個批評其實也其有道理。

　　當時戴法興權傾一時，經過這場中國科學史上罕見的論辯，群臣都紛紛附議。只有中書舍人巢尚之認可祖沖之的新曆法，為之據理力爭。當時

皇上「愛奇慕古，欲用沖之新法」，可惜新法還沒頒布，他就駕崩了，改曆之事也因此擱置下來。

宋孝武帝死後，劉宋政府日趨腐敗，不久滅亡。代之而起的是齊朝。其統治者熱衷於宣揚佛教，對更改曆法，並無興趣。祖沖之死後，梁朝又取代了齊朝。梁天監三年至八年間，祖沖之的兒子祖暅之三次向朝廷建議改用大明曆，終於在天監九年（西元 510 年）得以頒行。這已經是祖沖之去世之後十年之事。

第五節　附會《周易》的《大衍曆》

一行禪師（西元 683-727）俗名張遂，魏州昌樂（今河南南樂）人。曾祖張公謹是唐朝開國功臣。父張擅為武功縣令，早亡。童年家貧，《舊唐書·一行傳》說他「少聰敏，博覽經史，尤精曆象、陰陽、五行之學」。

當時長安元都觀有一位博學的道士尹崇，藏有許多典籍，張遂往借揚雄《太玄經》，數日後歸還，即寫成《太衍玄圖》和《義決》，拿給尹崇看，尹重深為嘆服，稱他為「後生顏子」，從此名震京都。

全國性的天文測量

武則天稱帝，張遂家族不為武氏所用。武則天晚期，權臣武三思慕張遂之名，欲與結交，二十一歲的張遂逃匿至嵩山嵩陽寺，出家為僧。因為深入「一行三昧」，故法名一行。後來到浙江天台山國清寺，學習佛教經典和天文數學；後來再到荊州當陽山向悟真和尚學習梵律，從而了解印度的天文學。

開元四年，年屆八十的善無畏大師，自印度那爛陀寺來到長安。唐玄宗尊他為國師，一行禪師隨之受胎藏法。翌年，唐玄宗派他參與協助善無畏大師，翻譯《大日經》。開元八年，善無畏大師來到洛陽，一行依從受《金剛頂經》密印與灌頂。

當時所用的曆法是唐初天文家李淳風（602-670）編訂的《麟德曆》，這曆法用了五十多年，許多方面已發生誤差。開元九年（西元 721 年）太史監的官員根據《麟德曆》多次預報日蝕，結果都不準。當年，一行經其

族叔禮部郎中張說的推薦，唐玄宗命他主持修編新曆法《大衍曆》。

一行受命改曆以後，明確指出：「今欲創曆立元，須知黃道進退，請更令太史測候」。唐玄宗採納了張遂的意見。要求太史監測候天體的黃道行度，但靈台無黃道儀，當時，梁令瓚參考李淳風製造黃道渾儀的記載，製成了黃道游儀的木樣。一行了解之後，大加讚賞，上書玄宗皇帝，要求正式以銅鐵製作。兩年後，造成黃道游儀，《大衍曆》所測日月五星黃道進退的數值，大多是用這架儀器測定的。除此之外，他們又製作了水運渾儀、復矩等許多天文測量儀器。

開元十一年（西元 723 年），一行主持全國性的大規模天文測量，北到鐵勒（今蒙古國烏蘭巴托西南喀拉和林遺址附近），南到交州（今越南中部地區），總共在 13 個地點，用他製作的儀器，進行中國歷史上第一次大規模的天文測量，以備製曆之用。一行本人則集中精力，選取精密的天文數據，考校前代諸曆。

《大衍曆議》

開元十二年至十三年，為改曆必備的天文數據，基本收集完成，便開始編訂曆法。改曆初期，一行在光大殿工作，編撰曆法則移往麗正殿，方便學者集會討論。一行奉詔主持制定《大衍曆》，其實是一項集體創作，數十名學者和工作人員為此多次集會，進行研討。見於史載的有太史監南宮說，史官陳玄景、趙昇、大相元太和梁令瓚等人。

開元十五年（西元 727 年），《大衍曆》完稿，一行病倒於華嚴寺。十月初八，唐玄宗外出巡幸，令他隨侍，他帶病出發，到了新豐，病情加劇，當天晚上，他跌坐正念，怡然而寂，世壽四十五，由宰相張說（667-730）和曆官陳玄景、趙昇等編為曆數七篇、略例一篇、曆議十篇。張說還寫了《大衍曆序》。開元十七年頒行。

在編撰過程中，參與人員並撰寫了《大衍曆議》。《新唐書·曆誌》引載《大衍曆議》十二則，說明曆法的理論根據，及基本天文數據的來源。中國許多古曆，大多共記載推算的方法和數據，很少說明其原理，《大衍曆議》旁徵博引，收集了歷歷史上豐富的天象紀錄和曆法史料，用以說明新曆法的根據。

「曆數」專講各種計算，根據計算問題的不同而分為七個方面，分別計算太陽的位置和視運動、月亮的位置和視運動、時刻、日月交食等等。條理分明，對後世有深刻影響。

《新唐書‧曆志》對《大衍曆》的評價是：「自太初至麟德，曆有二十三家，與天雖近但不密也。至一行密矣。其倚數立法，固無以易也。後世雖有改作者，皆依仿而已。」朱文鑫（1934）《曆法通志》特別指出：「其曆議援據經傳，旁證博引，論古曆之得失，證新曆之合度。文長二萬餘字，上足以承四分曆序、沖之《曆辨》之詳，下足以啟周琮《曆論》、《授時曆議》之端。世稱：大衍為名曆，非無故也。」

附會《周易》

《大衍曆》雖然是中國歷史上的「名曆」，但並非完美無缺。張遂從小酷愛《周易》之學，青年時就因《周易》之學而名震京都，出家為僧之後，依舊不改其志，因此，偏向以《周易》說明的曆法數據。

一行認為：天文曆法的數據，都能用《周易》來加以解釋，他命名的《大衍曆》，也來自《周易‧繫辭上》：「大衍之數五十，其用四十有九」。所有之數都是由此衍生而出，故用以為曆名。

一行不但用《周易》附會天文數據，同時也用它附會曆法中的專有名詞，例如：揲法（月法）、策余、卦限（閏限）、三元之策（平氣）、爻數（干支周）、象統（二十四節氣）、地中之策、貞悔之策，以及五星中的少陽、老陽、少陰、老陰等名詞，都是來自於《易經》。

用康德的知識論來說，曆法的基礎天文學，其知識系統是「先驗的」，必須以觀測到的數據為基礎，《周易》的形上學系統卻是「超驗的」，以《周易》中名詞來代替習用的天文曆法名詞，將兩套不同的知識系統混雜在一起，名數詭異，就令人難以理解。唐代的天文學家對此表示沒有反對意見，反映了當時流行的世界觀。

朱文鑫（1934）所著的《曆法通志‧大衍曆》說：「蓋一行必欲依附《易》著，牽合爻象，以眩其立數之神奇，而不究其步算之疏略，致有誤差，深為可惜。」《大衍曆》制定期間發生的兩次日蝕，即預報不準，就是其法尚疏的一個明證。

第六節　中國第谷的《授時曆》

郭守敬（1231-1316），字若思，河北邢台人。他長成時，成吉思汗之孫蒙哥（1208-1259）為汗，其弟忽必烈（215-1294）統治中國北方。宋仁宗時，燕肅創製出計時的蓮花漏，郭守敬少年時期得到蓮花漏銘記碑文的拓片，就精心鑽研其原理，無師自通。

中統元年（西元 1260 年），忽必烈稱帝，張文謙為左丞兼大名、彰德兩路宣撫使，郭守敬出任其隨員。他年近三十，鑄造了一套早已失傳的蓮花漏。中統三年（西元 1262 年）到開平府入覲忽必烈，將蓮花漏改名寶山漏，呈報朝廷，恢復了宋金以來刻漏計時的制度，成為他一生事業的起點。從此，他出任水利官職達 14 年之久。

測聽之器莫先儀表

至元元年（1264 年），郭守敬與唆脫顏前到寧夏視察河渠水道，負責修復寧夏平原因長期戰亂而破壞淤塞的渠道。郭守敬提出建滾水壩以減弱水勢，在渠道引水處築堰以提高水位，建渠首進水閘以保證渠道有充足水量，建退水閘以調節流量等方案，共修復疏浚興、應理、鳴沙、靈州等四州主幹渠 12 條、支渠 68 條，使寧夏平原九萬餘頃土地恢復灌溉。這次修復的渠道壩閘，設計精細，品質堅固，直到明代中期還在繼續使用。

至元十三年（西元 1276 年）元世祖忽必烈攻下南宋的首都臨安，南北統一之局大勢已定。忽必烈將京城由內蒙古的上都遷到燕京（今北平），定名大都；又在全國設立行省，加強中央集權的統治。當時江南一帶繼續沿用 1271 年南宋政府頒發的《成天曆》，北方仍用著金人的《大明曆》。曆中的各種數據與實際天象間的誤差越來越大，甚至在初一可以看到一彎新月；預報發生日月蝕的發生，也完全不準。更為重要的是曆法中二十四節氣推算不準，農民不能在適宜的時節下種和耕耘，影響農業生產。

因此，元世祖忽必烈親自下令，成立太史局，負責編製新曆，「明通曆理」的大儒許衡應召出仕，又引入「以算術冠一時」的王恂，共同制定新曆。四十六歲的郭守敬因其機巧，也轉入太史局，正式投入天文曆法工

作。翌年，又招聘隱士楊蓁懿共參修曆。郭守敬一開始就提出一條基本原則：「曆之本在於測驗，而測驗之器莫先儀表」。他從改造圭表和渾儀著手，由至元十三年到至元二十六年，先後設計並製成了大批天文觀測儀器，共十三件。

中國的第谷

其中最膾炙人口的是他製作的簡儀，郭守敬將環圈密布的「渾儀」拆散，簡化分解爲一具赤道儀和一具經緯儀，分別按赤道坐標系和地平座標系統測量，可由兩人同時操作。是世界上最早的赤道儀，比丹麥，天文學家兼占星術士第谷·布拉赫（Tycho Brahe, 1546-1601）所製的赤道儀早319年（陳久金，2008）。

至元十五年，太史局改爲太史院，郭守敬出任同知太史院知事。翌年初一，太史院向忽必烈彙報工作計畫，郭守敬建議在全國進行大規模測量工作。他說，唐朝（西元721-725年間）南宮說與一行爲制定《大衍曆》，曾率領人員從北到南，設立了十多處觀測點，測量了日影和當地緯度。如今疆域比唐朝大得多，如果不大規模實測，有些數據無法確定，不可能制定出全國通用的曆法。忽必烈採納他的建議。於是，郭守敬制定了測量規劃，挑選了十四位天文家，到當時全國27個觀測點，進行「四海測量」。這一天文觀測的規模之大，在世界天文史上也是僅見的。

「敬授民時」

整體而言，授時曆是張文謙和張易的領導，以許、楊、王、郭四人爲首，和太史院諸人共同努力的成果。名儒許衡最先擔任集賢大學士兼領太史院，與楊恭懿共參修曆。王恂「集精算數」，「凡日月盈縮遲疾，五星進退，見伏昏曉，中星以應四時者，悉付其推定」《太史王文肅公·元朝名臣事略，卷九》。至於授時曆的理論、方法與實用算表等的整理和撰寫，則由郭守敬一手辦理。他總結自漢以來的四十餘家曆書，精思推算，至元十七年（西元1280年）二月，新曆編製完成。忽必烈照古書中「敬授民時」一語，將新曆定名爲《授時曆》。從翌年正月一日起在全國頒行。此後，《授時曆》在中國歷史上一直沿用四百年之久，是中國應用時

間最長的一部曆法。

在《天文學小史》中，朱文鑫（1935）比較天文學在古今中外的發展，指出：「天文之學，至元爲盛，測驗之器有十三等，測驗之所有二十七處。郭守敬、王恂等創簡儀、仰儀、闚幾警符之屬，製器漸精，造授時曆，去虛立之元，憑實測之數，復焚陰陽諉書，破世俗迷信，以正天文，一洗古來占驗之浮說。始入近世天學之正途，在西法未入中國以前，莫與倫比，湯若望尊稱郭守敬爲中國第谷者，非過譽也。」（頁49）

第七節　西學衝擊與「康熙曆獄」

利瑪竇（Matteo Ricci, 1552-1610），號西泰，又號清泰，義大利人，天主教耶穌會神父。1583 年（明神宗萬曆十一年）來華，學習中文與中國典籍。他除了傳播天主教教義，還廣交中國官員和社會名流，傳授西方天文、數學、地理等科學知識，頗受明朝士大夫的敬重，尊稱爲「泰西儒士」。利瑪竇所著的《乾坤體義》是第一本有關西方天文學的中文著作，他在該書中介紹了托勒密的「九重天說」和亞里斯多德的「四元行論」。同時還製作過天球儀、地球儀、日晷、象限儀、紀限儀等天文儀器，送給中國的達官文人作爲禮物。

金針度去從君用

利瑪竇開啟了晚明時期士大夫學習西學的風氣。由明萬曆至清順治年間，有一百五十餘種的西方書籍翻譯成中文，其中與本章關係最爲密切的，是他和徐光啟一起翻譯的《幾何原本》。

徐光啟（1562-1633），字子先，號玄扈，聖名保祿，南直隸松江府人，是明朝末年推動中西文化交流和引進近代科技的先驅。在明末天下危亡之際，他清廉勤政，盡心竭力，引進西式火器，發展明軍火炮，主張以實學救國利民，抵禦後金。

徐光啟最著名的事跡，是與利瑪竇合作，漢譯歐幾里德的《幾何原本》。從 1607 到 1609 年：他陸續與利瑪竇合譯《測量法義》，作《測量異同》，比較中西測量學理論，並著《勾股義》。1614 年，寫《刻〈同文

算指〉序》，討論元明數學衰落的原因。在引進和利用西方文明方面，他極力主張：「博求道藝之士，虛心揚榷，令彼三千年增修漸進之業，我歲月間拱受其成」；並進一步提出逐步理解、融匯並超越西方文明的方法：「欲求超勝，必須會通；會通之前，先須翻譯。」

在《刻〈幾何原本〉序》中，徐光啟說：

> 《幾何原本》者，度數之宗，所以窮方圓平直之情，盡規矩準繩之用也。……既卒業而復之，由顯入微，從疑得信。蓋不用爲用，眾用所基，真可謂萬象之形囿、百家之學海。……顧惟先生之學，略有三種：大者修身事天；小者格物窮理；物理之一端，別爲象數。一一皆精實典要，洞無可疑。其分解擘析，亦能使人無疑。

這篇序文中所謂的「先生之學」，是指利瑪竇引入中國的各種西學。他譯介西學的經驗，使他清楚的覺察到：西方所謂的物理，跟中國傳統中的「象數之學」，性質完全不同。「皆精實典要，洞無可疑」，「其分解擘析，亦能使人無疑」。在《〈幾何原本〉雜議》中，徐光啟因此引用中國傳統的說法：「鴛鴦繡出從君看，不把金針度與人」，他認爲「幾何之學，正與此異」，所以反其語曰：「金針度去從君用，未把鴛鴦繡與人」，兩方對比，凸顯出西學與中學的根本差異。

湯若望的堅持

徐光啟晚年的主要工作是編纂集中國古代農學之大成的《農政全書》，並且和湯若望合作，編纂《崇禎曆書》，系統地介紹以第谷體系爲主的西方古典天文學理論和方法。

湯若望（Johann Adam Schall von Bell, 1591-1666）出生於神聖羅馬帝國萊茵河畔科隆城的一個貴族家庭，父母親都是虔誠的天主教徒。1608年，十六歲的湯若望就離開家庭，到羅馬讀書。他先是學哲學，接著又攻讀神學、天文學和數學，先後共四年。1611年，加入耶穌會，後來考入耶穌會創建的羅馬學院。

1618年4月，耶穌會法國修士金尼閣（Nicolas Trigault）從中國返歐，

帶領湯若望、鄧玉函（Johann Schreck, 1576-1630）和羅雅各（Giacomo Rho）等 22 名傳教士，從葡萄牙的里斯本啟航東渡。經過五個半月的航程，抵達印度的果阿。翌年 5 月，重新啟程，金尼閣與湯若望繼續航向中國南海。兩個月後，湯若望一行抵達澳門，暫時留在澳門聖·保祿學院，學習中國語言和文化。

1622 年（天啟二年）6 月 23 日，耶穌會士布魯諾（Bruno）、羅雅各和湯若望指揮炮手擊退了入侵澳門的英荷聯軍。徐光啟等耶穌會士在朝中的朋友，上奏天啟帝，力邀傳教士進京幫助朝廷，以挽回明朝頹勢。但傳教士反對以此為進京藉口，強調自己一方面不諳軍事知識；一方面，此事亦不符合其信仰。李之藻勸說，於 1623 年 1 月 25 日到達北京。

湯若望效法當年的利瑪竇，將他從歐洲帶來的數理和天文書籍編列好目錄，呈送朝廷，並在住所陳列從歐洲帶來的科學儀器，供官員和學者參觀。到北京不久，就成功預測當年 10 月 8 日（農曆 9 月 15 日）將出現月蝕，後來又成功預測第二年 9 月（農曆 8 月）的月蝕。此外，他還採用羅馬計算月蝕的方法，計算出北京子午圈與羅馬子午圈的距離。湯若望並為此完成了測算日蝕和月蝕的《交食說》，印刷分贈給眾官員，並呈送朝廷。

編修《崇禎曆書》

1627 年夏天，由於宦官魏忠賢專權，北京的傳教氣氛不佳。湯若望被派往西安接替金尼閣。他在西安城內建了一座小教堂，除了開展傳教活動之外，他始終堅持科學研究和著述工作。1629 年（崇禎二年），他用中文寫了一本介紹伽利略（Galileo Galilei, 1564-1642）望遠鏡的《遠鏡說》。從原理、結構功能和使用方法上，圖文並茂地介紹伽利略式望遠鏡，是中國科技史上第一本有關光學和望遠鏡的著作。

1630 年（崇禎三年），鄧玉函去世，主持修曆的禮部尚書徐光啟上奏崇禎帝，力薦湯若望回北京，入欽天監曆局供職。湯若望在此協助徐光啟編修《崇禎曆書》，推廣天文學，製作儀器。1631 年，徐光啟和下屬首次用望遠鏡觀看日蝕。觀測過後，徐光啟歎為觀止，並上奏崇禎帝：「若不用此法，止憑目力，則炫躍不真」。

在徐光啟主持下，湯若望參與測量並繪製了大幅星圖的工作。他們繪

制的星圖在星名表達方式、星座的組織和體制，恆星的測量和推算、星圖的形制和表繪方式、星座星數的擴充等許多方面，突破了中國兩千年的傳統，是近代恆星天文學理論和實踐結合的產物。它在歐洲科學革命時期發生根本性的變化，使中國古星圖在世界天文學史中，成為一幅具有劃時代意義的傑出作品。

1631年（崇禎四年）春，徐光啟在《曆書總目表》上說：

臣頗有不安舊學，志求改正者……《大統》既不能自異於前，西法又未能必爲我用。……臣等愚心，以爲欲求超勝，必須會通；會通之前，先須翻譯。……翻譯既有端緒，然後令甄明《大統》，深知法意者，參詳考定，鎔彼方之材質，入《大統》之型模。……即尊制同文，合之雙美。……一義一法，必深言所以然之故，從流溯源，因枝達杆，不止集星曆之大成，兼能爲萬務之根本。故可爲二三百年不易之法，又可爲二三百年後測審差數因而更改之法。又可令後人循習曉暢，因而求進，當復更勝於今也。

從1629年受命，1633年徐光啟病逝，經過十多年的辛勤工作，1634年12月（崇禎七年11月），欽天監終於完成了卷帙浩繁的《崇禎曆書》，共計46種137卷。該曆書參考了第谷的宇宙體系，雖未採用日心說，但大量引用哥白尼的天體運行論，是對中國傳統曆法的重大改革。崇禎皇帝對湯若望等人的治曆工作十分贊賞，1639年（崇禎十一年），頒賜北京南堂耶穌會所，親書「欽褒天學」的御匾一方。

天學傳概：「中華文化西來說」

1644年（崇禎十七年）清軍入關，湯若望投歸清朝，順治帝任命他爲第一任欽天監監正，南懷仁爲其助理。湯若望深得清朝攝政王多爾袞和順治帝的信任，清兵占領北京後，需要頒布新的曆法，湯若望的「西洋新法曆書」獲得頒行，爲《時憲曆》。1655年（順治十二年）受封爲通政使，晉一品，封贈三代。四年後，他引薦南懷仁入欽天監任職。

南懷仁（1623-1688）生於今比利時布魯塞爾附近的小鎮皮特姆，父

親爲法警兼稅務員。十二歲，進入耶穌會辦的學校讀書，十七歲入魯汶大學，學習亞里斯多德的邏輯學和哲學體系，並由其宇宙論，了解天文學、數學、曆法計算、地理等多方面的知識。1658 年，他隨同衛匡國前往中國，1659 年（順治十六年）抵達澳門。南懷仁本來在山西傳教，翌年受召前往北京協助湯若望神父。不料四年後，他竟然捲入中國歷史上一樁最著名的曆獄案。

這個案件的肇始者是楊光先（1597-1669）。他是浙江餘姚人，早年受蔭官，爲新安所千戶。崇禎十年（1637 年），他將衛所千戶位讓予其弟，並以布衣身分死劾大學士溫體仁和給事中陳啟新。結果遭到廷杖，並發放遼西。溫體仁倒台後，獲赦還鄉。

湯若望和南懷仁等人依照西洋天文學，制定新曆法，楊光先對此表示懷疑，後來天主教徒李祖白的著作《天學傳概》提出中華文化西來說，引發楊光先對天主教的強烈反感，他寫《摘謬論》、《闢邪論》等文章予以駁斥。順治十五年，榮親王病死，兩年後，其生母董鄂妃也病逝，又 136 天後，順治帝也駕崩。楊光先趁機羅列「新法十謬」指斥湯若望西洋新曆法的種種錯誤，誤以順治十八年閏十月爲閏七月。包括使吉時凶時倒置，造成嚴重後果：尤其是選擇皇太子榮親王的葬期誤用洪範五行，山向年月俱犯忌殺，事犯重大；他因此一再上疏，稱湯若望等「妄言惑眾、意圖謀反」，他表示：「寧可使中夏無好曆法，不可使中夏有西洋人。」必須將天主教信徒「人其人，火其書，廬其居。」

湯若望倖免一死

1661 年，順治皇帝病逝後，八歲的康熙皇帝登基，年幼尚未親政，輔政大臣鰲拜等一向反對西洋學說，不滿外邦人參議朝政，因此重視楊光先意見，交由禮、吏二部會審。1664 年（康熙三年）9 月 26 日，清廷會審湯若望以及欽天監官員。當時湯若望已經七十三歲，久已癱瘓重病在身、言語不清，只能由南懷仁代言。

同年冬天，鰲拜廢除新曆，逮捕湯若望和南懷仁等傳教士。翌年 3 月 16 日，廷議將欽天監監正湯若望、欽天監官員刻漏科杜如預、五官挈壺正楊弘量、曆科李祖白、春官正宋可成、秋官正宋發、多官正朱光顯以及

中官正劉有泰等皆判凌遲處死。

不久天上出現被古人認為不祥之兆的彗星。接著京城發生大地震，而且連震三日，「人皆露宿，惴惴不安」，皇宮遭到損壞，而且有宮殿著火。清廷認為，這是上天示警。「天垂象，示吉凶，聖人則之」，不久，孝莊太皇太后頒下懿旨：「湯若望向為先帝所信任，禮待極隆，爾等欲置之死地耶？」湯若望因此獲釋。欽天監官員杜如預、楊弘量免死，但是李祖白等五人依然被處死。

楊光先黔驢技窮

康熙帝親政後，楊光先被任命為欽天監監副。他自知天文學學識不足，上疏請辭。清廷不但駁回他的辭呈，而且將他提升為欽天監監正。楊光先屢辭不獲，只好將自己的著作編輯整理為《不得已》一書，強力批判湯若望。接著引薦吳明烜為欽天監監副，由其負責推算，復用元、明的《授時曆》。楊光先在《不得已》中反駁地圓說，「果大地如圓球，則四旁與在下國土窪處之海水，不知何故得以不傾？試問若望，彼教好奇，曾見有圓水、壁立之水，浮於上而不下滴之水否？」

康熙五年（1666）春，楊光先疏言 12 月中氣不應，須訪求通曉古代候氣法之人。康熙七年（1668），楊復疏言尚未找到能候氣者，並稱自己患風痺。至此清廷發現楊光先無法勝任，復用南懷仁以非官方身分治理曆法。次年，南懷仁撰寫《曆法不得已辯》，逐條駁斥楊光先、吳明烜在曆法推算上的種種舛誤。經眾臣檢驗，證實南懷仁所言皆應驗，楊光先所言皆不應驗，清廷決定康熙九年曆採用南懷仁之推算。南懷仁又復指控楊光先當年依附鰲拜，援引吳明烜，誣告湯若望謀叛，致使李祖白等無辜被戮。結果楊光先被判決處斬，康熙帝以其年老赦免之，罷官還鄉，死於途中。

本章小結：文化知識系統的分化、挑戰與超越

以本章的析論和《宋明理學的科學詮釋》的論述互相比較，可以看出：天文學在中國歷史上的發展和儒學一樣，都是走朝向追求客觀知識的

「理性化」道路。在古代中國，《易》是諸經之首。到了兩漢時期，象數派的「禨祥宗」在孟喜的倡導下，提出「卦氣說」，將卦象、音律、節氣和候物相配，反映出一種「整體論」或「有機論」的世界觀。

知識系統的分化

然而，曆法的編制必須以天文學者所觀測到的「天象」作爲基礎，他們爲了解釋自己所關懷的「天象」，必須發展出一套或一套以上的數學系統，像劉歆以「上元積年」計算「日月合璧、五星聯珠」的週期，祖沖之的計算歲差，都是想用「先驗的」數學系統，來解釋他們所關切的「天象」。祖沖之和戴法興之間的辯論及紀錄，是中國天文學史上極爲難得的文獻，反映出幾種不同知識系統之間的衝突和對抗。

這些案例顯示：皇權的政治干預是影響中國天文學發展的重要因素。然而，這種影響到底是正面或負面，卻很難一概而論。譬如製作「大明曆」的祖沖之和南朝宋孝武帝寵臣戴法興，經過激烈的辯論，雖然群臣都附和戴法興之說，唯有中書舍人獨排眾議，宋孝武帝仍然決定「用沖之新法」，最後是因爲他本人逝世而作罷。

從一行禪師製作《大衍曆》和郭守敬製作《授時曆》的過程中，我們可以看出：如果沒有得到統治者唐玄宗和元世祖的支持，他們根本不可能會聚集當時一代的知識菁英，製作各種精密的測量儀器，並進行全國性的天文測量。今天回顧中國天文學史，發現中國許多天文學家的重大成就，比西方天文學家的同樣發現早若干年，這樣的成就其實是眾多因素所造成，必須針對每一案例作具體分析，才能做出結論。

一行禪師製作《大衍曆》的過程中，無法摒棄《周易》的名詞，「依附《易》著，牽合爻象」，將兩套不同的知識系統混雜在一起，致使天文學的知識系統無法成功地分化出來。這樣的工作必須等待元代的郭守敬來完成。這可以說是中國天文學的一種「啟蒙」，所以西方人也尊稱郭守敬爲中國的「第谷」。

《幾何原本》的中譯

以治曆學作爲終身志業的高平子（1888-1970），晚年選出自己有關

中國天文學史的著作一十三篇，彙編成《高平子天文曆學論著選》（高平子，1987），其首篇〈學曆散論自序〉，對中國古代曆學的發展，說過一段十分中肯的批評：

元代爲中國天文最盛時期，而所謂天文，多在曆學。循此而上，唐釋一行之大衍曆，南朝何承天之元嘉曆等皆爲名曆，上推至漢之三統、太初，其要略皆在史志，溯之秦之顓頊，迄於清之雍正，據朱文鑫氏所查，凡經行用者得四十八曆，而據元史曆志則云：「黃帝以來，諸曆轉相祖述，殆七八十家。」而愈及古遠，則語文愈殊。名詞、術語今古不通。運算法式概以古語而無公式。構思之方每多幻想，不從理則。是以因革紛紜，殆難清理。

上一章〈「道」與中國的科學〉指出：道家認識世界的方式是「體知」和「觀復」。這種認識世界的方式雖然可以造出中國「有機論」的科學，但其重大弱點卻是「運算法式概以古語而無公式，構思之方每多幻想，不從理則」，而且「名詞、術語今古不通」。從這個角度來看中國天文學的發展，高平子（1987）在同一篇文章中也有一段十分精闢的評論：

中國之所謂天文，實近於西方之「星占」（Astrologie）。易曰「觀乎天文，以察實變」其要義也。而曆法則近乎西方天文學（Astronomie）中之實用一科，其旨在求合天之節令，以前民用。故傳曰：「閏以正時，時以作事，事以厚生，生民之道，於是乎在」，是以諸史於天文、曆法，二千餘年來各自分別。而專家好學之士尤多究心於曆法。章、蔀、紀、元、早著於先秦古曆；七衡、九道、漸徵象數；超辰、歲差、漸進實驗；日行盈縮、月行遲疾，五星之見伏順逆，見以觀測爲依歸。自漢及清二千餘年，作者繼起，代不絕人。惜中土幾何之學發達極遲，推理之術尤爲疏闊。是以一率之興，或借音律，易數；一列數字，或只存立成（即數表）孤行。極少因圖見證，更無設象求眞，是以多錄某之諸輪未見於中國，刻白爾之橢圓無從發生。嗣後牛頓之萬有引力，光譜線之分析等等，更無論矣。

　　這段話一針見血的地道破古代中國天文學落後的關鍵所在。其中引文出自《漢書律曆志上》，其上下文爲：「閏月不告朔，非禮也。閏以正時，時以作事，事以厚生，生民之道，於是乎在矣。不告閏朔，棄時政也，何以爲民？」「朔」是每月初一。天子於歲末將來年曆書頒給諸侯，諸侯拜受，藏於祖廟。每月朔日，以活羊祭告於廟，然後聽政，稱爲「告朔」；這就是《周禮・春官》上所謂的「頒告朔於邦國」。

　　在這樣的文化系統裡，雖然天文、曆法各自分別，「專家好學之士多究心於曆法」。但天文學者在研究「日行盈縮，月行遲疾，五星之見伏順逆」時，卻必須「見以觀測爲依歸」。這一點跟西方天文學者所做的工作並沒有什麼差異。然而，與西方相較之下，「中土幾何之學發達極遲，推理之術尤爲疏漏」，本書第二部分的析論顯示：古希臘時期歐幾里德所著的《幾何原本》問世兩千多年之後，到了十七世紀的明代崇禎末年，才由徐光啟漢利瑪竇合作，譯成中文。

　　上述引文中的「多錄某」，是 Ptolemy 的音譯，本書譯作「托勒密」；「刻白爾」本書譯爲「克卜勒」。像《幾何原本》這部蘊含有「複雜的推理之術」的著作，如何沒有精確地譯成中文，中國人便不可能學會這種思維方式，更不可能以之從事學術創作。所以托勒密的「本輪—均輪」模型「未見於中國」：克卜勒之橢圓亦「無從發生」。本書系之所以要寫一本書，來糾正牟宗三對康德知識論一個核心概念的誤譯，其道理在於此。

　　本章最後一節論述的「康熙曆獄」，可以看做是中、西兩種文化系統初次接觸時所產生的尖銳衝突。南懷仁曾經鑄造紅夷炮，協助清廷。湯若望去世後，1669 年 4 月 1 日（康熙八年 3 月 1 日），南懷仁接替湯若望，出任欽天監監副。他隨即撰寫《曆法不得已辨》，逐條駁斥楊光先、吳明炫在曆法推算方面的錯誤。針對中國傳統的觀象占候、堪輿占卜等觀念，當年他還撰著了《妄推吉凶之辨》、《妄占辨》和《妄擇辨》。由此可見，他的主要批判對象是《易經》的「象數派」。

參考文獻

王章陵（2007）：《周易思辨哲學》。濟南：齊魯書社。

朱文鑫（1935）：《天文學小史》。上海：商務印書館。

朱文鑫（1934）：《曆法通志》。上海：商務印書館。

歐幾里德（原著），利瑪竇、徐光啟等人（譯），燕曉東（編）（2005）：《幾何原本》。北京：人民日報出版社。

高平子（1987）：〈中國人的宇宙圖象〉。《高平子天文曆學論著選》。台北，南港：中央研究院數學研究所。

高平子（1987）：〈學曆散論自序〉。《高平子天文曆學論著選》。台北，南港：中央研究院數學研究所。

唐如川（2015）：《周髀今解》。上海：世紀出版公司。

陳久金（2008）：《中國少數民族天文學史》。北京：中國科學技術出版社。

陳久金（主編）（2013）：《中國古代天文學家》。北京：中國科學技術出版社。

陳遵嬀（1955）：《中國古代天文學簡史》。上海：上海人民出版社。

張海潮、沈貽婷（2015）：《古代天文學中的幾何方法》。台北：三民書局。

Archer, M. S. (1995). *Realist Social Theory: The morphogenetic approach.* Cambridge, UK: Cambridge University Press.

Archer, M. S. (1996). *Culture and agency: The place of culture in social theory* (Revised edition). USA: Cambridge University Press.

第九章

《本草經》、《參同契》和《本草綱目》

中國醫藥始於傳說中的神農嚐百草，一日遇七十毒。《尚書‧說命篇上》記載殷朝武丁之言：「若藥弗瞑眩，厥疾弗瘳」，後來《孟子‧滕文公上》也曾經引述這句話，可見當時已經有巫醫熟知藥性，敢用重劑起沉痾。

《周禮‧天官篇》記載：「醫師上士二人、下士四人、府二人、史二人、徒二十人。掌醫之政令，聚毒藥以供醫事。」《周禮》是記載周朝典章制度之書，在周朝的封建制度裡，醫師屬於最低一級的貴族「士」，有上、下之分。「府」是醫藥保管人員，「史」負責病歷紀錄，「徒」則是聽候差遣的助理。因為當時對藥理所知有限，無法掌控藥性；「藥」、「毒」難分，所以說：「聚毒藥以供醫事。」鄭玄注云：「藥之辛苦者，藥之物恆多毒。」因此，《論語‧鄉黨篇》記載：康子饋藥，拜而受之曰：「丘未達，不敢嘗！」

第一節　「藥」與「毒」

這幾則故事欽示：中國人對於醫藥的知識，跟大多數文化一樣，都是始於自身的生命體驗，而且必須區分「藥」跟「毒」的不同。本節題為《本草經》、《參同契》和《本草綱目》，所要說明的是：中國最早的醫書《本草經》，跟中國的天文、曆書或煉丹術一樣，其詮釋混雜了周易、道家以及藥物自身等不同的知識系統，隨著時空條件的演變，這些知識系統才逐漸分化出來。首先我們要談的是《本草經》。

司馬遷的《史記》是中國歷史上最翔實的史書，但通篇《史記》，並

無「本草」之紀錄。班固所著《漢書》中，有三處提到「本草」，〈游俠傳〉曰：「護少隨父爲醫長安，出入貴戚家。護誦醫經、《本草》、方術數十萬言」，可見當時《本草》已經累積下相當豐富的內容。

山中宰相

中國醫藥史上第一篇《本草經集注》，爲五代道士陶弘景所作。陶弘景（456-536），字通明，丹陽秣陵人，父陶貞寶，官至江夏孝昌相。九歲開始讀儒家經典，十歲得葛洪《神仙傳》，「晝夜研尋，便有養生之志」；十五歲作〈尋山志〉。二十餘歲，投靠蕭道成。西元 479 年，蕭道成篡位，自立爲齊高帝，陶弘景獲授豫章王侍郎，他謝絕受職。後來父親被侍妾所殺，使他決意終身不娶。二十六歲時出任蕭道成第 16 子的侍讀，但受到權貴排擠，官職卑小，仕途失意。三十六歲時，上〈解官表〉辭職，自號「華陽隱居」，官員士人爲他送別，盛況空前。

陶弘景與弟子在茅山行醫濟世，聲名遠揚。他們建了一幢三層樓房，自己住最上層，弟子住中層，下層接待來客。他專心整理道教典籍，撰成《本草經集注》等重要著作。

西元 501 年，蕭衍起兵逼齊和帝讓位，陶弘景上表稱賀，並獻國號「梁」；因而深獲梁武帝信任，曾一月數次遣使入山，向陶弘景諮詢國家大事，時人因而稱之爲「山中宰相」。梁武帝邀請他下山參政，陶繪二牛圖回贈，表示寧願在漫步於草叢，不願頭戴金箍，任人拘桎。

道家的世界觀

陶弘景曾經寫過一篇〈本草經集注〉，回顧在五代之前的傳承：

隱居先生，在乎茅山巖嶺之上，以吐納餘暇，頗遊意方技。覽本草藥性，以爲盡聖人之心，故撰而論之。舊說皆稱《神農本草經》，余以爲信然。（中略）軒轅以前，文字未傳，如六爻指垂，畫象稼穡，即事成跡。至於藥性所主，當以識識相因不爾，何由得聞。至乎桐、雷，乃著在篇簡。此書應與《素問》同類，但後人多更修飾之耳。秦皇所焚，醫方、卜術不預，故猶得全錄。而遭漢獻遷徙，晉懷奔迸，文籍焚靡，千不遺一。

　　今之所存，有此四卷，是其本經。所出郡縣，乃後漢時制，疑仲景、元化等所記。又有《桐君採藥錄》，說其華葉形色；《藥對》四卷，論其佐使相須。魏、晉以來，吳普、李當之等，更復損益。或五百九十五，或四百卅一，或三百一十九。或三品混糅。冷熱舛錯，草石不分，蟲獸無辨，且所主治，互有多少。醫家不能備見，則識智有淺深。今輒苞綜諸經，研括煩省。以《神農本經》三品，合三百六十五爲主，又進名醫副品，亦三百六十五，合七百三十種。精粗皆取，無復遺落，分別科條，區畛物類，兼註銘世用，土地所出，及仙經道術所須，並此序錄，合爲三卷云云。

　　在這篇〈序錄〉中，所謂「六爻指垂畫象」，是指伏羲作八卦；「稼穡，即事成跡」，是只有關藥性的知識，必須以「經驗性原則」作爲其說，這樣累積下來的知識，雖然因爲秦始皇沒有焚燒醫方卜術之書，而能夠倖存，漢獻帝之後的政治動亂，反倒「文籍焚靡，千不遺一」。

　　陶弘景很清楚的交待，他編撰《本草經集注》根據的材料包括：雷公集注的《神農本草經》四卷，《桐君採藥錄》、《藥對》四卷，以及吳普、李當之書。可見當時傳世已經有許多不同版本的藥書，流傳於民間。陶弘景說他編《本草集注》的原則是「精粗皆取，無複遺落」，至於「分別科條，區畛物類」的方式，則是將藥分爲上、中、下三品，分別稱之爲君、臣、佐使；其功能將「養命以應天」、「養性以應人」、「治病以應地」。充分反映出道家的世界觀：「人法天，天法地，地法道，道法自然。」

煉丹的知識與行動

　　更值得注意的是，《本草經集注》同時提到「道經、仙方、服食、斷谷、延年、卻老，乃至飛丹轉石之奇，雲騰羽化之妙，莫不以藥導爲先。用藥之理，又一同本草，但制御之途，小異世法」。「大略所用不多，遠至廿餘物，或單行數種，便致大益，是其深練歲積。即本草所云久服之效，不如俗人微覺便止。故能臻其所極，以致遐齡，豈但充體愈疾而已哉！」

第二節　煉丹術

這段文字所說的是五代時盛行的煉丹術。陶弘景書寫〈序錄〉時，看起來對煉丹術充滿信心。到了西元 505 年，梁武帝請陶弘景為他煉金丹，此後二十年間，曾經在茅山、青蓮山、霍山等地，七次起爐煉丹，據說最後終於成功了，但他沒有十足的信心，始終沒有試食（王明，1989）。

西元 527 年，陶弘景獻善勝、威勝兩把寶劍給梁武帝。九年後，以八十一歲之齡辭世，朝廷追贈予中散大夫之職，追贈貞白先生。

「三道由一」的煉丹術

在陶弘景之前，還有一位著名的煉丹術士，是東漢時期的魏伯陽。他本名翱，以字行，東漢會稽上虞人，自號雲牙子，葛洪著的《神仙傳》記載：魏伯陽出身官宦世家，「而性好道術，不肯仕宦，閒居養性，時人莫知其所從來」。後晉開運二年（西元 945 年）編成的《舊唐書》，收錄有他所著的《周易參同契》二卷。全書共六千餘字，用周易爻象來論述練丹成仙的方法，基本上是以四字一句、五字一句、極少數長短不齊的散文寫成，「詞韻皆在，奧稚難通」，並夾雜有許多隱語，道教的外丹和內丹派均奉之為重要的經典，歷代有很多注本行世，《正統道藏》即收入唐宋以後的注本十一種。

依照魏伯陽自己的說法，所謂「參同契」是指：「《大易》情性，各如其度，黃老用究，較而可御。爐火之事，真有所據；三道由一，俱出徑路」。其意為：周易的卦、黃老的道家哲學和以爐火煉丹是三位一體的。「參同契」的「參」便是「三」之意，「同契」則是「三道由一」，彼此相契（蔡仁堅，1976a）。用現代的話語來說，魏伯陽認為：「要探究煉丹術，除了研究煉丹化學之外，還要將它放在周易、和道家黃老哲學的基礎上，才能了解煉丹術的奧義。」

這個說法代表東漢時期煉丹術者將周易、道家哲學和煉丹化學三套不同的知識體系混雜在一起。隨著時代的演進，知識菁英對這三者的研究越是深入，這三套知識系統便會逐漸分化開來。

在《周易參同契》的各種注本中，跟本書之論旨關聯最密切的是朱子

所著的《周易參同契考異》。《宋明理學的科學詮釋》指出，朱子以《周易》中蘊含的「陰陽氣化宇宙觀」作爲視域，編定《四書章句集注》，其目的是要打造出一種「純儒」的知識型，跟當時盛行的「釋、老、易」三玄思想相抗衡。

朱子與白玉蟾

在朱子的生活世界裡，「三玄」的代表人物，是白玉蟾（1134-1129）。白氏祖籍福建閩清，生於海南瓊山，故號海瓊子，武夷散人。幼時聰慧過人，九歲能頌儒家九經，二十一歲自稱「三教之書，無所不究」，「世間有字之書，無不經目」。初試科舉落榜後，到儋耳山修道，拜道教金丹派南宗四祖陳楠爲師，陳楠授之以丹法、雷法。宋寧宗時應詔赴闕，受封爲「紫清明道眞人」。他繼陳楠成爲「金丹派五祖」，立「建宗傳法」之所，「四方學者，來如牛毛」。

爲了跟丹道派別描頭，朱子年老時，刻意以「空同道士鄒訢」爲名，根據五代後蜀彭曉的注本，採隨文注解的方式，著成《同易參同契考異》一書。依照朱熹的考證將之解釋爲：「參，雜也；同，通也；契，合也。謂與周易理通而義合也」，這是說魏伯陽的著作是和易經的義理相通的。

然而，彭曉《參同契通眞義後序》原本卻是說：「參同契者，參，雜也；同，通也；契，合也。謂與諸丹經理通而契合也」。兩者互相比較，可以看出：朱熹已經將彭曉原本說的「諸丹經」置換成「周易」。

台大哲學研究所博士候選人郭芳如（2012），在她所著〈朱熹的《周易參同契考異》〉一文中，將《參同契》的內容分爲爐火煉丹的「外丹」、道家以人身爲鼎爐修練精、氣、神的「內丹」、和修心養性的「心性之學」。譬如，《周易參同契》中說：「河上妁女，靈而最神，得火則飛，不見埃塵。將欲制之，黃芽爲根」。用現代化學的概念來說，妁女是汞，得火則飛，是說它遇熱則氧化昇華。黃芽是硫，它能將「靈而最神」的汞制服，形成硫化汞，也就煉丹術士所謂的「丹砂」（蔡仁堅，1976b）。這是屬於「外丹」的範疇，西方研究《周易參同契》的學者，其主要興趣即在於此（Wu & Davis, 1932; Pregadis, 2011）。

但朱熹作《周易參同契考異》，卻是意不在此。他對煉製外丹的注

釋，顯示出他對這方面並沒有什麼興趣。對於內丹方面，他所重視的是將內丹修煉轉化成為「心統性情」的修養工夫，希望以京房、陳搏與邵雍一脈相承的易學，作為理解《參同契》的基礎，其目的在於以儒學易理重塑道教經史。

第三節　李時珍的《本草綱目》

陶弘景是南北朝時期南齊人，他注《本草經》，又對煉丹術有興趣；魏伯陽所注的《周易參同契》顯示：當時的知識菁英試圖用《周易》、道家和丹藥之注三套不同的知識系統，來解釋煉丹術。朱熹則獨鍾於《周易》儒理。這種知識系統的分化，和明代李時珍所著的《本草綱目》相互比較，可以看得更為清楚。

李時珍（1513-1593），字東璧，湖北蘄州人。上祖一脈，醫眾無數。祖父是名傳鄉梓的「鈴醫」，傳授父親李言聞，亦為名醫。時珍幼時體弱，曾患「骨蒸病」（肺結核），全賴父親精心調治。醫道世家，兄長傳承，但明代醫師的社會地位很低，李言聞不願讓么兒走上習醫之途，鼓勵他準備參加科舉考試。

道家的「體知」

他從小師事蘄州城著名的理學家顧桂巖、顧日巖，對宋明理學有深刻的認識。十四歲參加鄉試，考中秀才。此後十年間，三次應舉，三次落榜。因此向父親表明習醫的決心：「身如逆流船，心比鐵石堅，望父全兒志，至死不怕難」。

嘉靖十八年，蘄州發生水災，災後疾病流行，時珍一方面協助父親，救死治病，一方面奔走四方，採集藥材，累積下豐富的行醫用藥經驗，因而對四百多年前流傳下來的《經史證類備用草本》感到極度不滿。

嘉瑞三十一年（西元 1552），三十五歲的李時珍開始著手撰寫《本草綱目》。當時楚王朱英熪的王妃胡氏患胃腸病，時珍將她治癒，楚王留他在王府「良醫所」，擔任「奉祠正」。在武昌留任一年，看到長江水陸的各種精良藥材，正逢明世宗敕令禮部，徵求全國醫藥人材，楚王特地舉薦

他到北京太醫院，擔任五品院判。

　　太醫院的「院判」，相當於現代的副院長。這個職位讓李時珍可以看到四方進貢來的珍奇藥材，精選的御用藥品，以及府內珍藏的本草醫書。但他看到太醫院內爭功諉過、明爭暗鬥的現象，自己掛意的是編撰《本草綱目》，突破前學醫理破綻，無意在仕途上求發展，任職一年後，即辭官返鄉。

　　嘉靖40年（1561）李時珍在蘄州的勝景「雨湖」北岸築新居，題爲「薖所館」，和妻子吳氏，四個孩子住在一起，並收了瞿九思、龐憲等幾個學生，靠束脩、診金和幾分薄田維持生活。

　　蘄州天然環境有山有水，森林茂密，數百種藥材俯拾即是，時珍一有時間，就驅車到家鄉附近的平原高山，甚至遠至蒙古、契丹，徜徉其間，摘集植物藥草，仔細觀察，拿回家對照古書。不斷比較、閱讀、印證，糾正許多前人謬誤或無法解決的問題。每到一個地方，他總是勤於和鄉野俚人交談，向地方長老求教。他甚至親自嚐藥，以驗證其效果。

　　譬如《本草綱目》草之六，曼陀羅花項下，他的記載是：「─相傳此花令人笑令人舞，予嘗試之，飲須半酣，更令一人或笑或舞引之，乃驗也……熱酒調服三錢，少頃昏昏如醉，割瘡炙水，宜先服此，則不覺苦也。」在該書中，諸如此類的例子，多得不勝枚舉。

「格物致知」的工夫

　　放置在本章的論述脈絡中來看，李時珍這是用道家傳統「體知」的方法，以自己的身體作爲試驗品，驗試曼陀羅的藥性。這並不是西方「主／客」對立文化中所發展出來的「實驗法」，它沒有以受試者作爲工具，也沒有「實驗組／對照組」，更不用統計方法；但中國歷史上的許多道士，就用這種「體知」的方法，以身試藥，一點一滴地累積下他們對於各種藥品的認識。

　　這樣累積下來的知識，當然可能有不夠精確之處，每個人用「體知」方法作成的紀錄也可能不一致，所以李時珍逝世後，它的兒子李建元遵其遺志，將《本草綱目》進獻給萬曆皇帝時所上的疏中，有一段文字：

　　昔炎黃辨百穀，嘗百草，而分別氣味之良毒；軒轅師岐伯，遵伯高，而剖析經絡之本標。遂有《神農本草》三卷，《藝文》錄爲醫家一經。

　　及漢末而李當之始加校修，至梁末而陶弘景益以注釋，古藥三百六十五種，以應重卦。唐高宗命司空李勣重修，長史蘇恭表請伏定，增藥一百一十四種。宋太祖命醫官劉翰詳校，宋仁宗再詔補注，增藥一百種。召醫唐愼微合爲《證類》，修補眾本草五百種。自是人皆指爲全書，醫則目爲奧典。

　　由此可見，李時珍在編撰《本草綱目》時，曾經深入回顧相關文獻，結果發現「《本草》一書，關係頗重，註解群氏，謬誤亦多」。在〈進《本草綱目》疏〉中，李建元舉了一些例子：

　　夷考其間，疵瑕不少。有當析而混者，如葳蕤、女葳，二物而並入一條；有當並而析者，如南星、虎掌，一物而分爲二種。生薑、薯蕷，菜也，而列草品；檳榔、龍眼，果也，而列木部。八穀，生民之天也，不能明辨其種類；三菘，日用之蔬也，罔克的別其名稱。黑豆、赤菽，大小同條；硝石、芒硝，水火混注。以蘭花爲蘭草，卷丹爲百合，此寇氏《衍義》之舛謬；謂黃精即鉤吻，旋花即山姜，乃陶氏《別錄》之差訛。酸漿、苦耽，草菜重出，掌氏之不審；天花、栝蔞，兩處圖形，蘇氏之欠明。五倍子，構蟲窠也，而認爲木實；大蘋草，田字草也，而指爲浮萍。似茲之類，不可枚陳，略摘一二，以見錯誤。若不類分品列，何以印定群疑？

　　「疏」中指出以往《本草》常見的謬誤，包括：有當析而混者，有當並而析者、菜列草品、藥列木部……等等。同時具體指出編訂藥典名家所犯的錯誤，像寇氏、陶氏、掌氏、蘇氏等人。在傳統藥典中，「例茲之類，不可鋪陳，略摘一二，以見錯誤。若不類分品列，何以印定群疑？」

　　《中庸·第二十章》曾經記載孔子所說的「格物致知」工夫：「博學、審問、愼思、明辨、篤行」。李時珍青年時期曾經師從蘄州理學名家顧桂巖、顧日巖，十四歲考取秀才後，三次參加科考，三次落榜，自此下定決心，用宋明理學的「格致」功夫，研究《本草》。「行年三十，力肆校讎，

歷歲七旬。功始成就」。

博物學的分類體系

不僅如此，〈進《本草綱目》疏〉中說明他將各種藥材「類分品列」的方式，跟傳統藥典的做法也完全不同：

今增新藥，凡三百七十四種，類析舊本，分爲一十六部。雖非集成，實亦粗備。有數名或散見各部，總標正名爲綱，余各附釋爲目，正始也；次以集解、辨疑、正誤，詳其出產形狀也；次以氣味、主治、附方，著其體用也。上自墳典，下至傳奇，凡有相關，靡不收采，雖命醫書，實該物理。

傳統的本草書，是以朱墨兩色區辨古今。因爲藥物治療重視傳承，所以前代本草所言，用墨色字體存眞；當代的新知識或對舊學之異議，則以朱色細字，在原條後加上：「謹案⋯⋯云云」。在藥物的分類法上，則放棄陶弘景的上中下三品之分，另外建立一套完整的新架構，在每條藥物之下，以「集解」說明藥物的古今產地、演變、外觀型態和採取方法；以「釋名」敘述古今各地各種品種的別名，並確定名稱；以「正誤」糾正古人及一般常見的錯誤；以「修治」描述藥劑的調製技術；以「氣味」記錄藥物的味道形質；以「主治」說明藥效用途；以「發明」闡述他自己觀察、試驗的心得；最後再以「附方」蒐集古今醫藥的臨床配方。

這種作法完全打破中國傳統藥典的分類方式，而建立了一套類似近代博物學的分類體系，所以「疏」中說《本草綱目》「上至墳典，下至傳奇，靡不收采，雖命醫書，實該物理」。

兩種知識論

以李時珍的《本草綱目》和陶弘景的《本草經生》相互比較，我們更可以看出李時珍的劃時代貢獻。陶弘景將《本草》所載各藥，分爲上、中、下三品，在《本草經集注》中加以說明：

本說如此。今案上品藥性，亦皆能遣疾，但其勢力和濃，不爲倉卒之效，然而歲月將服，必獲大益，病既愈矣，命亦兼申。天道仁育，故云應天。獨用百廿種者，當謂寅、卯、辰、巳之月，法萬物生榮時也。中品藥性，治病之辭漸深，輕身之說稍薄，於服之者，祛患當速，而延齡爲緩，人懷性情，故云應人。百廿種者，當謂午、未、申、酉之月，法萬物熟成。下品藥性，專主攻擊，毒烈之氣，傾損中和，不可恆服，疾瘉則止，地體收煞，故云應地。獨用一百廿五種者，當謂戌、亥、子、丑之月，兼以閏之，盈數加之，法萬物枯藏時也。

《左傳‧昭西元年》引用醫者之言：「天有六氣，降生五味，發爲五色，徵爲五聲，淫生六疾，六氣曰陰、陽、風、雨、晦、明也；分爲四時，序爲五節，過則爲菑。陰淫寒疾，陽淫熱疾，風淫末疾，雨淫腹疾，晦淫惑疾，明淫心疾。」這種說法，反映出古代中國人的疾病觀；陶弘景在《本草經注》中所說的論點，則反映出當時的醫藥觀。依照這樣的疾病觀，「人」是大自然（天）的一部分，「天」有「陰、陽、風、雨、晦、明」等「六氣」的變化，「人」的感官也因而有五味、五色、五聲之辨。如果能夠配合四時節氣的變化，調養得宜，則可長保健康，如果生活不知節制，「過則爲災」，便可能導致各種疾病。

用康德在《通靈者之夢》所提的概念（見本書第四章）來看，這是一種「有機論」的疾病觀；針對這種疾病觀，古代中國人也發展出一套李約瑟稱之爲「有機論」的醫藥觀。陶弘景將《本草經》中所記載之藥，分爲上、中、下三品；其藥效配合一年中的不同月令，上品藥性，「法萬物生榮時也」，故云「應天」；中品藥性，「法萬物熟成」，故云「應人」；下品藥性，「法萬物枯藏時也」，故云「應地」。陶弘景很明顯是以道家「人法天，天法地，地法道，道法自然」的世界觀，將《本草藥經》收錄的藥材，加以分類。這種分類方式，和李時珍以「集解」、「釋名」、「正誤」、「修治」、「主治」、「發明」、「附方」等面向，來描述每一種藥物完全不同。用康德的知識論來說，陶弘景是把《本草藥經》中記載的藥材套進一個「超驗的」或「超越的」（transcendent）分類系統之中，而李時珍卻是運用一個「先驗的」（transcendental）架構，來描述每一種藥

物。因此，李時珍的《本草綱目》曾被翻譯成七種語言，甚至連達爾文在撰寫《進化論》時，都曾經引用，並稱之爲「中國的百科全書」（Chinese encyclopedia）

第四節　王世貞的〈本草綱目〉序

李時珍的《本草綱目》之所以能夠獲得普世的讚譽，還必須歸功於王世貞替他寫的一篇序文。王世貞替他寫序的傳奇故事，可以讓我們鮮活地理解明代中國人的生活世界：

李時珍千里覓序

萬曆七年（西元 1580 年）秋天，六十三歲的李時珍在《本草綱目》初稿完成後，在湖北家鄉找不到願意刊刻出版的刻坊。所以背著一袋書稿，千里迢迢來到刻書的重鎮南京。因爲要刊刻他 190 萬字的巨著不僅費時費工，其中圖畫製作難度極高；更重要的是，南京杏林高手雲集，出版的各類醫書不勝枚舉。因爲李時珍既無名醫推薦，又無官府資助，竟敢對前人的《本草》大加修正補充，南京人普遍抱持懷疑態度，他遍訪刻坊刻家，也沒人願意接受刻印。

這時候，李時珍的兒子李建元建議：不妨找當時名聞遐邇的鳳洲老人，請他幫忙寫一篇推薦序。鳳洲老人就是王世貞（1526-1590），江蘇太倉人，字元美，號鳳洲、弇州山人。他的祖先是晉朝的王導，瑯琊王家更是名門大戶。到了明代，王家落戶在太倉（今江蘇蘇州），書香門第、人才輩出。王世貞的祖父王倬、父親王忬，分別爲明憲宗與明世宗時代的大臣。王世貞天賦異稟，讀書過目不忘，而且家學淵源，對文學、書法、繪畫、陶瓷、雕刻甚至醫藥，都有深刻造詣，涉獵範圍既深且廣，品味極高。

王世懋字敬美，是王世貞之弟，哥哥比弟弟大約十歲，兄弟感情極佳。嘉靖二十六年，王世貞中進士，不過二十一歲；王世懋亦在嘉靖三十八年考上三甲，當年僅二十多歲。

王世懋從小好讀《世說新語》，這本書是南朝劉宋朝時王室劉義慶集

結門下食客編撰而成，記載從東漢到東晉時期，名人雅士的言行軼事，共約一千一百多則。《世說新語》在刊行一千多年後，經過王世貞與王世懋兄弟的刪訂，這本「古書」又重新活躍在眾人面前。

兩兄弟刪訂的《世說新語補》變成熱門書籍，同時也打響了王世貞的名號，他被奉為士林領袖，明代的出版商一聽到王世貞的名字，就覺得書可以大賣。

王世貞開罪權奸

王世貞高中進士後，與大他十歲的同科進士楊繼盛交好。楊繼盛為官正直，上疏彈劾嚴嵩父子十大罪五奸。明世宗聞奏，召嚴嵩入殿，示之以奏本。嚴嵩見有機可乘，反咬楊繼盛：「其中隱意，盡道陛下失明，任人唯親，神聖失察、理政不躬，乃欺君罔上，罪不可逭。」世宗聞言大怒，判處楊繼盛廷杖一百，並打入大牢待決。

王世貞前往探監，看到楊繼盛連骨頭都被打碎，肉也腐爛；但他請獄卒打破瓷碗，自己用碎片割除腐肉清創，過程中始終咬緊牙關，不喊一聲痛。王世貞大感痛心，回家後即代楊繼盛髮妻張氏寫了一封奏書，張氏換上布衣素錦，解開雲髻，將奏疏頂在頭上，奔入朝門，長跪不起。沿街百姓聞得此事，層層聚攏上前，人人爭看忠良。這時世宗「只和術士鬼混，採煉新丹，合制春藥，一心淫欲尋歡，數日不朝。凡朝中一攬事宜，皆由嚴嵩經手承辦」。結果行刑之日一到，楊繼盛仍被「拋入囚車，遊街至西市」處斬。楊繼盛冤死後，王忬與王世貞為他收屍治喪，因而得罪了嚴嵩。

《金瓶梅傳奇》第二回「楊繼盛拼死劾奸相　王世貞仗義主殯喪」，以野史的方式，詳細描述了這段故事。此外，當時民間還有一項傳言：嚴嵩要求王世貞的父親王忬，代為找尋北宋畫家張擇端的《清明上河圖》。王忬費盡心力找到後，獻給嚴嵩父子，但裱糊匠湯勤向嚴嵩密告，說他找到的其實是假畫。嚴嵩父子心生不滿，便一直想要找機會陷害王忬。

嘉靖三十八年（1559），王世懋考上進士。但這一年卻是兩兄弟一生的轉捩點。當時，他們的父親王忬任薊遼總督，俺答率蒙古大軍進犯潘家口的長城，遵化、遷安、薊洲、玉田等地告急，嚴嵩以王忬中敵人計謀，

造成灤河戰事失利爲由，奏請嚴予處置。王世貞與弟弟王世懋聞訊趕赴京師，每天在嚴嵩門外跪求，希望他能出面營救父親，嚴嵩表面敷衍應承，但世宗終於下令「諸將皆斬」，兄弟倆只能帶著父親的遺體，返回故鄉。由於與嚴嵩父子的這段深仇大恨，有學者研判，明朝文學作品《金瓶梅》的作者「鳳洲門人」蘭陵笑笑生，可能就是王世貞本人，書中主角西門慶就是影射號爲「東樓」的嚴嵩。

世宗晚年，嚴嵩失寵倒台。到了萬曆朝，王世貞已經成爲「後七子」之首，名滿天下。萬曆七年，李時珍帶著他 900 萬字的鉅著，乘船由南京到太倉直塘找他作序時，當地正好發生了一件大事：王世貞的仙師曇陽子「跨龍升天」，王世貞正忙著辦喪事，爲她寫傳，整理遺著。

曇陽子「得道升天」

曇陽子母親懷孕時「夢月輪墜於床」，故取名桂，字燾貞。父親王錫爵（1534-1610），字元馭，號荊石，直隸太倉州人。是嘉靖朝壬戌科進士，授翰林院編修。歷官國子監祭酒、侍講學士、禮部右侍郎。

燾貞初生時晝夜啼哭，又生瘑疥，膚色發黃。父母「不甚憐愛」。當時人定親都早，有人找學士家攀親，父母就說：「這孩子還不見得能做我家閨女呢，怎麼敢許人家當媳婦？」不過後來還是跟參議徐君廷的兒子徐景韶訂了親。

王燾貞年紀稍長，讀四書五經「未終篇輒罷去」，學女工也半途而廢，卻迷上宗教，整日靜坐冥想。母親朱淑人十分擔心。到了十七歲那一年，她的未婚夫徐景韶送出彩禮三個月後，卻突然去世。她哭了三天三夜，聲稱要爲徐郎守節。王氏夫婦雖不以爲然，但也只能依著她。於是她自號「曇陽子」，「縞服草履」，開始辟穀修行。父親不忍她挨餓，強使之食，她卻全都吐了出來，只說：「吾不飢也」。在自我禁閉、半絕食的狀態中，有一天，忽然「慧眼頓開」，夢見仙人朱眞君，經朱眞君引介，謁見西王母及觀音大士。

王燾貞的父親王錫爵是禮部侍郎，當時張居正繼嚴嵩之後，擔任首輔。神宗年幼，其生母李太后攝政，張居正得到李太后信任，得以全權裁決軍政大事。萬曆五年（西元 1577 年），張居正父親去世，按官制應守

孝三年，張居正在幼主神宗的支持下，提出「奪情」（奪去父子之情），決定戴孝辦公，受到群臣的猛烈攻擊。根據《明史》的記載：「戶部李侍郎欲媚居正，倡奪情議，居正惑之，馮保亦固留居正。諸翰林王錫爵、張位、趙志皋、吳中行、趙用賢、習孔教、沉懋學輩皆以為不可，弗昨……。中行、用賢及員外郎艾穆、主事沉思孝、進士鄒元標相繼爭之，皆坐廷杖，謫斥有差。」（卷 213）

　　在當權派的強力壓制下，鄒元標甚至被打斷一條腿，落得終身殘疾。萬曆六年，張居正回鄉安葬父親，許多官員聯名請張居正回朝，王錫爵不但拒絕簽名，而且上書「省觀」回鄉，賦閒在家。此時正好發生王家未出閣而守節的閨女修道煉仙之事，故事傳開，引起了當時文壇領袖王世貞的注意。

　　王世貞也是婁東人，萬曆八年 5 月，他跟王學士攀上本家，並和王燾貞見面論道。結果王世貞被曇陽子的靈氣和「儒釋道三教合一」的理論所折服，立即拜這位小姑娘為師。這件事越鬧越大。許多的文人名士紛紛慕名而來，向她問道，甚至投入門下，最後連她的父親王錫爵，也拜她為師。

「華陽真逸臨欲仙」

　　萬曆七年，王燾貞告訴家人，她將在 9 月 9 日「坐化」，希望家人幫她準備後事。曇陽子將在白日飛升的消息風傳海內，各地趕赴直塘的人，多達十萬之眾，大家又哭又拜，經日不絕。那一年，王燾貞才二十三歲。

　　李時珍到了直塘，聽到當地人正議論紛紛在談曇陽子「白日升天」的故事。他要拜訪的人，正是這位仙師的高徒，素昧平生而又望重一時的士林領袖王世貞。李時珍到了弇山園，謁見王世貞，「解其裝，無長物，有《本草綱目》數十卷」。請求作序，「願乞一言，以託不朽」。王世貞看到面前這位「李叟」，「睟然貌也，癯然身也」，身形瘦小而又精神抖擻，「津津然譚議也」，聽他津津有味地介紹自己的著作，知道他來路不凡，便邀請李時珍在弇山園「留飲數日」（蔡仁堅，1976c）。王世貞答應寫序，卻沒動筆。為什麼呢？

　　王世貞學問廣博，他翻閱《本草綱目》稿本，聽作者仔細介紹，判斷

他是「眞北斗以南一人」，他「析寶玉稱倚頓」，下過的工夫「亦僅僅晨星」，是個不世出的奇材。但王世貞也看出，稿本中有不少問題，必須再用一段時間，詳加修訂，不要急於刻印。他在臨別時，特別寫了一首詩，記下這段因緣：「蘄洲李先生見訪之夕，即仙師上升時也。尋出所校定本草求敘，戲贈之」：

李叟維肖直塘樹，便睹仙眞跨龍去。卻出青囊肘後書，似求玄晏先生序。華陽眞逸臨欲仙，誤注本草遲十年。何如但附賢郎寫，羊角橫搏上九天。

「華陽眞逸」是唐代詩人顧況的道號。顧況仕途不順，晚年隱居茅山，「鍊金拜斗，身輕如羽」。「舃」，是古代帝王大臣所穿的木底鞋。「玄晏先生」就是王世貞自己。從這首詩可以看出：王世貞極有自知之明，他了解自己在世人眼中的分量。讀過《本草綱目》之後，他用戲謔的口吻告訴李時珍：這本書正如「羽化登仙」前的顧況，只要加上我寫的序言，便可以「羊角橫搏上九天」，但因爲其中還有許多錯誤，「誤注本草遲十年」，請等十年後再來吧。

「讀過本草遲十年」

「道在聖傳命在己，德由人積命在天」。李時珍看到這詩，拜謝後，即背起青囊，返回老家，進行《本草綱目》的修訂工作。十年後，萬曆十八年（1690）初，李時珍帶著更新過的書稿，再一次到南京找王世貞。此時，王的政敵張居正已死，他被起用爲南京兵部右侍郎，又升任刑部尚書。

六十五歲的王世貞看到李時珍精心修訂的《本草綱目》稿本，大爲高興，欣然寫了一篇640字的序言，盛讚這本鉅作：「如入金谷之園，種色奪目；如登龍君之宮，寶藏悉陳；如對冰壺玉鑒，毛髮可指數也。博而不繁，詳而有要，綜核究竟，直窺淵海。茲豈僅以醫書觀哉？實性理之精微，格物之《通典》，帝王之秘籙，臣民之重寶也。」

《本草綱目》一經王世貞作序品題，立刻身價百倍，書坊刻家爭著要替他刻印，最後由南京藏書家，兼營刻書售書的胡承龍得到稿本。他親覽

研讀，決心讓它流芳百世。從萬曆十八年至二十一年，耗用三年時間才刻完，萬曆二十四年刻印完畢。

令人遺憾的是，王、李二人均未能看到這部醫學鉅著的刊印完成。王世貞寫完序後的兩個月，病逝於家，終年六十五歲。李時珍暫寓於秦淮河畔，一邊行醫，一邊督辦刻書。三年後刻成，正在印書時，他突然謝世，享年七十六歲。印書一事由其子李建中繼續辦理。三年後的萬曆二十四年，《本草綱目》終於刊印問世。

〈本草綱目序〉從宋明理學的觀點，說這部書「實性理之精微，格物之通典」，以現代西方的概念而言，這等於是李約瑟所說的百科全書。以一人之力而能夠編撰出一部劃時代的百科全書，這是當代士人領袖對李時珍的最高讚譽。王世貞見到這本書初稿時的戲作「華陽真逸臨欲仙，誤注本草遲十年」，要求李時珍精益求精，更是功不可沒！

第五節　《曇陽先師略傳》

李時珍千里迢迢從湖北蘄州遠赴江蘇直塘，請王世貞替《本草綱目》作序，王世貞沒有立刻答應，反而要求他十年後再來。王世貞不愧為見識超凡的士林領袖，他後來寫的〈本草綱目序〉，果然成為「賢郎為」，提高了《本草綱目》的身價，跟《本草綱目》一同成為不朽名篇。

他寫給李時珍的「戲作」題目特別註明：「蘄州李先生見訪之夕，即仙師上升時也」。王世貞拜為「仙師」的曇陽子，升天之時僅有二十三歲，當時王世貞已經五十五歲。一位望重一時的士林領袖，在他心智最為成熟的壯盛之年，怎麼會拜這麼年輕的小姑娘為師，而且奉之有若神明？不僅如此，當時拜他為師的人，還有許多達官貴人，甚至還有她的父親翰林大學士王錫爵。

一代士林「心折意飽」

王世貞在曇陽子「跨龍升天」之後，寫了一篇一萬餘字的《曇陽仙師略傳》，鉅細靡遺地記載了他拜師後親眼目睹的種種靈異現象，以及曇陽仙師「跨龍升天」的整個過程。這篇文章提供了許多寶貴的線索，可以讓

我們從不同的角度來思考「通靈」的文化現象。首先我們必須探索：曇陽子爲什麼能讓一代士林傾服並拜她爲師？

王燾貞在爲其未婚夫守墓期間，有縉紳先生慕從者，請託其父親王錫爵大學士，希望能得到「一言之規」。王學士一旦接受，仙師若是覺得不容推卸，則「察其人可與言者，而授之言。其精若獅乳之散酪要，若鳥號之破的，毌不心折意飽而去」。根據王世貞的紀錄，她

示管憲僉志道云：「上才學道，心欲澹、欲死、欲愚；夫道者，知學、絕學、善用無爲，以誠而入，以默而守。」示趙檢討用賢云：「行人所難行，是男子事；忍人所難忍，是聖賢事。道人 記父母未生前，遺下玄珠；即今霜降水落時；任君自頁。」示瞿太學汝稷云：「心死欲生，心生欲死，既死既生；欲不死不生，古人千篇文字，今人證在何處？」示屠青浦云：「大美無美，至言無言。君直道多聞，道之所不棄，亦道之所不載。智者不自知，知之不言，言之不文，此道機也。」示沉脩撰懋學云：「人道脩身，聖道脩神，神在身中。以有情爲。運用以用情，不用爲脩持。凡好名、好事交際往來，分別是非，一切種種，總持善趣，亦屬塵緣。」示張貢士厚德云：「欲了生死，先了此心。無欲無爲，即心即道。」示張茂才定安云：「太上無生，次達生，次貴生，次伐生。」而最後貽書家弟憲副世懋最詳，其大要謂：「道包天地，離有無，不出『澹』之一字。存其實，則務匿其名：自信篤，不論人未信：既承道門印可，便當專志凝慮，以待機緣之至。向人且勿言，色且勿動。若愚若昏，和光混俗，而内念凜凜，常如帝師對面，乃眞學道者也。」

向她求「一言之規」的管志道、趙用賢、瞿汝稷、屠青浦、沈懋學、張厚德，以及王世貞的弟弟王世懋，都是「世所稱賢貴」的「知名長者」。他們的年紀最少也有仙師的一倍以上，但他們「皆北面順風而稱天師」。千里之內，有許多人拜她爲師，而能列名於其弟子籍，還有來不及拜師的人，在她「升天」之後，仍然「踵叩未既」。

值得注意的是：王世貞筆下這些向曇陽子求教的人，大多是在「奪情事件」中反對張居正的士大夫。「奪情事件」發生後，他們以王錫爵爲

首，匯聚成爲社會上的一股清流」（徐美潔，2002），其中許多人同時成爲曇陽仙師的信徒。

子曰：「可與言而不與之言，失人；不可與言而與之言，失言。知者不失人，亦不失言。」從王世貞記錄的這些「一言之規」來看，王燾貞得道後，「規訓」弟子所云之言，大都出自明代社會流行的儒、釋、道思想，而且她也確實具有「不失人，亦不失言」之智，所以這些受教的人「毋不心折意飽」而去，王世貞因此讚嘆仙師「知言」的能力。

曇陽子「察人情，識常變」

向先師求教的人是否「心折意飽」，只有當事人自己知道，王世貞只能從旁觀察。但曇陽子對王世懋所做的「一言之規」，王世貞卻是心領神會，感同身受。

王世貞、王世懋兄弟倆人情感甚篤。前一節提到，王氏兄弟最慘痛的生命經歷，是他們一家性格剛直，因爲仗義直言，數度得罪權奸嚴嵩。嘉靖三十八年，父親王忬遭人陷害，兩兄弟到嚴嵩門前跪求數日，最後父親仍然被處極刑。當王世貞記下：仙師「貽書家弟憲副世懋最詳」，其中要他「向人且勿言，色且勿動，若愚若昏，和光混俗，而內念凜凜，常如帝師對面」，心中能不感慨萬端，爲之心折？

王燾貞天生「專凝靜謐」，外表看來似乎並不聰慧，其實卻是心中了了。「其始受書，不盡二卷，識人間字，十不能一二」。得道度上眞之後，一切洞徹，六經子史，驅走筆舌尖」，旁人根本看不出是她自創？或是從何習得？她在解釋兩藏奧義時：

往往超然有獨得者，即耆宿總持，弗逮也。其持論恆依倫物，尤能察人情，識常變，學士雖沖虛負，大人器而剛腸疾惡。每自恨不能藏汙垢，如食在口，必吐之。師委曲而劑其偏，不調不止。以故學士每謂世貞：「毋論大道，即事事，吾良師友也。」

這位「學士」，就是王燾貞的父親王錫爵（1534-1610），字元馭，號荊石，是嘉靖壬戌科的榜眼進士，歷官國子監祭酒、建極殿大學士、禮部

右侍郎。萬曆五年，宰相張居正不願守孝，自稱「奪情」，王錫爵大力反對。次年，張居正回京辦公，錫爵故意請假回家，以示鄙夷。這時正好遇上他女兒修道成仙之事。所以王世貞說他「雖沖虛負，大人器而剛腸疾惡每自恨不能藏汙垢，如食在口，必吐之」。在這種情況下，仙師如何「委曲而劑其偏」呢？

「沉五欲而托菩薩行」

有一天，曇陽子跟從王學士到國子舍，看見小她三歲的弟弟王衡正在讀論語，亦取讀之曰：「異哉！此何書？將毋聖人言乎哉？」衡曰：「論語也。」師曰：「我固知聖人言，他人不辨也。」她舉出《中庸》裡的一句話，問她父親王學士：「天命之謂性，一語而謂天下之道矣。試為我草一論，毋作朱氏解也。」「學士沮不敢下筆，亦不敢重質之。至今以為恨」。又曰：「毋意、毋必、毋固、毋我，有味哉！茲所以為孔子乎！勿正、勿忘、勿助，孟氏庶幾荷擔矣！」又曰：「道自和光入者，乃眞門也。自無欲速修者，乃眞路也。自不妄語始者，乃眞芽也。貢高以求異名，躐分以示異證，沉五欲海而托菩薩行，彼哉！彼哉！」

「五欲」是佛家語，指「財、色、名、食、睡」等五種慾望。龍樹菩薩在《大智度論》說：「眾生常為五欲所惱，而猶求之不已。此五欲者，得之轉劇，如火炙疥；……五欲無益，如狗齩骨；……五欲增爭，如鳥競肉；五欲燒人，如逆風執炬；……。」曇陽子告誡她的父親王錫爵：「貢高以求異名，躐分以示異證，沉五欲而托菩薩行，彼哉！彼哉！」學士向她求道，她要學士隨時檢點「身心中過」，學士不覺得自己有什麼過錯，仙師笑著對他說：「此一念即過也。」

王錫爵身為國子監祭酒，又是建極殿侍講大學士，平日的主要任務就是詮釋儒家經典，必要時還得對皇帝講解，聽到曇陽仙師「不拘一格」式的說法，其內容又句句切中要害，並足以「劑其偏」，難怪仙師要求他以「天命之謂性」作為策題，不依朱熹的《四書章句集注》，「為我草一論」時，他卻沮然「不敢下筆，汗下浹體，亦不敢重質之，三日不能寢食」，至今猶以為憾。

「靜而無欲，一以貫之」

最讓王世貞感到訝異的是：王燾貞原本不會書法，但她得道後寫的字，卻是「八法儼然，超灑自得，時時在山陰永興堂室間」。至於她寫的古篆，更像是「倉頡以至碧落陽冰」，能寫出將近七十種字體，而「天圓採陽之類。出自三元八會者，不與焉」。王世貞本人嗜好書法，他看到仙師篆寫的字，非常喜歡。拿出篋中上好的帋墨求書。仙師許諾後，卻對學士說：他「不好字義，好字跡；不敬心師，敬經師」，這是什麼緣故？

王世貞從此不敢再求她寫字。但曇陽子也曾經書寫金字心經性命三十二體，送給王世貞，及如來七十二字陰符諸經，留給王錫爵。王錫爵問仙師如何學到這些書法？其中文義又是什麼？仙師回答：「此皆妙明中物，唯靜而無欲者，能一以貫之」。

八戒示人，乘理而去

有一天，曇陽子以開玩笑的口吻問弟弟王衡：你認為我將「禪者化」呢？還是「道人化」？王衡不知如何回答。曇陽子又問：你知佛、道二氏之化，可知什麼叫「儒者化」嗎？「乘理而來，乘理而去，其實三化都一樣。」王衡告訴父親，他們知道曇陽子升天之日近了。9月2日，曇陽子審問學士：「佛龕做好了嗎？重九就是我升天之日。」

王世貞趕緊催促將佛龕載來，置入柵欄內的享室，外為蓆屋，可以遮風避雨。聽到曇陽子即將「跨龍升天」，到場圍觀的縉紳先生，四民緇黃以下，以及婦孺將近萬餘人，翌日人數更加倍。又過了三天，曇陽子登上神壇高坐，召王世貞以及男女弟子，先後謁見，各有誨勵，並以「八戒」傳授給王世貞，由張厚德立即書寫，張貼於壁：

首愛敬君親；次戒止淫殺；三憐恤孤寡；四和光忍辱；五慈儉惜福六敬慎言語，不談人過；七不蓄懺緯禁書；八不信師巫外道，及黃白男女之事。

當時看到這「八戒」的人，包括王世貞在內，都認為它「核而端，樸

而要，悉而弗苛，淺而有深旨，蓋生人之大紀備矣」。即使老氏三寶，佛氏五戒，不過如此而已。

當時柵欄以外三方的圍觀者，可能有十萬人，拜者、跪者、哭而呼師者，稱佛號者，不可勝記。龕停放在享室內，遠近前來進香膜拜的人，日夜纍纍不歇。但最後能謁見仙師的人，只有仙師之父王學士，其弟王衡，以及一代文豪王世貞。因此在他所著的《曇陽仙師略傳》中，鉅細靡遺地記下了整個過程。

第六節　升天事件的人文學詮釋

《宋明學的科學詮釋》一書指出：儒家文化發展的大方向，是由先秦時期的求「道」，轉向宋明時期的講「理」。本書的析論顯示：中華文化發展的大方向，是在追求客觀的知識體系。曇陽子生於明代末年，她以「道」啟迪拜她爲師的士人弟子；卻說自己是「乘理而來，乘理而去」。她對弟子的「講理論道」是否有效，「得失寸心知」，只有當事人自己知道。值得一提的是：她的父親王錫爵在「升天」事件之後，很可能性情大變。萬曆十年，張居正去世，他恢復官職。群臣奮起彈劾張居正，他卻一反多年的敵對態度，轉而肯定張居正。萬曆二十一年（西元 1953 年）春天，他終於入閣成爲首輔。

佛教與道教的詮釋

曇陽子入龕前最後命女僮傳語：「吾曇鸞菩薩化身也。以欲有所度引，故轉世耳。」左手結印執劍，右手握塵尾，端立而暝。王世貞不知曇鸞菩薩是何人。後來閱讀佛藏經，看到《曇鸞大師傳》記載：大師是北魏雁門人。俗名不詳，十四歲遊五台山金剛窟，有靈異感，「遂祝髮，事浮屠，注大集經」。尚未完成即罹病，身體羸弱，因而感嘆：「欲求道，而以危脆之軀承之，計不亦左哉」。於是開始學習養生之術。他聽到江南陶隱居先生有仙藥方，就渡江到重雲殿，進謁南朝的梁武帝，武帝見他「機鋒駿發」，立刻「傾萬乘」，協助他去見陶隱居，陶先生也「盡與其方十卷」。後來見到三藏菩提流支法師，又悟而舍棄之，「遂修四方〈十六

觀〉，精誠之極，感異香滿室，天樂從西來，隱幾而化」。魏宣武異之，
目之曰：「神鸞」，而爲立碑紀德，淨土宗的文獻亦有記載。

　　菩提留支法師傳授給曇鸞的〈十六觀〉經，是佛教淨土宗的經典，曇
鸞後來捨棄陶先生給她的十卷仙術，而皈依佛教的淨土宗。王世貞是從佛
教的角度詮釋曇鸞仙師升天的故事。但曇陽子卻是修道教的內丹術而坐
化。《樵陽經女工修煉》中有一首詩：「面如桃花膚似雪，到此赤龍永斷
絕。清靜法身本無塵，功滿飛升朝玉闕」；「他人之心，毫無隔絕，觸景
便知」。「或聞弦歌絲竹之聲；或暗室生白」修練此功，飛升之時，跟曇
陽子「跨龍升天」的景象相符。她入龕前說：自己是「欲有所引度，故
轉世爾」；既爲度化世人而來，所引經典當然是儒、釋、道皆可，不拘一
格，因人而異。

社會學的詮釋

　　當時支持張居正的一派風聞此一社會事件，深爲不滿，他們一方面
由給事中牛維垣、御史孫成關上書彈劾王錫爵、王世貞兄弟「譸張爲怪
幻」，一方面由二王鄉黨徐學謨勸王世貞以宦途爲重，尊崇仙道可以私下
進行，不必大張旗鼓，宜揚生事。魏宏遠（2014）認爲：這是「附魅」和
「祛魅」兩派之間的尖銳對立，直到萬曆十年張居正過世，才告緩解。但
是民間仍有曇陽子「龕後復生」或尙在人間、「嫁爲徵人婦」的種種傳說；
而湯顯祖所寫的《牡丹亭》主角杜麗娘的前身，就是曇陽子。諸如此類的
說法，可稱之爲「返魅」。

　　這是社會學者對曇陽仙師事件所作的「現代詮釋」。這種詮釋方式先
從西方社會學的觀點，將靈異現象界定爲「魅」，再找尋證據，探討其社
會成因及社會後果，但卻無法解釋「靈異現象」自身。其中問題，正如康
德以「夢」解釋西方社會中的通靈現象。他將當時歐洲廣爲流傳的通靈現
象解釋成「通靈者之夢」，其實他也無法解釋「通靈現象」自身（見本書
第五章）。

　　近世還有人揣測：所謂曇陽子「跨龍升天」，很可能是她服食丹藥而
死。然而，從王世貞留下的紀錄來看，這種可能性是極低的。本章第二節
提到：道家煉丹術分爲內丹和外丹。在《曇陽仙師略傳》中，王世貞特別

強調：「師所教人習金剛心經。黃庭內景，道德陰符，以爲身心要。謂參同悟眞，不言黃白男女，而諸解者流而爲黃白男女，以誤世人。故於八戒末志之」。由此可見，曇陽子煉的不是外丹，而是內丹。既然不言「黃白男女」，怎麼可能因爲服食丹藥導致身亡？

本書系的詮釋

　　王世貞的《曇陽大師略傳》記載了許多他親眼目睹的靈異故事，很多人看到這些故事，總是會問：「這是眞的嗎？」針對這個問題，星雲說過一段很有意思的話：

　　說到「靈感」，在我一生的生命裡，靈異的事情不少，眞叫人難以相信。甚至於我也可以明白地告訴大家，我並不相信靈異。或許有人會再問：「那麼究竟有沒有靈異？」我會說：「有！」「是眞的嗎？」「是眞的！」「那你爲什麼不相信？」「叫人難以相信嘛！」（眾笑）靈異實在是不正常。所謂「正常的」，是從「假我」到「眞我」，從理上來說，每一個人的心、每一個人的法身慧命，都可以遍滿虛空。

　　星雲大師是從佛教教義的觀點解釋靈異現象。從本書系的觀點來看，本書第十三章將會指出：以西方科學哲學爲基礎所建構的「自我」與「自性」的理論模型，其實只是一個「先驗性的形式架構」而已。每一個人在世間的生命都是獨一無二的。尤其是對人類文明發展有重大貢獻的歷史人物，不論是在中國，或是在西方，他們盡其一生心力所完成的事業，都是獨一無二的「靈異」事件。正是因爲「靈異」事件是獨一無二的，徐兆安（2011）刻意以「證驗與博聞」爲題，仔細比較王世貞、屠隆（青浦）與胡應麟等三位萬曆朝文人對於曇陽子的「神仙書寫」。所謂「證驗」是指：神仙傳與記異文字的作用，是當時文人往往以靈異現象來檢驗宗教修養的境界，因爲關於靈異的紀錄與討論都是以文字爲基礎。進一步核實文字記載眞確性的方式，除了在宗教經典中找尋類似事例之外，就是以各種文獻比勘考證，而文獻尤爲文人所偏重。所謂「博聞」是指：道教文獻不僅是宗教信仰與修養的根據，其蒐集、編輯、考訂更成爲當時文人展示博學的

方式。

　　徐兆安（2011）是以萬曆時期出現的曇陽子信仰作為研究對象，所以得到這樣結論。倘若我們以對人類文明有重大貢獻的歷史人物為對象，研究有關他們的記事，應當也會得到類似結論。不過研究者探討歷史人物的興趣，並不在於其「靈異事件」，而是在於他們做出重大貢獻時的「精神狀態」。所以朱熹晚年時託名「空同道士」，著《周易參同契考異》，其中特別強調：「學者但能讀千周萬遍，則當自曉悟，如神明告之也。董遇云：讀書千遍，其義自見。又曰：思之思之又重思之；思之不通，鬼神將教之，非鬼神之力也，精神之極也。非妄語也。」

本章小結：中、西科學的對比

　　為了要比較西方與中國的科學發展，本書第五章〈實在論與啟蒙的辯證〉在述說康德的知識論之後，刻意析論他寫的一本小書《通靈者之夢》；與本書最後兩節談王世貞的〈本草綱目序〉和《曇陽仙師略序》，形成一種強烈的對比。更清楚地說，歐洲啟蒙運動發生之後，理性主義日益高張，使西方人將其注意焦點集中於意識活動，並認定潛意識現象為虛幻不實，而變得十分的「自我」中心。

　　相形之下，宋明時期興起的理學，使中國士人以儒、釋、道三教作為基礎的修養，都將「自性」的開發作為第一要務。「自性」指涉的與生俱來的總體人格（totality of personality），所以港台新儒家的代表人物熊十力和牟宗三，才會特別強調「無限智心」和「性智顯發」。本書第四部分在析論中華文化傳統的體用觀和內在超越之後，最後一章將對這一點做更深入的討論。

參考文獻

王明（1989）：〈論陶弘景〉。《道家和道教思想研究》（頁80-98）。北京：中國社會科學出版社。

徐兆安（2011）：〈證驗與博聞：萬曆朝文人王世貞、屠隆與胡應麟的神仙書寫

與道教文獻評論〉。《中國文化研究所學報》，250-277。

徐美潔（2002）：〈曇陽子「升化」與晚明士大夫的宗教想像〉。《青島大學師
範學院學報》，95-97。

郭芳如（2012）：〈朱熹的《周易參同契考異》〉。《哲學與文化》，39(5)，
151-181。

蔡仁堅（1976a）：〈世界第一部煉丹書的作者：魏伯陽〉。《古代中國的科學
家》（頁67-75）。台北：景象出版社。

蔡仁堅（1976b）：〈中國醫藥史簡論〉。《古代中國的科學家》（頁199-
256）。台北：景象出版社。

蔡仁堅（1976c）：〈中國最偉大的自然科學家：李時珍〉。《古代中國的科學
家》（頁19-47）。台北：景象出版社。

魏宏遠（2014）：〈附魅、祛魅和返魅：曇陽子傳記形象的歷史演變〉。《社會
科學》，184-191。

Pregadis, F. (2011). *The Seal of the Unity of the Three: A study and Translation of the
Cantong qi, the Source of the Taoist Way of the Golden Elixir.* Mountain View:
Golden Elixir Press.

Wu, L. C., & Tenney, L. D. (1932). An ancient Chinese treatise on alchemy entitled
Ts'an T'ung Ch'I. *Isis*, 18.2: 210-289.

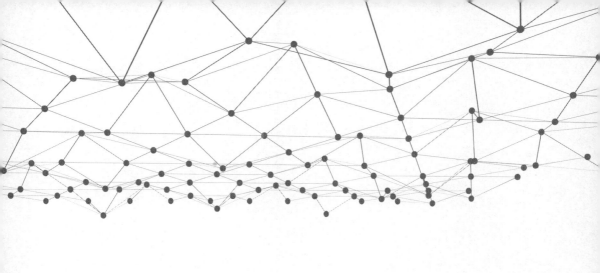

第四部分
體用觀與內在超越

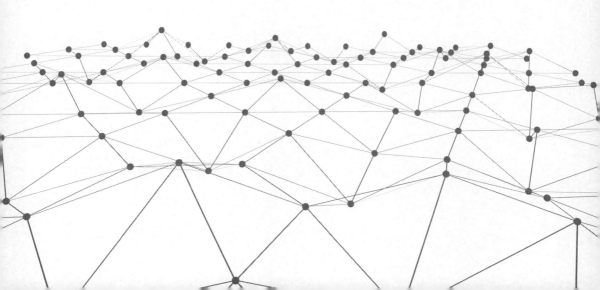

本書第六、七兩章回顧天文學和醫藥學在中國的發展，結果顯示：它們發展的大方向，和宋明理學一樣，都是在追求客觀知識。這種發展方向雖然獲致了豐碩的成果，但卻不可能發展出近代西方式的科學。主要原因在於：中國文化傳統根本缺乏西方意義的本體論，也產生不出與其對應的知識論和方法論（俞宣孟，2005）。中國文化中講究的是「體用觀」，由事物的功用，推知其本體。

「體用觀」在中國有極其長久的歷史。本章將先從道家和《周易》「造化宗」的視角切入，說明他們對「體用觀」的不同看法。「體用觀」的核心內容雖然是萬變不離其宗，但其表述方式卻會因為對護對象的不同而有所差異。《宋明理學的科學詮釋》指出：儒學第二期發展的主要任務是打造「純儒」的知識型，來跟當時盛行的「三玄」思想相抗衡，本章第二節將以朱子對《太極圖》的關切為例，說明他所在意的「儒道之別」。

在西方文化侵襲之下，儒學第三期發展的主要任務是吸納西方文明之優長，利用它來釐清儒家文化系統。熊十力是開創新儒家第一代的靈魂人物，他的體用觀可以彰顯出儒家文化的特色，但在吸納西方文化方面，則甚少著墨。

本章將先回顧中國文化傳統中的「體用觀」，再說明熊十力對這個問題的論點，然後分析它如何影響港台新儒家主張的「內在超越」說。

第一節　「體用觀」的文化根源

「體／用」這對概念，是中國哲學中非常重要的範疇。在《中國哲學

範疇導論》中，葛榮晉（1993：199-230）指出：在中國哲學史上，最早把「體／用」作爲一對概念加以使用的思想家，是戰國末年的荀子。他總結先秦哲學中有關體用、本末、本用等概念的用法，而提出一個重要的論點：「萬物同宇而異體，無宜而有用爲人，數也。人倫並處，同求而異道，同欲而異知，生也。」《荀子・富國》。「體」指「形體」，「用」指功用或作用，已含有體用範疇最原始的意義。在《解蔽》篇上，他又說：「夫道者體常而盡變，一隅不足以舉之」，這裡所說的「體」字，除了「形體」意義之外，已經有後世所謂「體用」之體的意義，變成了一個哲學的概念。

道家思想中的「體用」

魏晉時期，玄學思潮興起，玄學家以道家思想爲基礎，熱烈地討論「本末」、「有無」等本體論問題。玄學家本體論出現之後，體用範疇才具有了眞正的哲學意義。《道德眞經取善集》引三國玄學家鐘會在《老子註》的論點：「有無相資，俱不可廢。故有之以爲利，利在於體；無之以爲用，用在於空。故體爲外利，資空用以得成；空爲內用，藉體利以得就。但利用相藉，咸不可亡也。」他以「有」爲外、爲體，以「無」爲內、爲用。

三國時期曹魏玄學家王弼雖然也以體、用範疇來論證有、無，但他不同意鐘會的論點，而主張「以無爲體，以有爲用」，在《老子道德經・三十八章註》中，他說：「萬物雖貴，以無爲用，不能舍無以爲體也。舍無以爲體，則失其爲大矣，所以失道而後德也」。王弼以老子思想解釋《周易》，屬於象數派的「老莊宗」。他認爲：宇宙萬物雖貴，但它們皆以「無」爲本體，在他看來，形形色色的現象世界都是「無」這一本體的現象或表現，不能離開「無」這一本體而自以爲用。

唐初，道教主要代表人物成玄英大力提倡「體用相即」的理論。他認爲「道」是世界萬物的本原。在《老子道德經註》中，他主張「用即道物，體即物道」，就「道」爲「虛無」、「無聲」、「無形」而言，即是「無」；就萬物由道而生、以道爲本而言，即是「有」。道是「非有非無」、「而有而無」的本體世界。從作用上看，道生物，道即是物；從本體上看，物

由道生，物即是道。道是宇宙萬物的本體，而宇宙萬物是道的現象和表現。道物不離，即體用不離。這就是道體物用的關係。

《易經》中「體用觀」

五代末年的陳摶，世稱「希夷祖師」，是道教史上的傳奇人物，也是象數派「造化宗」的創始人。河圖、洛書原本只有文字記述，沒有圖案說明，陳摶將之繪成〈龍圖易〉，說明伏羲易、文王易和陰陽五行之間的關係。〈龍圖易〉後來發展成為意義完整的文化系統，可以說明《易經》所蘊涵的「陰陽氣化宇宙觀」。在這樣的宇宙觀裡，河圖為體，洛書為用，五行為萬物之本，數簡而定位，是為河圖之象；而九宮為萬物之變，數繁而行周，是為洛書之象。故河圖與洛書兩者不可分，缺一則無用。

依照這樣的宇宙觀，太極為「象、數、氣、理」四者之始，其中「理、氣、象」三者，均可以數言。若與數論言之，則易與道合而為一。若以其理之道行者，則曰「道」；若以其理之極至者，則曰「太極」。從這個觀點來看，「太極」是「體」，「數、氣、象、理」，均為其「用」，由此可以顯示出《易經》文化中「體用觀」的特色。

「太極」與「道」：《太極圖說》

到了宋代，陳希夷的再傳弟子周敦頤繼承了儒家的本體論和宇宙論，又揉合佛、道二家思想，作《太極圖說》，其目的便是在「明天理之本源，究萬物之始終」。《宋史·道學傳》評斷周敦頤對於復興儒學的關鍵地位是：「兩漢而下，儒學幾至大壞。千有餘載，至宋中葉，周敦頤出於春陵，乃得聖賢不傳之學，作《太極圖說》、《通書》，推明陰陽五行之理，明於天而性於人者，瞭若指掌」：

無極而太極。太極動而生陽，動極而靜；靜而生陰，靜極復動。一動一靜，互為其根。分陰分陽，兩儀立焉。陽變陰合，而生水火木金土，五氣順布，四時行焉。

五行一陰陽也，陰陽一太極也，太極本無極也。五行之生也，各一其性。無極之真，二五之精，妙合而凝。乾道成男，坤道成女。二氣交感，

化生萬物。萬物生生，而變化無窮焉。

　　惟人也，得其秀而最靈。形既生矣，神發知矣，五性感動，而善惡分，萬事出矣。聖人定之以中正仁義，而主靜，立人極焉。

　　故聖人與天地合其德，日月合其明，四時合其序，鬼神合其吉凶。君子修之吉，小人悖之凶。故曰：「立天之道，曰陰與陽；立地之道，曰柔與剛；立人之道，曰仁與義。」又曰：「原始反終，故知死生之說。」大哉易也，斯其至矣。

　　《太極圖說》認為：宇宙的生成是自無極（太虛）而太極，由太極之動靜而形成天地兩儀，天分陰陽，地分剛柔，進而二氣交感，陽變陰合而生出金、木、水、火、土五行，這就是所謂的「萬物生生」。「萬物生生而變化無窮焉。惟人也，得其秀而最靈」。「形既生矣，神發知矣，五性感動而善惡分，萬事出矣」。「故曰『立天之道，曰陽與陰；立地之道，曰柔與剛；立人之道，曰仁與義』」。換言之，《太極圖說》的宗旨雖然在於「究明天地萬物之源」，不過其關注焦點仍然是在人間，為「人之道」找根源。

第二節　朱子理學思想中的體用觀

　　在《易》學發展史上，詮釋《易經》的兩派六宗裡，周敦頤雖然是陳摶的再傳弟子，但他的思路卻是義理派的「儒理宗」，而不是象數派的「造化宗」。他的這篇《太極圖說》受到朱熹的高度重視。

〈太極圖〉

　　乾道五年（1169），四十歲的朱熹根據潘興嗣為周敦頤所寫的〈墓誌銘〉，結合周氏所著的《易說》、《易通》，重新編訂《太極通書》，將〈太極圖〉置於篇首（圖10-1），並在〈周子太極通書後序〉中，強調《太極圖說》一文的重要性。他說：

　　《通書》與《太極圖說》並出，程氏以傳於世。而其為說實相表裡，

大抵推一理、二氣、五行之分合，以紀綱道體之精微，決道義文辭祿利之
取舍，以振起俗學之卑陋。

　　程氏是指世稱「二程子」的程顥、程頤兩兄弟。換言之，朱熹不僅推
崇周敦頤爲二程子之先驅，而且認爲他的著作「紀綱道體之精微」，是建
構北宋道學形上體系的重要關鍵。在周敦頤的著作中，最重要的，是《太
極圖說》及《通書》中論及「一理、二氣、五行之分合」的學說。依朱熹
的看法，《太極圖說》奧義深微，「決道義文辭祿利之取舍，以振起俗學
之卑陋」，甚至「程氏之書，亦皆祖述其意」，它對宋代理學之發展，居
於承先啟後的核心地位。

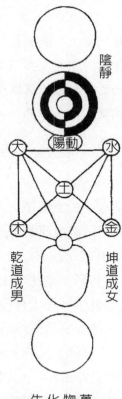

圖 10-1　太極圖

　　四年後，朱熹撰〈太極圖說注後記〉，稱「此圖立象盡意，剖析幽微，周子蓋不得已而作也」，又說「此書詳於性命之原，而略於進爲之目，有不可驟而語者也。」

　　再過四年，四十八歲的朱熹撰〈江州重建濂溪先生書堂記〉，文中指出：「夫天高地下，而二氣五行紛綸錯糅，升降往來於其間，其造化發育、品物散殊，莫不各有固然之理。而最其大者，則仁、義、禮、智、信之性，君臣、父子、昆弟、夫婦、朋友之倫是已。」

　　道家以「氣」作爲宇宙之本體；宋明理學家則以「理」作爲本體。在這篇文章中，朱熹很清楚地指出：宇宙間萬物，都是「二氣五行分綸錯糅，升降往來」的結果；「其造化發育、品物散殊，莫不各有固然之理」，對理學家而言，其中最重要的，則是支撐「五倫」的「仁義理智信」等「五常」或「五行」。

　　正因爲《太極圖說》「推一理、二氣、五行之分合，以紀綱道體之精微」，備受理學家之推崇，翌年，朱熹又撰〈袁州州學三先生祠記〉，盛讚：「濂溪周公先生奮乎百世之下，乃始深探聖賢之奧，疏觀造化之原而獨心得之，立象著書，闡發幽祕，詞義雖約，而天人性命之微；修己治人之要，莫不畢舉。」

朱陸之辯

　　由於《太極圖說》對宋明理學的影響極大。宋代儒者對這篇文章開頭的一句話「無極而太極」，曾經做過激烈的辯論，對於我們了解華人文化中的「體用觀」，有相當大的助益（戴君仁，1970）。「無極」一詞有兩種不同的解釋，一是認定其爲名詞，是比「太極」更高位階的概念，也是「太極」的來源。依照這種說法，《太極圖》所講述的宇宙根源就是「無」。在朱、陸鵝湖之辯中，陸氏兄弟便持這種觀點，並將《太極圖說》歸宗於道家。陸九淵指出：「『無極』二字，出於《老子·知其雄章》，吾聖人之書所無有也。」（《與朱元晦》一）《老子》首章便講「無名天地之始，有名萬物之母」，「有生於無」的觀點，是老氏的爲學宗旨，「無極而太極」貫徹了老子這種觀點。

　　陸九淵認爲：陰陽即是形而上之道，它概括了宇宙間一切對立的事物

和現象。不必「頭上加頭」，在作爲宇宙開端的「太極」之上，再加一個「無極」。他說：「《易》之爲道，一陰一陽而已，先後、始終、動靜、晦明、上下、進退、往來、合辟……何適而非一陰一陽哉？」（《與朱元晦》二）「『形而上者謂之道』，又曰『一陰一陽之謂道』，一陰一陽，已是形而上者，況太極乎？」（《與朱元晦》一）

儒道之異

對於這種觀點，朱熹「大謂不然」。當時，四十六歲的朱熹正在綜合北宋五子以及各家觀點，開始撰寫《周易本義》，準備打造「純儒」的理學體系，對於這個問題，做過深入思考。他認爲：「無極」是狀詞（即形容詞），是形容太極之「無聲無臭」。朱熹在解《太極圖》時，特別說「非太極之外，復有無極也」。

朱熹十分堅持這種觀點。據《朱文公文集》卷七十一〈記濂溪傳〉，淳熙十五年（1188年），朱熹五十九歲時遇洪邁，見史傳所載有「自無極而爲太極」一語，便對他表示：不知何據而增「自」、「爲」二字。六十四歲撰〈邵州特祀濂溪先生祠記〉，仍感嘆「自無極而爲太極」一句沒有被刪削。

對朱熹而言，宇宙的根源是太極。太極，從其「無始無終、無聲無臭」的性格來看，又叫做無極。《太極圖說》自作爲宇宙本體的「太極」講到「人道」，再從人的「死生之說」講到「原始反終」，其目的在於使學者個體生命之生死，體會宇宙之終始；或從宇宙之終始、了悟生命之生死。其義理一路闡析，到篇末，又復與篇首互相呼應。束景南（1990）認爲：這是周敦頤一種圓融的描述：

在同一張圖上，從逆的萬物→五行→陰陽→無極的復歸過程看，最上一圈是「無極」；從順的太極→陰陽→五行→萬物的生化過程看，最上一圈又是「太極」。同一圈既是「無極」，又是「太極」，所以周敦頤劈頭總提一句：「無極而太極」，高度概括了宇宙順逆終始變易的全過程。無極即太極，太極即無極，只是因順逆兩種不同方向的描述才用兩個名稱；不是無極生太極（原注：實際連道教也沒有這種說法），更不是無生有。

「無極而太極」究竟作何解，這個近千年來紛爭不已的哲學大公案，從上面對圖的順逆描述解說上已可完全得到解答。（頁 239-240）

古代中國的「體用觀」

由於「太極」的性格是「無始無終、無聲無臭」，所以稱之為「無極」。戴景賢（1990）認為：這種表述方式充分反映出古代中國人的「體用觀」：

所謂「無極」者，「極」指「太極」言，太極本無極者，猶云「本無此太極」也。極之本義，本指屋之正中至高處，所謂棟也。故引申有原始、樞極之義。若以體用之觀點言，體乃用之依准，有體斯有用，故極可指體，體兼有極之義。若「太」者，則「至高無上」之謂也。然所謂有體斯有用，體為用之依准者，亦止是人之語言必如此說，體固不可舍用而獨存，若將體用分離，則體非體，而用亦非用矣。此乃因人之語言有偏至，說此即遺彼，說彼則遺此，故體與用，不得不分說，而其實未曾相離也。（頁 204）

濂溪之既分說，又欲合一，……既以太極與陰陽分別體用，又恐人遂以為用之外尚有所謂本體，或用之先尚有所謂本體，故又提出「無極」二字，謂太極本無極也。

戴景賢的析論，很清楚地說明了中國文化傳統中的「體用觀」。這種「有體斯有用」、「體不可捨用而獨存」的觀念，跟基督教文化將「本體」視為是超越的「物自身」恰恰相反。下一節將會提到，熊十力所說的「體用不一不二」其實就是要表述這種「既欲分說，又欲合一」的體用觀。為了要「體用分說」，所以必須說它們「不一」；為了表示「體用合一」又不得不說它們「不二」。

在朱、陸鵝湖之辯中，陸九淵非常重視道家和儒家之間的區辨。他認為：「無極」二字出自於《老子》，是「吾聖人所無有」；他的哥哥陸九韶也認為：《太極圖說》的「無極而太極」來自陳摶（希夷），是老氏之

學。「太極」上面又加「無極」二字，是「頭上安頭」與周敦頤的《通書》不一樣；二程也沒有說過「無極」。

元氣論

事實上，儒家思想發展到宋代，已經逐漸跟道家和佛家思想融合，理學家並不是每個人都像朱熹那樣，堅持儒道之分。譬如：道家以「氣」作爲宇宙的本體，理學家通常以「理」作爲本體，北宋四子之一的理學名家張載曾經用「大海水／眾漚」的比喻，來說明他的「元氣論」。他在論證「太虛」和「氣」的關係時，主張：

氣之爲物，散入無形，適得吾體；聚爲有象，不失吾常。太虛不能無氣，氣不能不聚而爲萬物，萬物不能不散而爲太虛。循是出入，是皆不得已而然也。《正蒙・太和篇》

氣於人，生而不離，死而游散者謂魂；聚成形質，雖死而不散者爲魄。海水凝則冰，浮則漚，然冰之才，漚之性，其存其亡，海不得與焉。《正蒙・動物篇》

張載認爲：「氣」是宇宙的本質，它有兩種基本狀態，一是「太虛」，二是陰陽二氣。「太虛」無形，是「氣之本體」，「氣」則有聚散。「氣」聚而爲萬物，氣散則萬物又還原爲「太虛」，「氣」之聚散於「太虛」，猶如冰之於水，「凝釋雖異，爲物一也」。

第三節　熊十力的「體用觀」

本書第一章提到，牟宗三在北大求學期間，對他影響最大的人物是熊十力。牟宗三之所以決定走上哲學之路，是因爲他聽到熊十力跟馮友蘭之間的一場爭論，而決定師從熊十力。我們要了解牟宗三的科學觀，必須先追溯到他跟熊十力的關係，以及熊十力所主張的「體用觀」。

熊十力湖北人，民國前27年（1885）生於黃岡縣鄉下。未曾上過大

學，也沒出過洋。早歲投身革命事業，後自覺革命事業宜奠基於更根本的心靈革命之上，乃決志於從事學術工作。民國九年入支那內學院參聞佛學，後來受到北京大學校長蔡元培賞識，進入北大任教，並構造《新唯識論》，提出「體用不二」、「尊生、健動」的大易哲理。

援佛入儒

熊氏自謂「吾學貴在見體」，所謂「見體」指的是「徹見眞實的存在」，是照見「生生不息，龕闢開闔的宇宙本體」，「人之所以爲人的『眞宰』」。他從自己的生命經驗中深刻體會到：國族生命的危亡與自己生命的憂患是通極爲一的。唯有將自己的生命投入大長宇宙中，經由一番大死大聲的掙扎，才可能在生死的臨界經驗中克服心靈意識的危機，重新穩立中華民族的精神標竿及意義徵符。

熊十力最重要的代表作《新唯識論》，自謂：「雖從印土應變出來，而思想根底實乃源於《大易》，旁及柱下，漆園，下迄宋明巨子，亦皆有所融攝」。該書於 1932 年出版文言本之後，即受到以內學院爲主的佛教界人士強烈抨擊，認爲他宣稱「援佛入儒」，其實違背了佛教教義（林安梧，1996；景海峰，1991）。然而，熊十力可以說是近代中國「體用觀」最重要的闡揚者。從許多學者對這種「體用觀」的批評，我們可以看出中西文化的根本差異。

熊十力在其代表作《新唯識論》的第一章〈明宗〉中，旗幟鮮明地表明：他是以大易哲理作爲基礎，採「儒佛會通」的方式，提出自己的哲學思想。在《新唯識論》中，熊十力（1985）堅決認爲人有「存有學的直覺」（ontological intuition）（他稱之爲「性智」），透過「存有學的直覺」便能直接照見宇宙生生不息的眞實，從而體認此生生不息之「本體」與生生不已現象流行是「體用不二」的，他最著名的哲學論點是：

即體而言，體在用；即用而言，用在體；即體即用，即用即體。

熊十力的科學觀

熊十力將學問分爲科學與哲學兩途，以爲科學是從日常生活的經驗出發向外馳逐，計度思量某種「子虛烏有的本體」；而眞正意義上的本體，並不是理智所行境界，它應當屬於哲學的範圍；唯有後者才是闡明萬化的根源。

本體是不可當作外界的物事去推求的。這個道理，要待本論全部講完了才會明白的。然而吾人的理智作用，總是認爲有離我的心而獨立存在的物質宇宙，若將這種看法來推求本體，勢必發生不可避免的過失，不是把本體當作外界的東西來胡亂猜疑一頓，就要出於否認本體之一途。（第一章，頁 1-2）

這種觀點，完全扭曲了西方自笛卡兒以降所主張的「主／客」二元對立的思想。更清楚地說，西方「主／客」二元對立的思想，確實是「把本體當作外界的東西」，但絕不是「胡亂猜疑一頓」，就要「否認本體」。熊十力是近代新儒家的開山始祖，他的這種態度勢力會妨礙新儒家的追隨者，使他們難以理解科學哲學的演化系譜。

然而，熊十力的這個說法，並非無的放矢，他是依照印度佛教的傳統，將科學活動的理性稱爲「量智」，它跟反求本心之「性智」並不相同。

云何分別性智與量智？性智者，即是眞的自己覺悟。此中眞的自己一詞，即謂本體。在宇宙論裡，賅萬有而言其本原，則云本體。即此本體，以其爲吾人所以生之理而言，則亦名眞的自己。量智，是思量和推度，或明辨事物之理則，及於所行所歷，簡擇得失等等的作用故，故說名量智，亦名理智。此智，原是性智的發用，而卒別於性智者，因爲性智作用，依官能而發現，即官能得假之以自用。易言之，官能可假性智作用以成爲官能作用，迷以逐物，而妄見有外，由此成習。而習之既成，潛伏不測之淵，常乘機現起，益以障礙性用，而使其成爲官能作用。則習與官能作用，恆葉合爲一，以追逐境物，極虛妄分別之能事，外馳而不反，是則謂

之量智。（第一章，頁 2-3）

在笛卡兒「主／客」二元對立的哲學性，主體和超越的客體之間存有一條不可跨越的鴻溝，所以熊十力批評西方文化：「宗教家說上帝造世界，而以上帝超越於世界之上，即能造與所造為二。哲學家談實體與現象，往往有說成二界之嫌，其實亦同宗教」。

反求諸己

在他看來，作為思維主體的「習心」其實是沾染感性經驗而異化的「本心」，但它也內在地隱含有恢復原狀的潛力，所以印度的唯識家才會強調「轉識成智」的重要性。本體既然不是外在的事物，那麼個人應當如何追求本體？熊十力的回答是，反求諸己：

提到一心字，應知有本心習心之分。唯吾人的本心，才是吾身與天地萬物所同具的本體，不可認習心作真宰也。……今略說本心義相，一、此心是虛寂。無形無相，故說為虛。性離擾亂，故說為寂。寂故，其化也神，不寂則亂，惡乎神？惡乎化？虛故，其生也不測，不虛則礙，奚其生，奚其不測。二、此心是明覺的。離暗之謂明，無惑之謂覺。明覺者，無知而無不知。無虛妄分別，故云無知。照體獨立，為一切知之源，故云無不知。備萬理而無妄，具眾德而恆如，是故萬化以之行，百物以之成，群有不起於惑，反之明覺，不亦默然深喻哉。（第一章，頁 4）

熊十力認為：作為新唯識論之源泉的大乘佛學和宋明理學，都是依止於「寂然不動」的境界，與之相較之下，濫觴於笛卡兒革命的近代歐洲哲學則是以「感而遂通」的理性作為自我的本然狀態。沿著這種思維方向永遠無法領略東方哲學「廓然忘己，四大皆空」的高遠境界：

今世之為玄學者，全不於性智上著涵養工夫，唯憑量智來猜度本體，以為本體是思議所行的境界，是離我的心而外在的境界。……我們須知道，真理唯在反求，我們只要保住固有的性智，即由性智的自明自識，而

發現吾人生活的源泉。（第一章，頁7）

體用不一不異

然而，熊十力並不完全同意唯識論者的主張。他認爲：

我們要談本體……實在沒有法子可以一直說出……，我以爲所謂體，固然是不可直揭的；但不妨即用顯體，……他們唯識論派的說法，就是即用顯體，……吾獨以爲不然。……有宗的唯識論、拿識，來統攝一切法（他們所謂識，或一切生滅的法，便是我所謂流行不息的，和千差萬別的用）他們已把我所謂用，看作實在的東西了。（第三章，頁45-46）

依照他自己的看法，「本體」應當以其「功用」來加以定義：

本體所以成其爲本體者，略說，具有如下諸義：一、本體是備萬理、含萬德、肇萬化，法爾清淨本然。法爾一問其含意有無所待而成的意思。二、本體是絕對的。若有所待，便不名爲一切行的本體了。三、本體是幽隱的，無形相的，即是沒有空間性的，四、本體是恆久的，無始無終的，即是沒有時間性的。五、本體是全的，圓滿無缺的，不可剖割的，六、若說本體是不變易的，便已涵著變易了，若說本體是變易的，便已涵著不變易了。（第四章，頁54-55）

熊十力認爲：所謂的「本體」，全顯現爲萬殊的功用，即離用之外，並沒有所謂的「本體」。

這就是熊氏著名的「體用不一不異」之說。他承襲了北宋理學家張載所提的「大海水」和「眾漚」的比喻，來說明他的「體用不二」之說（熊十力，1971）：

體與用本不二，而究有分。雖分，而仍不二。故喻如大海水與眾漚。大海水全成眾漚，非一一漚個別有自體，〔漚之體即是大海水故。〕故

眾漚與大海水本不二。〔宗教家說上帝造世界，而以上帝為超越于世界之上，即能造與所造為二。哲學家談實體與現象，往往有說成二界之嫌，其失亦同宗教。〕然雖不二，而有一一漚相可說，故眾漚與大海水畢竟有分。體與用本不二，而究有分，義亦猶是。漚相雖宛爾萬殊，而一一漚皆攬大海水為體故，故眾漚與大海水仍自不二。體與用雖分，而仍不二，義亦猶是。（《十力語要》，頁 90）

佛教中的體用論

　　這段引文中所說的「宗教家」，是指熊氏一向反對的西方宗教，而不是東方宗教。除了「大海水／眾漚」的比喻之外，熊十力又經常喜歡用「水／冰」的比喻來說明他的「體用不一不異」論。在《摧惑顯宗記》中，熊十力（1988）對於「不一不異」的另一個說法是：

　　真如理，是一切法之本體。故與一切法不異。而真如理，非即是一切法。譬如水，非即是冰相。故又云不一。
　　體無形相，其現為用，即宛爾有相。乃至體無差別，其現為用，即宛爾差別，故不一。譬如水非堅凝，其現為冰，即成堅凝，故水與冰非一。由此譬喻可悟體用不一也。體，即用之體故，如假說水即冰之體，以喻體成用，而非超脫於用之外。用，即體之顯故，顯者顯現，如云冰即水之顯，非異水而別有冰之自性，以喻用非異其本體而別有自性，故不異。（頁 51）

　　從熊十力說明「體用不一不異」的語境來看，「冰／水」的比喻應當是出自佛家。我們不難從佛教典籍中找到「體用不二」或「體用不一不異」論的文化根源。
　　在《大乘止觀法門》中，佛教天台宗慧思以「體用不二」的觀點說明世諦和真諦的關係：「今云體用不二者，非如攬眾塵之別用，成泥團之一體，但以世諦之中，一一事相即是真諦全體，故云體用不二。」「體用不二」即以真諦為體，以世諦為用，現象是本體的完全顯現，本體亦完全現

顯為用（現象），本體與現象是互相含攝，「體用相攝」，二者不可分離。他反對把「世諦」之用（現象）看成實有，若現象為實有，則二者不能互攝。

弔詭的語言

三論宗創始人吉藏在他所撰的〈二諦義〉中，認為：世界萬物（世諦）是「空無自性」的偽相，是用是末；「真諦」是「實相」，是體是本。從世諦與真諦的關係看，「真為俗體，俗為真用」，即世界萬物（俗諦）為「真諦」之用，真諦為「諸法實相」之「體」；從「中道」來看，「二諦互為體，真俗互為用」，即真諦與俗諦互為體用，佛教各派對於體用的說法雖然各有不同，但有一個共同點，即以「實在」與「幻象」來講體用，企圖說明客觀世界是「幻象」，只有現象世界背後的「本體」才是真實的，以此作為其出世觀的哲學基礎。

將「水／冰」和「大海水／眾漚」兩則比喻的文化根源互相比較，我們可以看出：熊氏是用兩種性質完全不同的比喻，在說明他心目中的「體用」關係，這種關係在佛教和道家思想中的意義正好相反，所以才會得到「體用不二有分」和「體用不一不異」的奇詭結論。馮耀明（1993）對熊氏的論點進行仔細的語意分析之後，認為熊氏的「體用論」其實是一種「對反項的等同」（the identity of opposites），或者「在差別中的等同」（identity in difference），他認為：這種自相矛盾的「弔詭的語言」（paradoxical language），乃是任何神祕主義思想最重要的特質。

熊氏的「體用不二有分」和「體用不一不異」之說，確實含有濃厚的宗教神祕主義的色彩。本書第二章指出：基督教徒對「三位一體」的解釋，也可以發現類似的「弔詭語言」。這種，「弔詭語言」旨在追求宗教心靈的解脫，跟後實證主義的科學哲學針對「超越的本體」建構「先驗的理論」大異其趣；這是我們在討論中、西文明交會的議題時必須特別注意之處。

性智顯發

依照熊氏的論點，最重要的哲學活動，就是「見體」的活動，唯有

「性智顯發」，才能夠真正「見體」。在〈新唯識論全部印行記〉中，熊十力（1985：239）說：

> 到了性智顯發的時候，自然內外渾融，（即是我所謂內我和外物的分界），冥冥自證，無對待相。（此智的自識，是能所不分的，所以是絕對的），即依靠著這個智的作用去察別事物，也覺得眼前一切物莫非至真至善。換句話說，及是於一切物不復起滯礙想，謂此物便是一一的呆板的物，而只見為隨在都是真理顯現。到此境界，現前相對的宇宙，即是絕對的真實，不更欣求所謂寂滅的境地。（寂滅二字，即印度佛家所謂涅槃的意思。後做此）現前千變萬動的，即是大寂滅的。大寂滅的，即是現前千變萬動的。不要厭離現前千變萬動的宇宙而別求寂滅，也不要淪溺在現前千變萬動的宇宙而失掉了寂滅境地。（頁239）

杜維明（1989）認為：「見體」就是「探究真實的存在」（quest for authentic existence），他因而稱熊十力為一位「探究宇宙真實的存在」的思想家。林安梧（1996）也因此而認為：熊氏的哲學是一種「實存主義式的本體論」，也是一種「現象學式的本體論」。依熊十力看來，「存」不只是一經驗之存在，而是通極於本體之存在。存是一個活生生的生活，而不是一靜態的事樣，在吾人生命的澆灌之下，通極於萬有一切，周浹流行，通為一體。換言之，存有的問題始於實存，而不是從「存有之所以為存有」的方式，來探索存有。存有學原是實存學，而實存則是活生生的存在，這即是生活，生活是生化活化的生活。生者，源泉滾滾；活者，健動不息之謂也。關連著這種「活生生的實存而有」的存有學，我們便可以名之曰「實存主義的存有學」（或者說為「實存主義式的本體學」），又這樣的實存是不離其本體的，根本上是其本體的顯現，是「見乃謂之象」的「現象」，是本體與現象不二的「現象」，這樣的存有學我們亦因之而可名之曰「現象學式的本體學」、「現象學式的存有學」。

現象學式的本體論

然而，「實存主義式的本體論」或「現象學式的本體論」，究竟是什

麼？這是判定新儒家地位及方向的關鍵性問題，必須做進一步的探究。在《作爲嚴格之科學的哲學》中，胡塞爾指出：西方哲學很早就宣稱自己是一種「嚴格之學」（rigorous science），力圖要滿足人類對純正學問的要求（Husserl, 1911/1965）。假若哲學到達「嚴格之學」的要求，它必須要滿足「毫無預設」（pre-suppositionless）的條件，拒絕任何不能在經驗中呈現出的事物。如果我們採用笛卡兒式的懷疑法，對構成認知現象的各個部分進行嚴格的批判，則可以將其構成部分區分爲「無可懷疑」與「可疑」的部分。

認知現象中具備自明性而絕無可疑的部分，是意識中醞涵有內容的種種「意識狀態」（state of consciousness）或「經驗之流」（stream of experiences），它可以說是個人對各種事物的知覺經驗，回憶經驗，或判斷經驗之存在性。在意識流之外，外在世界中一切事物的實有性，則是一種假設，隸屬於可疑性的範圍。胡塞爾因此主張用現象學的「存而不論」方法，把不能在意識流內自明地呈現出來的事物，剔除在研究範圍之外。

放在「括弧之中」（bracketed），對意識所「意識及」之事物的「實有性」置諸不議，這是現象學者自我約控的方法，約束自己不對意識之外的事物下任何斷言。唯有透過這種極端經驗主義（radical empiricism）的態度，現象學者才可以保證他們所探討的學問，完全限制在「絕無可疑」的範圍之內。這是「存有主義的本體論」必須面對的問題，也是「現象學式的本體論」必然會提出的挑戰。更清楚地說，對於經歷過「性智顯發」的熊氏而言，他「冥境自證，無對待性」，「一切物莫非至眞至善」，「現前相對的宇宙，是絕對的眞實」。所以杜維明（1989）說：熊氏是「孤往探尋宇宙的眞實」。從現象學的角度來看，因爲人們根本無法想像其研究材料（即「絕對眞實的宇宙」）的「存在性」或「不存在性」。對於沒有這種體驗的人，他要如何「見體」呢？他要如何了解這種「絕對的眞實」呢？

第四節　熊十力的誤區

熊十力對中、西哲學均有涉獵，他非常了解「本體」這個概念在西方

哲學中的一般用法。在《新唯識論》（熊十力，1985：297）中，他很清楚地說：

> 許多哲學家談本體，常常把本體和現象對立起來，即是一方面，把現象看做實有的；一方面，把本體看做是立於現象的背後，或超越於現象界之上而爲現象的根源的。這種錯誤，似是由宗教的觀念沿襲得來，因爲宗教是承認有世界或一切物的，同時，又承認有超越世界或一切物的上帝。哲學家談本體者，很多未離宗教觀念的圈套。雖有些哲學家，知道本體不是超脫於現象之上的，然而他的見地，終不能十分徹底。因之，其立說又不免支離，總有將本體和現象說成二片之嫌。（頁 297）

「自性神」和「依他神」

在這段引文中，熊氏所說的「宗教」，是指基督教。熊氏本人非常反對西方哲學所提出的這種「二重世界觀」。他的《新唯識論》所要解釋的，其實是西方「一神論」和中國「泛神論」的文化根源。在《催惑顯宗記》中（熊十力，1988：20）中，他認爲「神」有二義：

> 一曰，神者，造物主之謂。即視爲具有人格者。凡宗教家所奉之神，及此義。二曰，體物不遺之謂神。此語出中庸、體物不遺者，言其偏爲萬物實體，而無有一物得遺之以成其爲物者。此即深窮宇宙本體，而嘆爲神。（頁 20）

從中國文化傳承的角度來看，在西周之前的殷商時期，中國人對於「主宰天」和「人格神」的觀念，跟基督教其實非常相像。從孔、孟之後，儒家才逐漸形成其獨特的天命觀。依照儒家的天命觀，或者依照中國文化中儒、釋、道三教合一的傳統，「人」確實可以藉由自己的修養工夫或道德實踐，感受到生命境界的提升，達到「聖人」、「神」或「佛菩薩」的圓融境界，而有「天人合一」的感覺。

可是，即使是在熊氏所說的這種「泛神教」裡，「人」雖然可能產生

「天人合一」的感覺，用西方對「超越」一詞的傳統定義來說，其實那只能說是一種「超越感」，並不是真正達到基督教中所說的「超越」之境。即使到了這種境界，「天」仍然是「超越」的「天」，人永遠不可能變成「天」。如果說一個人有了「天、帝、人」合而為一的「超越感」，便可以「通一神教與泛神教而不二」，這種論點不但違背了先秦儒家「不語怪、力、亂、神」的基本態度，也等於是否定儒家德行修養的重要性。

基督教中所說的「三位一體」或「上帝」，和中華文化傳統中的「聖人」、「神」或「佛菩薩」；兩者之間有其根本性的差異；對於這一點，熊十力是非常清楚的。前者他稱之為「依他神」，是「一神論」所主張的；後者稱為「自性神」，是「泛神論」所主張的。

「一神論的上帝」？

然而，熊十力卻認為：「在己之自性神，與超越的一神，元來不二。」（熊十力，1988：25）。就人性本有的「真如」而言，只要把「妄執」除遣，人也可能變成一神教的上帝。能悟此者，「便覺常有一物，不限於腔子裡。亦不離於腔子裡。……此物也，不謂之天不得。不謂之帝不得。不謂之我亦不得。是通自性神與依他神而不二者也，是通一神教與泛神論而不二者也。」（頁 26）

在我看來，這是熊氏「新唯識論」的最大誤區所在。在本書第三章中，我很清楚地說明：在基督教「三位一體」的信仰中，「外在超越」的「上帝」與「人」之間的睽隔不通。「人」與「上帝」之間存有一條永遠無法跨越的鴻溝，「人」永遠不可能變成「上帝」。西方文藝復興運動發生之後，基督教徒開始將他們對「三位一體」的信仰轉向對外在世界中諸般事物的探索。到了啟蒙時期，康德發現事物的「本體」或「物自身」（thing-in-itself）是永不可知的，人類所能知道的，僅只是他們用「先驗的理念」對「物自身」所作的解釋。以這樣的哲學作為基礎，西方的科學才有快速的發展。

在這種「一神教」的傳統之下，西方人才發展出他們的科學哲學。如果我們接受熊氏的說法，「在己之自性神，與超越的一神，元來不二」，則我們勢必難以理解西方的科學哲學，尤其是後實證主義的科學哲學。

參考文獻

俞宣孟（2005）：《本體論研究》。上海：上海人民出版社。

杜維明（1989）：〈孤往探索宇宙的眞實〉。《玄圃論學集：熊十力生平與學術》（頁191-196）。北京：三聯書店。

束景南（1990）：〈周敦頤《太極圖》新考〉。黃壽祺、張善文（編）：《周易研究論文集》。北京：北京師範大學出版社。

林安梧（1996）：〈熊十力體用哲學之理解〉。《當代新儒家哲學史論》（頁55-83）。台北：明文書局。

馮耀明（1993）：〈當代新儒家的「超越內在」說〉。《當代》，84，92-105。

景海峰（1991）：《熊十力》。台北：東大圖書公司。

葛榮晉（1993）：《中國哲學範疇導論》。台北：萬卷樓圖書公司。

熊十力（1971）：《十力語要》。台北：廣文書局。

熊十力（1985）：《熊十力論著集之一：新唯識論》。台北：中華書局。

熊十力（1988）：《摧惑顯宗記》。台北：台灣學生書局。

戴君仁（1970）：〈朱陸辯太極圖說之經過及評議〉。《梅園論學集》。台北：台灣開明書店。

戴景賢（1990）：〈周濂溪之《太極圖說》〉。黃壽祺、張善文（編）：《周易研究論文集》。北京：北京師範大學出版社。

Husserl, E. (1911/1965). Philosophy as rigorous science. In Q. Lauer, Edmund Husserl: *Phenomenology and the crisis of philosophy.* New York: Harper & Row. pp. 69-147.

　　「即體而言用在體，即用而言體在用」，中國文化傳統中這種「體用不一不二」的「體用觀」跟西方文化中所說的「本體」是截然不同的。本書第四章說過，在康德哲學中，「本體」（noumenon）跟現象（phenomenon）截然二分，「本體」屬於超越的「智思界」（intelligible world），「現象」屬於「感觸界」，兩者之間有不可超越的鴻溝。西方現代「機械論」的科學就是以這種區分作爲基礎而發展出來的。

第一節　「一本觀」與「二元論」

　　在二元論的思維影響之下，長久以來，西方學術界對孔子一直有一種成見，認爲他只是一位洞悉世故的智者，宣揚世俗的道德，而缺乏超越性的思想。譬如德國哲學大師黑格爾（G. W. F. Hegel, 1770-1831）以和客體對立的「絕對精神」作爲其理論的核心，認爲它是構成一切自然和社會現象的本源和基礎。人類的歷史和精神文化，都是「絕對精神」的自我展現，是自我認識過程的一個環節。

黑格爾看「中國的科學」

　　黑格爾在他所著的《歷史哲學》中，認爲中國所在的東方是世界歷史的開端，中國精神處於「絕對精神」自我認識的直接階段，是一種「實體性精神」，和西方的「絕對精神」成爲明顯對比；它缺乏主體和客體的分離，也因而缺乏主觀性和內在性。在他看來，中國的科學僅只是儒家學說的附屬品：

中國關於道德的許多創著，都出孔子之手，至今成為中國人風俗禮節的根本。在孔子的主要作品中，可以看到許多正確的道德箴言。但是他的思想中含有一種反覆申說、一種反省和迂迴性，使它不能超出平凡之上。至於中國其他的各種科學，並不能看作是科學，而是以裨益實用目地的枝節知識。中國人的數學、物理學和天文學，雖然曾經享有盛名，現在卻已經落後甚遠。許多事物，在歐洲人還沒有發現時，中國人早已知道。但是他們不曉得如何加以利用：例如磁石和印刷術。就印刷術來說，他們仍舊把字刻在木塊上，然後複印，卻不知道所謂活字板。他們也自稱在歐洲人之前發明火藥，但是他們的第一尊大砲卻是耶穌會教士替他們造的。至於數學，他們雖然懂得怎樣計算，但是卻不知道這門科學的最高型態。中國人又有很多公認的大天文學家。拉普拉斯曾經探討他們在這一門的成就，發現他們對於日蝕月蝕有一些古代的記載和觀測。但是這些還不能夠成為一種科學。他們的觀測又很不切實，不能正式算做是知識。中國人也研究醫藥，但僅僅是純粹經驗的累積，他們對於治病用藥，有極大的迷信。

黑格爾哲學誠然是旗幟鮮明的「西方中心主義」。他以局外人的主場，對中國哲學的評論，卻和本書的「追本溯源」式的析論相去無幾。這是非常值得我們省思和警惕的。

沒有神話，又沒有宗教的民族？

德國古典哲學家謝林（F. W. J. Von Schelling, 1775-1854）在其《神話哲學》中所關心的核心議題是：有限的感性個體如何把握無限的超驗本體。他的答案是：借助於天啟和神話。對他而言，神話是人類本身的存在方式，是人類個體與超驗本體溝通的媒介。在他看來，中國人是一種既沒有神話，又沒有宗教信仰的民族。在中國人的意識裡，沒有一個超越的絕對的上帝，他們只有其塵世的代替者：國家或皇帝。

中國雖然曾經被異族征服過兩次，可是他們的宗法制度、道德、習俗、國家機構，仍然保持它原初的家長制原則，即父親的權力和威嚴至高無上；並且用它作為治理國家的原則。

　　中國的國體建立在一種迷信的基礎之上。對中國人的意識來說,原先至尊的統治者「天」,變成了塵世帝國至尊的統治者。塵世帝國就是改頭換面的天國,在這個帝國之中存在著絕對的集中——如果他們出現過類似希臘神話的過程,在其發展巨變之初,就應當克服這種絕對的集中,而被世俗化,但因爲中國人沒有神話,又不信宗教,因此形成絕對的,一直無法克服的集中。中國叫中央之國,就是出自這個原因。天的全部權力均在於中心或中央。

中國文化的「基本象徵」

　　德國歷史哲學家史賓格勒(Oswald Spengler, 1880-1936)在他的成名作《西方的沒落》中,提出了「基本象徵」(prime symbol)的洞見。他認爲:所謂「基本象徵」,就是每一文化的主題,一個文化的生命歷程,就是展開並實現其主題的全部過程,因此,基本象徵與文化生命密不可分。他認爲:阿拉伯文化的「基本象徵」是「洞穴」,埃及是一種「路途」;希臘古典文化的「基本象徵」是「有限的實體」,西方近代文化則是「無窮的空間」;中國文化的「基本象徵」是「道」,史賓格勒對它的闡釋是:

　　對中國的覺醒意識而言,天與地各是外在宇宙的一半,彼此並不對立,且互是對方的反映意象,相輔相成。這一圖像中,既無馬日型的二元對立,也無浮士德型的動力統一。生成變化的過程,表現爲「陰」「陽」兩原理的互相作用、生生不息。這兩大原理,毋寧是週期性的,而非偶極性的。喻之於人,則爲兩種靈魂,「坤」對應於「陰」,代表塵世、黑暗、寒冷;而「乾」對應於「陽」,代表高明、光亮、與永恆。但是,在人之外,也有無數這兩類型的靈魂,隨處存在。空氣、水、地表——到處都全被「乾」「坤」兩類靈魂所充斥、所推移。自然的生命及人的生命,事實上,即是由此兩大單元所導出。

　　所有這一切,均集中於一個基本字眼——「道」。於人而言,他身上「陰」、「陽」的分合,即是他生命中的「道」;在人之外,則「陰」、

「陽」兩類精神的經緯牽引，即是自然界的「道」。世界有「道」，一如有脈動、韻律、與週期。「道」包含「理」，理是人由「道」中認識、並抽取出來，以供未來應用的諸般固定關係。時間、命運、導向、種族、歷史，所有這一切，早在周朝時代之前的哲人，即以廣大無傳、包天蓋地的視景，加以沉思，並納入於「道」一字之中。埃及法老穿過黑暗甬道，而通往他的靈廟的道路，也許與此有關；浮士德第三空間進向的熱情，也可能與此有關，但「道」絕非任何征服自然的「技術」觀念，所能企及（頁430）。

史氏認為：每種文化都經歷大致相同的文化週期，即前文化的發生、文化的發達、和文明的衰落。每種文化的興衰，在時間上是平行的，因而是同時代的，可比較的。他預言西方文化已經進入沒落階段，而中國文化發展到東漢時期即已停滯不前。

二元論的成見

諸如此類的論點大致可以反映出：在鴉片戰爭後的「百年羞辱」期間，歐洲思想家對於中國文化的看法。本書一再強調：中國文化源自於《易經》，西方近代文明源自於《聖經》和希臘神話。相較之下，中國文化中的神話故事確實比西方神話少得多，中國文化中重視的是歷史故事。不僅如此，中國文化中並不是沒有宗教，而是沒有西方意義的宗教。在西方文化入侵之前，傳統中國人一向認為：儒、釋、道是中國的「三教」，這三教都是追求心性修養的「自性教」，在這樣的宗教裡，聖人、真人、佛或菩薩，都是修養有成者的化身，跟西方相信「外在超越」的「他依教」或「一神教」迥然不同。由此可見，謝林的論點雖然有其見地，但仍然無法跳脫西方中心主義的框架和侷限。

新儒家當然不能接受這樣的論點。1958年唐君毅、牟宗三、張君勱及徐復觀四人在香港出版的《民主評論》上，共同發表了一篇〈為中國文化敬告世界人士宣言〉，在這篇宣言中，他們憂心忡忡地指出：

我們不能否認，在許多西方人與中國人之心目中，中國文化已經死

了。如斯賓格勒，即以中國文化到漢代已死。而中國五四運動以來流行之整理國故之口號，亦是把中國以前之學術文化，統於一「國故」之名詞之下，而不免視之如字紙簍中之物，只待整理一番，以便歸檔存案的。

因此他們說：「我們首先要懇求：中國與世界人士研究中國學術文化者，須肯定承認中國文化之活的生命之存在。」他們同時指出：中國文化中雖無西方那種制度化的宗教，但「中國民族之宗教性的超越感情，及宗教精神，因與其所重之倫理道德，同來原於一本之文化，而與其倫理道德之精神，遂合一而不可分」。在這段「宣言」中，中國「一本」之文化和西方的「二元論」成爲明顯的對比，在中國人的「超越感情」中，宗教之超越精神內在於人倫道德，其在內性與超越性不相對立，而隱含有「內在超越性」的概念。

內在超越

在《中國哲學的特質》一書中，牟宗三（1984）指出：先秦儒家的自律性道德是建立在中國人對於「天道」或「天命」的「超越性」概念之上的：

「天命」的觀念表示在超越方面，冥冥之中有一標準在，這標準萬古不滅、萬古不變，使我們感到在它的制裁之下，在行爲方面，一點不應差忒或越軌。如果有「天命」的感覺，首先要有超越感（Sense of Transcendence），承認一超越之「存在」，然後可說。（頁42）

在這段引文裡，最值得我們注意的是：牟氏所用的是「超越感」（Sense of Transcendence）。然而，在其他更多地方，他卻是使用「內在超越」一詞，認爲：先秦儒家所相信的「天道」同時具有超越性與內在性。他曾經很清楚地分析這兩個字的用法：

天道高高在上，有超越的意義。天道貫注於人身之時，又內在於人而爲人的性，這時天道又是內在的（Immanent）。因此，我們可以康德喜用的字眼，說天道一方面是超越的（Transcendent），另一方面又是內在的

（Immanent 與 Transcendent 是相反字）。天道既超越又內在，此時可謂兼具宗教與道德的意味。宗教重超越義，而道德重內在義。

新儒家陣營的其他學者也大多使用「內在超越」一詞，沒有深入考慮它跟「超越感」之間的差別，也沒有深入探討這兩者之間不同所具有的理論意涵。譬如，新儒家另一位代表人物唐君毅（1974）在《中國文化的精神價值》中指出：在儒家的心性之學裡，人的心、性與天之間既有聯繫，又有張力：

> 你越能深入自己內在的泉源，你就越能超越，這就是孟子所謂的「掘井及泉」。超越要扣緊其內在，其倫理必須拓展到形而上的超越層面才能最後完成。倫理最高的完成是「天人合一」，但它最高的「天」，一定要落實到具體的人倫世界。既要超越出來，又要深入進去，有這樣一個張力，中間的聯繫是不斷的。因此可以出現理學家所謂的「太極」、「天」、「理」等觀念。這些觀念一方面可以說即使是聖人也不可知，另一方面它又很平實，沒有西方的那種神祕主義。

在這段引文裡，唐君毅所謂的「超越」顯然並沒有西方哲學中那種「超越」（Transcendent）的意義。在中文的語意脈絡下，牟宗三認為：在中國的文化傳統裡，道德形上學是由「道德的無限智心」所建立的，這是一種「超越」而普遍的道德本體，可以由人或一切理性存有者體現出來，但中國人並沒有將之個體化而成為「人格神」。基督教的「人格神」是「只超越不內在」，但儒家道德的無限智心卻是「既超越又內在」。因為它不是感官經驗所能及，所以是超越的；因為它是一切人物之體，所以是內在的（牟宗三，1985）。

第二節　對「內在超越」說的批判

然而，牟宗三的這種論點，卻受到了許多學者的質疑和批判。在《孔子哲學思微》中（Hall & Ames, 1987），郝大維和安樂哲指出：依照「超

越」一詞的嚴格定義，用它來解釋中國古典典籍，很可能扭曲我們對於儒家文化的認識。在《漢哲學思維的文化探源》（Hall & Ames, 1988/1999）中，他們嚴屬批判中國學者理解自身文化的方式：

　　這些本來很傑出的學者始終使用西方超越的語言，因而按照西方學術界所熟悉的方式重塑了中國古典哲學。不用西方超越的語言，他們就似乎不願，或者不能夠認識世界。他們並不總是在一以貫之的意義上使用超越的語言，似乎不了解，或者至少是不關注它的十分深刻的哲學蘊涵。（頁220）

　　他們認為：西方古典形上學在強調「統一性」（unity）和強調「獨特性」（uniqueness）之間曾經經歷了長期的論辯。最後的結果是偏向「統一性」。許多重視系統性的哲學家都認為：世界上的許多現象都必須遵循一定的法則，這些法則決定了世上事物的性質。

　　「超越」一詞的嚴格定義，即蘊涵了這種「統一性」。它和「獨特性」是絕對分離開的，這種分離支配了西方的哲學思辯。上帝是世界的第一動因（The First Mover），它不應該決定於世界，而必須與世界分離開來。他們認為：為了讓理性有某種不受具體事物糾纏的領域；為了讓原因不跟一堆轉瞬即逝的事實牽連在一起，也為了讓原因跟它們的後果清楚地區分開來，這種分離是絕對必要的。

「內在超越」的矛盾

　　在〈當代新儒家的「內在超越」說〉一文中，馮耀明（1993）藉由語意學的分析指出：在「內在超越」與「外在超越」的對比中，除非「超越」的意義是一樣的，不然對比毫無意義。如果「超越」的意義一樣，則「超越」即涵蘊（implies）「外在」。且「外在」又與「內在」相互對立，因而可以說「超越」與「內在」是「對反的」（contrary）。換言之，用「內在」來形容「超越」，同樣是一種「超越」。所謂的「內在超越」在理論上的意義跟「外在超越」是完全一致的。

　　他從語意學的角度切入，批評牟氏對於「內在超越」的特殊用法。

他說：依照柏拉圖哲學的典型用法，「超越」（transcendent）含有外在（beyond）及分離（separate）的意思，如果新儒家堅持要使用「超越內在」說，其中「超越」二字便不可能採用柏拉圖的意思，否則便會自相矛盾。若「超越」二字用作或類似柏拉圖的意思，而又不會產生矛盾，則「內在」二字便不可能被理解為與「外在」相對的概念，而必須訴諸另外的玄義。

「實體」與「作用」

牟宗三的情況似乎就是如此。對於牟宗三和康德哲學都有深入研究的李明輝（1994：142）認為：

牟宗三徹底地研究了康德，我們很難設想，他對康德所說的超越性和內在性的含意不清楚。也許最合理的解釋是，牟氏在使用這些概念時完全沒有依靠康德的含意。

事實上，牟宗三（1984:20）在討論《中國哲學的特質》時，便很清楚地說：

西方人性論中所謂人性 human nature，nature 之首字母 n 字小寫，其實它就是自然的意思，而且恆有超自然（supernature）與之相對。此超自然始有超越的意味，它屬於神性而不屬於自然世界（nature world）。西方哲學通過「實體」（entity）的觀念來了解「人格神」（person God），中國則是通過「作用」的觀念來了解天道。這是西方了解超越存在的不同路徑。

透過「實體」的觀念來了解「人格神」，跟透過「作用」的觀念來了解「天道」是兩種截然不同的文化進路。這一點具有十分重要的文化意涵。這裡我們要探討的是牟氏賦予「內在超越」一詞的特殊意義。牟宗三（1985）在他所著的《圓善論》中，很清楚地說過：

吾人依中國的傳統，把這神學仍還原於超越的存有論，此是依超越的、道德的無限智心而建立者，此名曰無執的存有論，亦曰道德的形上

學。此中無限智心不被對象化，個體化而爲人格神，但只是一超越的、普遍的道德本體（賅括天地萬物而言者）而可由人或一切理性存有而體現者。此無限智心之爲超越的與人格神之爲超越的不同，此後者是指超越而不內在的，但前者之爲超越是既超越而又內在。分解地言之，它有絕對普遍性，越在每一人每一物之上，而又非感性經驗所能及，故爲超越的；但它又爲一切人物之體，故又爲內在的。（有人以爲既超越而又內在是矛盾，是鑿枘不相入，此不足與語）。（牟宗三，1985：340）

　　牟氏非常了解：有人認爲「內在超越」是矛盾的觀念，「內在」（immanent）與「超越」（transcendent）是相反字，則對於同一對存有項目言，這二種關係當不可能共存。然而，爲了要分析中華文化中獨特的「無執的存有論」，爲了要建立他的「道德的形上學」，他堅持使用「既超越又內在」，而不認爲它構成矛盾。在這種情況下，他所說的「超越」一定不是「內在」的相反字，亦既不是西方柏拉圖的正統用法，而必須另外賦予新的意義。在《中國哲學的特質》中，牟宗三（1984：20）說：

　　儒家經典中代表主體的觀念比如孔子講仁，仁就是代表主體。仁也可以說是『理』、是『道』。假如把仁看成是理、道，那麼仁也可以看成是客觀的東西，但是客觀的東西並不就是客體，並不一定表示是外在的東西。我們說仁可以是客觀的東西，這是從理、道的普遍性來規定的。說它是客觀的和說它是外在的對象（external object）是不一樣的。我們說仁是個理、是個道，那它就是客觀的。它之所以爲客觀，就是因爲它是理、道的關係，因爲理、道是客觀的。理、道爲什麼是客觀的呢？用康德的話來說，就是因爲它有普遍性和必然性這兩個特性。而且康德講普遍性和必然性都是由主體發。十二範疇不是就有普遍性和必然性嗎？它是從主體發的，它也不是 external object 呀。我們說客觀就是這個意思。

「先驗」的「超越感」

　　在《心體與性體》中，牟宗三（1968-1969）一再強調：「道體」和

「理體」是客觀地說以突顯「天命流行之體」的超越性；「仁體」和「心體」則是由主觀地說以突顯其內在性。照這個說法，他所說的「超越」應當是以「客觀」作為主要涵意。在上述引文裡，牟氏很清楚地表明：他在討論諸如仁、道、理等概念時，他所要強調的是其「客觀性」。但是「客觀的東西並不就是客體」，並不就是「外在的對象」，它們之所以是「客觀的」，主要是因為它們和康德所講的「十二個先驗（a priori）範疇」一樣，都是從主體出發的，都具有「普遍性」和「必然性」。準此以觀，牟宗三雖然一再強調儒家的天道、天理有「形上實體」的意義，但他所說的「內在超越」已從「超越實體」的概念，滑轉成為「先驗的概念或原理」。牟氏所講的「內在超越」，其實是在談一種「超越感」（sense of transcendence）。

「超越感」並不是西方基督教中所說的「超越」。更清楚地說，當我們說：牟氏所說的「內在超越」是一種「先驗的概念或原理」時，不管他是從客觀地說「道體」和「理體」，或是主觀地說「仁體」和「心體」，這些「本體」都是「先驗」的，都是「人心」透過各種「修養工夫」，不斷向內探索後，可以感受到的。它們並不是「超越」或「超驗」的，後者是屬於康德哲學中所說的「智思界」（intelligible world），是人類的感官無法企及的。

第三節　王弼與胡塞爾

在《古代宗教與倫理：儒家思想的根源》一書中，陳來（1996：192）指出：

西周的這種天命論強調的不是後來作為必然性的「命」的觀念。在西周的天命觀中，並不認為宇宙是一連串因果鏈條拘定的嚴整秩序，並不認為一切事物在冥冥之中已預先確定了所有安排和結局，並不認為宇宙秩序展示了一種鐵的必然性和命運。而在命定論的宇宙觀中，上帝除了作為初始因、第一推動者、宇宙必然性鏈條的制定者，對此後宇宙的發展不必再付出關懷和責任。與之不同，西周的天命觀也肯定天命神意的主宰作用，

但這種主在作用不是體現為為宇宙和人類安排了一個必然性的鏈條，而是根據事物的發展和人類的狀況隨時加以控制、干預和調整。

一體論的天命觀

　　牟宗三及許多儒家學者之所以不得不用「內在超越」的觀念，很可能就是要突顯出西周這種天命觀和「主宰之天」的不同。李明輝（1994：148），很正確地指出：

　　中國思想中有沒有超越的問題，並非只是一個界定超越的事，而是關係到如何認識儒家思想、以及整個中國文化和它產生的世界觀所確立的思維方式。

　　也許我們可以簡略地說，中國傳統的基本的思維模式以一體性為其基礎，而西方文化的基本的思維模式以分離為其基礎。這兩種文化所產生的世界觀由於這些特點而顯得不同。（頁 148）

　　黃華彥和林端（2016）也曾經從社會學的觀點，討論牟宗三與郝大維和安樂哲在中西文深入化類型學論述上的差異。正因為中國傳統的基本的思維模式是「一元論」的，「以一體性為其基礎」；而西方文化的基本思維模式是「二元論」，「以分離為基礎」，所以在《中國哲學的特質》中，牟宗三（1984：42）特別用「超越感」（sense of transcendence）一詞來說明儒家思想中的「內在超越」。這是一個比較精確的用法。更清楚地說，新儒家所謂的「內在超越」，其實是指一種主觀境界的感受，而不是西方基督教語境中的超越。後者這種嚴格意義的超越的「上帝」或「天」，不論在東、西文化中都有，而且都是「外在」的，也是人所無法超越的。

　　在唐君毅、牟宗三等新儒家代表人物發表〈為中國文化敬告世界人士宣言〉的 1958 年，他們已經很清楚地了解中西文化的對比，才會強調中國「一本論」文化所重視的「內在超越性」，所以牟宗三（1975）在翻譯康德著作的時候，才會刻意犯「系統性的偏誤」，將「先驗」一詞翻譯成「超驗」。在《儒家倫理新批判》一書中，鄧曉芒（2010）用了極長的篇

幅，指出牟宗三對康德哲學核心概念的「誤讀」，包括「先驗的」、「智性直覺」、「物自身」、自我及「心」等等。但是他並沒有注意到：康德在提出其知識論時，其實也刻意忽視西方文化中的通靈現象（見本書第四章），而將其知識論聚焦於西方自笛卡兒以降所確立的「二元論」傳統。更清楚地說，牟宗三（1975）對康德知識論的系統性「誤釋」或「誤讀」，固然是爲了要完成他個人所主張的哲學體系，同時更反映出中國傳統文化和西方近代文明的明顯對比。

《易經符號詮釋學》

我們可以再舉一個實際的例子來說明以上的論點。「一體論」的天命觀，其實就是孔子詮釋《周易》時，所反映出來的天命觀。《周易・繫辭下》稱：「古者包犧氏之王天下也，仰則觀象於天，俯則觀法於地，觀鳥獸之文，與地之宜，近取諸身，遠取諸物，於是始作八卦，以通神明之德，以類萬物之情。」這段引言先談八卦的起源，「以通神明之德，以類萬物之情」，則是說明《易》思維的特色。《周易・繫辭上》第十篇說：「易無思也，無爲也，寂然不動，感而遂通天下之故。」

張易生（2022）認爲：綜合上述說法可以形成《易經符號詮釋學》的四大步驟，寂然不動、感而遂通、以類萬物之情、以通神明之德；這和胡塞爾現象學方法論的四大步驟：懸宕、本質還原、本質直觀、先驗判斷，大致是互相對應的。

馮友蘭（1992）所著的《中國哲學史》指出傳統中國哲學所談的「方法論」大多是談修養方法，幾乎沒有西方的「方法論」。用本書的立場來看，《易經符號詮釋學》其實就是傳統中國文化中最重要的方法論。因此我在爲他的這本書寫序的時候，特別引用王弼注釋《老子》和《周易》的論點，闡明這種方法論的特色。王弼的哲學在本書第五章〈《易》的文化系統及其衍生〉已經有所介紹，這裡我們必須先了解胡塞爾的背景及其思想。

胡塞爾的哲學探索

胡塞爾（Edmund G. A. Husserl, 1859-1938）生於奧匈帝國所屬莫拉

維亞（Moravia）地區的一個小村中。十歲時，到維也納接受中學教育。1876 年，進入萊比錫大學（University of Leipzig）。1878 年，轉學到柏林的菲特烈・威涵大學（Friedrich Wilhelm University），向三位當時頂尖的數學家學習嚴格的思考方式。1881 年，又轉學到維也納大學（University of Vienna），在此完成他的博士論文。

由 1886 到 1901 的十五年間，胡塞爾一直在哈勒大學（University of Halle）擔任助教。這十五年通常稱為胡塞爾的「心理主義時代」。1891 年，胡塞爾的論文《算術哲學》（Philosophy of Arithmetic）出版後，受到數學哲學家佛雷格（Gottlob Frege, 1848-1925）的嚴厲批評，他因此放棄心理主義的立場，開始思考重建絕對客觀的現象學。

從 1895 年起，胡塞爾在課堂上開始批評心理主義的邏輯學，1900 年，《邏輯研究》首卷出版。他在邏輯理論中提出客觀主義的觀點，贏得了學界的讚賞。

1901 年哥丁根大學（University of Gottingen）聘請胡塞爾去擔任教席。從 1901 到 1916 年的「哥丁根時代」，胡塞爾經常跟當時一流的數學家和邏輯家切磋研討，出版了他的兩本重要著作《作為嚴格之學的哲學》和《觀念論：純粹現象導論首卷》。

1916 年，胡塞爾應邀到弗萊堡大學（University of Frei-burg）擔任正教授的職位。在弗萊堡任教的十二年中，他先後寫成《第一哲學》、《現象學之心理學》、《形式與先驗邏輯》數本著作，但其中只有《形式與先驗邏輯》正式出版。

1928 年，胡塞爾自弗萊堡大學退休。退休之後，胡塞爾的哲學探索進入了一個新的階段，他先後提出「純粹經驗」、「生活世界」的理論，並深入研究諸如「先驗主體性」之類的重要問題，並作出所謂「先驗性的轉向」，轉向探索具有主動性架構作用的先驗主體，以尋求知識形成的根源。「先驗現象學」的完熟，可以說是胡塞爾退休以後的事（Natanson, 1973/1982）。

了解王弼跟胡塞爾的哲學背景之後，我們便可以比較這兩種現象詮釋學的異同：

1.寂然不動

　　《周易》「復」卦的象辭是：「復，…其見天地之心乎？」王弼對該卦象辭的注釋：「復者，反本之謂也。天地以本爲心者也。凡動息則靜，靜非對動者也；語息則默，默非對語者也。然則天地雖大，富有萬物，雷動風行，運化萬變，寂然至無，是其本矣。故動息地中，乃天地之心見也。若其以有爲心，則異類未獲具存矣。」

　　這段話說得非常明白，在《周易》裡，「寂然不動」的意思就是「返回本心」。依照《易經》的陰陽變化宇宙觀，「天地雖大，萬有萬物，雷動風行，運化萬變」，然而，「天地以本爲心」，只要返回本心，動息地中，寂然並無，則「天地之心見也」。相反的，如果「以有爲心」，之有所達，則難免排除異已，「異類未獲其存矣」！

　　乍看之下這種「寂然不動」的「返回本心」與胡塞爾現象學方法論的第一步驟「懸宕」似乎十分相似，因爲現象學詮釋法也要求詮釋者必須摒除一切的前見，排除所有的意識形態，從各種不同的面向，盡量客觀的描述他所觀察到的客體。然而，在西方文化「主／客對立」的大前提下，現象學詮釋法與《易經》的符號詮釋學仍然有其根本的不同。

2.感而遂通

　　王弼在《周易略例》上說：「夫象者，出意者也；言者，明象者也。盡意莫若象，盡象莫若言。言生於象，故可尋言以觀象；象生於意，故可尋象以觀意。意以象盡，象以言著。故言者所以明象，得象而忘言；象者，所以存意，得意而忘象。」

　　王弼的這段名言，非常鮮活的描述了求卜者向占卜師求卜的過程。「夫象者，出意者也」這句話中的「象」，意指占卜所得的卦象。「言者，明象者也」，是說占卜師對卦象的詮釋。「言生於象」的「象」，既是「卦象」，也可以是雙方互動時所表現出來的各種「徵象」。在占卜的過程中，雙方都會「尋象以觀意」；因爲占卜師的詮釋旨在「明象」，所以說「得象而忘言」；對卦象的詮釋旨在釐清求卜者的心意，所以說「得意而忘象」。唯有如此，雙方才能眞正的「感而遂通」。

　　由此可見，《易經》詮釋的「感而遂通」必須以「卦象」和雙方互動

的整體「徵象」作爲基礎，這跟胡塞爾詮釋學第二步驟，以「語言」描述所作的「本質還原」又有根本差異。

3.以類萬物之情

《周易》六十四卦其實就是把天地間的萬事萬物分成六十四類，並以各卦之象辭「來類萬物之情」。在他所著的《周易略例》中，王弼說：「夫象者，何也？統論一卦之體，明其所由之主者也」。他進一步說明象辭之通義：

夫眾不能治眾，治眾者，至寡者也。夫動不能制動，制天下之動者，貞夫一者也。故眾之所以得咸存者，主必致一也；動之所以得咸運者，原必無二也。物無妄然，必由其理。統之有宗，會之有元，故繁而不亂，眾而不惑。⋯⋯故自統而尋之，物雖眾，則知可以執一御也；由本以觀之，義雖博，則知可以一名舉也。〈明象〉

《周易》六十四卦的個卦六爻之中，必有一爻爲其他各爻之主，象辭的作用就是「以一以治眾」、「以靜制動」。胡塞爾現象學的三步驟，以「本質直觀」的方法找出足以表徵該一對象之軸，在詮釋的程序方面雖當相當，但其實際的行動都卻截然不同，其間差異在於《易經》詮釋學的第四步驟：

4.以通神明之德

胡塞爾是極端經驗主義者，他所謂的「本質直觀」，有賴於詮釋者所做的「先驗判斷」（transcendental judgement）。這和《易經》詮釋所謂的「以通神明之德，以類萬物之情」顯然是不一樣的。王弼的注《老子》三十八章說：

是以天地雖廣，以無爲心。聖王雖大，以虛爲主。⋯⋯故滅其私而無其身，則四海莫不瞻，遠近莫不至。殊其己而有其心，則一體不能自全，肌骨不能相容。

　　由此可見王弼對「寂然不動，感而遂通」的解釋，很可能受到《老子》的影響，認爲唯有「滅其私人無其身」，才能「以通神明之德」，眞正做到「四海莫不瞻，遠近莫不至」的「聖王」境界，他跟他者之間的關係，必然像「一體不能自全，肌骨不能相容」，彼此之間，當然很難「感而遂通」。

　　王弼本人是「義理派」的奠基人，但是《易經》詮釋方法的主要使用者，卻是「象數派」。我們必須注意的是在中國歷史發展過程中，這兩派之間既聯合又緊張的對立的關係。更清楚地說，「象數派」的占卜師一方面告訴求卜者：「誠則靈」、「瀆者不告」；一方面希望自己對「卦象」的解釋能「通神明之德」，「至誠如神」。但「義理派」對占卜的基本態度卻是孔子所說的「不占而已矣」。

　　從《宋明理學的科學詮釋》和本書的論旨來看，不論是儒學、天文學或藥理學，中華文化發展的大方向，都是追求理性和客觀知識。因此，朱子在談「心統性情」的修養論、「格物窮理」的認識論、和「敬義挾持」的實踐論時，都特別強調「寂然不動，感而遂通」，但卻不提「以通神明之德，以類萬物之情」（見《宋明理學的科學詮釋》第九、十、十一等三章）。這種情形很像康德在提出其知識論之前，先寫《通靈者之夢》，認爲通靈現象是在作白日夢，必須排除在理性思考之外。

　　然而，西方以聖經和希臘文明作爲起始點的「主／客對立」文化，啟蒙運動之後，可以發展出科學哲學的演化系譜；東亞始自《易經》的文明，從其「體用觀」的文化傳統，雖然可能發展出「有機論」的科學，但卻不可能發展出西方式的科學哲學。甚至在中、西文化不斷交匯的今日，華人學者不僅不容易理解「先驗」一詞的意義，而且傾向於將「先驗」一詞翻譯成「超驗」。

　　在西方「一神教」的文化傳統裡，並不是沒有「通靈」的現象。「一神教」的教主，通常都可以說是「通靈人」。可是，除了教主之外，其他的通靈者常常被視爲是「異端」。在歐洲中世紀的「黑暗時期」，這樣的「異端」可能要接受宗教審判，甚至受到火刑的處罰。康德非常了解這樣的文化傳統，所以他在寫《認識心之批判》，發展其知識論之前，會先寫《通靈者之夢》。

在《易經》的文化傳統裡，通靈是人們在其生活世界中常見的現象。「以通神明之德，以類萬物之情」，是象數派詮釋《周易》卦象時所追求的境界。這樣的文化傳統裡所發展出來的宗教是「自性教」，而不是像一神教那樣的「他依教」；個人「修身養性」的目的，就是要成聖、成仙、成佛，他們不但不會被燒死，而且還會受到一定程度的尊敬。孔子本人不談怪力亂神。朱子是儒學第二期發展最重要的核心人物，他只談「寂然不動，感而遂通」，卻不談「以通神明之德，以類萬物之情」；晚年又以「空同道士」之名，撰寫《周易參同契考異》，反對鬼神之說，所以被歸類於義理派的「儒理宗」。

第四節　徘徊於「先驗」與「超驗」之間

檢視《易經》文化在中國的發展，我們不難看出：朱子不談「以通神明之德、以類萬物之情」，跟康德撰寫《通靈者之夢》，兩者似乎分別代表中、西文化的「理性化」方向。我們必須別強調的是：以「天人合一」作為預設的《易經》文化傳統，絕不可能從其內部發展出西方式的科學哲學，在傳統中國文化內部也找不到西方式的本體論、知識論和方法論（俞宣孟，2005）。在中、西文化交匯的今日，中國學者很難理解康德哲學中「先驗」（transcendental）一詞的意義，並且像牟宗三一樣，傾向於將之翻譯成「超驗」。

「先驗」與「超驗」

我們可以用胡塞爾現象學著作的中文翻譯為例，來說明：在中國傳統裡，牟宗三為什麼刻意要把「先驗」一詞翻譯成「超驗」。台大哲學研究所畢業的高俊一（1982）將那坦森（Morris Natanson）所著的《現象學宗師：胡塞爾》翻譯成中文時寫了一篇〈譯序〉，其中有一段話是這麼說的：

術語的翻譯最傷腦筋，有時候的確很難找到妥當的中文表達方式，因此必須有所交代。「transcendental」這個字在一般強調知識論的場合大多譯為「先驗」，但是從這本書的理路看來，這個字顯然是帶有超越意義

的。而它的超越意義又與獨立於經驗之外永不能爲人之所及的超越實體之超越（transcendent）不同。這一點我們可以從前面有關「趨向大同」的幾段引言看出來。它的超越意義一方面帶有目的論的構成過程的意謂，另方面帶有究極境界的意謂，譬如說：「它可以被認爲是還原的不可言說，現象學家被究極地絕緣在既經還原了的領域裡面。」同時，既經還原了的領域裡面又有它自己的構成邏輯，那個邏輯則是先驗的。爲了要把它的那個超越意義彰顯出來，又爲了統合「超越」和「先驗」的雙重內涵而又要與它們有別，我把「transcendental」勉強譯爲「超驗的」，把「transcendent」譯爲「超越的」，把「a priori」譯爲「先驗」，把「nativism」譯爲「先天論」。這樣一來，原文中有許許多多的段落才能用中文比較明白地表達出來。

「超越哲學」

　　高俊一非常了解：transcendental 一詞應當譯爲「先驗的」，但是爲了行文的順暢，使中文讀者容易理解，他勉強將之譯爲「超驗的」。然而，1992 年台北桂冠圖書公司出版的胡塞爾譯著《歐洲科學危機和超越現象學》，題目卻堂而皇之地用「超越現象學」一詞，該書最後一節的小標是〈從「超越哲學」之主導概念的角度看康德及其後繼者的哲學〉。我刻意從該節中摘出第一段，藉以突顯如此錯誤翻譯的嚴重後果：

　　現在讓我們再來談康德。康德體系在某種一般的意義上當然可以稱爲「超越哲學」體系，儘管它還遠沒有完成對哲學、對一切科學的總體奠定眞正徹底的基礎的任務。康德從來沒有進入笛卡兒的基本研究的最深處。他自己的問題設定（Problematik），也從來沒有引起他尋求在這樣的深度作出最終的論證和決定。如果我在以下的敘述中像我希望的那樣成功地引起大家意識到這樣的一種觀點，超越哲學越徹底，他就越純眞，就越多地完成它作爲哲學的使命；並且只有當哲學家最終清楚地理解自己是作爲最初源泉起作用的主體時，超越哲學才回到它的實際的和眞正的存在中去；才回到它的實際的和眞正的開端中去；那麼我們就必須承認，在另一方面

康德哲學是處在一條與我們所定義的超越哲學的形式的、一般的意義相一致的道路上。它是一種在反對前科學的和科學的客觀主義的鬥爭中，回到作爲一切客觀意義的授予，和對存有的認定的最終所在的認知的主體中去的哲學。它企圖把現存的世界理解爲意義和有效性的結構，並且以這種方式尋求創建一種本質上新型的科學的態度和新型的哲學。事實上，如果我們不把休謨的否定式的懷疑論哲學考慮在內的話，康德體系堪稱是本著一種崇高的科學的嚴肅態度，建立一種眞正普遍的超越哲學的第一次嘗試。這種超越哲學是在現在第一次被發現、唯一眞正嚴格的科學性的意義上的嚴格的科學。

感能界與智思界

　　這段譯文相當流暢。然而，任何對西洋史稍有了解的人都應當知道：康德哲學絕不可能是「超越哲學」。康德最重要的學術著作之一，是他在 1770 年發表的一篇名爲〈感觸界與智思界之形式與原理〉（On the Form and Principles of the Sensible and Intelligible World）的論文，文中將人類認知思考活動所能及的範疇，分爲感觸界（sensible world）和智思界（intelligible world）兩種。前者是指人類的感覺器官所能感受到的現象界，也是自然科學家所探討的範疇。後者是人類感覺器官無法觸及的領域，也是形而上學家所關懷的世界。這超越世界中的事物雖不可觸及，但確可尋思。

　　在康德看來，對於人類而言，這兩個世界都是十分重要的。他認爲：人類的認知思考活動，可以依其思考領域的不同，分爲兩種：「理論理性」（theoretical reason）的目的是要探討自然界中事物間的邏輯關係（logical relationship），它在感觸界進行探索和思考工作，然後根據個人經驗的內容建構出客觀的知識體系，使人類能夠以一種機械式的觀點來了解自然宇宙中的因果秩序。「實踐理性」（practical reason）的目的是處理本體界（ontological sphere）中的問題；它根據人類精神的要求，在智思界中創立宗教或倫理價值體系，以導引人類在經驗世界中的活動，使其趨向於康德所謂爲的「目的王國」（ein Reich der Zwecke）。

先驗觀念論

人類以「理論理性」在感觸界中探索和思考所獲致的最重要成就，是各種可以讓人用來預測並控制外在客觀世界的科學知識體系。康德接受了英國經驗論者的主張，認爲人類以「理論理性」所建構出來的一切知識都必須具有經驗的內容或對象，科學知識亦不例外。然而，康德認爲：認知主體對於客體（object）的感官經驗本身，並不足以產生客觀精確而且普遍有效的科學知識。爲了解釋人類爲什麼能夠運用理論理性，將雜亂無章的經驗現象整理成圖片有效的科學知識，康德又提出了「先驗觀念論」（Transcendental Idealism）的主張。

在說明「先驗觀念論」的主要論據之前，我們必須先分辨「先驗的」（transcendental）和「超越的」（transcendent）這兩個概念的殊異。「超越的」是指超越現實經驗之意。許多形而上學的概念，諸如上帝、靈魂、永生、最後審判等等，都是屬於「超越的」範疇，在康德的思想體系裡，智思界便是超越的世界。智思界中的事物雖然不可爲人類的感官所觸及，然而由於「實踐理性」受人類意志的支配，因此，人類能夠用其「實踐理性」來掌握智思界中的事物。

「先驗的」則是康德知識論的一項特殊概念。爲了說明人類如何運用「觀念」來代表他所經驗到的事物，康德在「純粹理性批判」一書中主張：認知主體經由各種感官所經驗到的客體（object），只是客體反映在其認知活動中的「現象」（phenomenon）而已，它並不是「物自身」（thing in itself）。由於人類的本身生物結構的各種局限，以有限的生命感官，永遠無法認知到客體的「物自身」。認知主體與其感官經驗某一客體時，必須將他經由各種不同感官獲致的各種不同經驗綜合成某種「形式」（form），用以代表該一客體。這種「形式」雖然是由經驗中抽象出來的，不過它卻是「先驗的」。換言之，先驗的「形式」和個人對客體的經驗存有一種「不離不雜」的關係：「形式」的數目是先天決定的，某一客體的「形式」先驗的決定個人對該一客體的經驗，個人對客觀的新經驗，則會更進一步增添他所認識到的該一客體之「形式」的內涵。康德的知識論因此稱爲「先驗的理念論」（transcendental idealism）和「經驗的實在論」（emperical realism）。如果稱之爲「超越哲學」，豈不是與康德原意背道而馳？

先驗主體

洪漢鼎（2018）所著的《詮釋學：它的歷史和當代發展》中，將 transcendental 譯成「先驗的」。在該書第十四講《現象學最後歸宿：生活世界的現象學》中，他說：

具體自我是意識流在其與所經驗的世界的統一裡的關係。這種完全發展了的自我，被認作是意向流的統一，胡塞爾稱之爲先驗的自我。這種先驗的自我不能與「經驗的自我」相混淆。經驗自我的存在，是當我在自然態度裡把自己看成是世界裡其他對象之中的對象時所素樸假定的。但胡塞爾把所有這種看法都「置入括弧」，現象學只依賴於先驗的自我。

我們可以對胡塞爾所謂先驗自我的問題再解釋一下。先驗自我或先驗主體的眞正意思是説：我的感知向我呈現可以在主體間通達的存在者，即不單單是爲我而存在的存在者，而是爲每一個人存在的存在者。我們將對象，事件以及行爲作爲公共的，而非私人的東西去經驗，因此先驗自我的眞正意思就是主體間性，胡塞爾説：「先驗自我只有在主體間性裡才是必然的」（《胡塞爾著作集》，6/175）：

「具體的完全的先驗主體性，是一個由許多我所組成的開放的共同體的總體，一個從內部而來的被純粹先驗地統一起來的，並且僅僅以這種方式才是具體的總體。先驗主體間性是絕對的並且是唯一自足的存在地基（Seinsboden），每個客觀事物都從那裡（客觀地眞實的東西的總體，並且也是每個客觀的觀念世界的總體）獲得其意義和有效性」（《胡塞爾著作集》，第 9 卷，第 344 頁，引自《胡塞爾現象學》，第 118 頁）。

主體間性概念實際上是一個交互—主體性概念，即主體之間的關係。正是因爲此種關係，胡塞爾後來將主體間性—先驗的社會性刻劃爲所有實在的眞理和存在者的來源。先驗現象學實際上就是先驗社會學的現象學。

在上述引文中，「經驗的自我」、「先驗的自我」和生活世界之間的關係非常清楚。如果將「先驗的自我」置換成「超驗的自我」，其意義將

變得很像康德所謂的「通靈人」，它們之間根本不可能有什麼「主體間性」，上述引文將變得完全不可理解。了解中、西文化的根本差異及其發展的方向，我們就不難理解牟宗三為什麼要對康德的知識論作「系統性的扭曲」，更可以藉此看出我們未來應有的對策。這些議題將留待下面兩章再作細論。

參考文獻

牟宗三（1968）：《心體與性體（一）》。台北：正中書局。

牟宗三（1968）：《心體與性體（二）》。台北：正中書局。

牟宗三（1969）：《心體與性體（三）》。台北：正中書局。

牟宗三（1975）：《現象與物自身》。台北：台灣學生書局。

牟宗三（1984）：《中國哲學的特質》。台北：台灣學生書局。

牟宗三（1985）：《圓善論》。台北：台灣學生書局。

李明輝（1994）：《當代儒學之自我轉化》。台北：國學出版社。

林端與黃華彥（2016）：《不同的「超越性」與「內在性」—從社會學觀點論牟宗三以及郝大維和安樂哲在中西文化類型學論述上之差異》。台北：翰蘆圖書。

高俊一（譯）（1982）：《現象學宗師：胡塞爾》。台北：允晨文化。

俞宣孟（2005）：《本體論研究》。上海：上海人民出版社。

洪漢鼎（2018）：《詮釋學：它的歷史和當代發展》。北京：人民大學出版社。

唐君毅（1974）：《中國文化的精神價值》。台北：正中書局。

陳來（1996）：《古代宗教與倫理：儒家思想的根源》。北京：三聯書店。

馮友蘭（1992）：《中國現代哲學史》。香港：中華書局。

馮耀明（1993）：〈當代新儒家的「超越內在」說〉。《當代》，84，92-105。

張易生（2022）：《易經符號詮釋學：當代華人格物的理論與實踐》。台北：文史哲出版社。

鄧曉芒（2010）：《儒家倫理新批判》。重慶：重慶大學出版社。

Hall, D. L., & Ames, R. T. (1987). *Thinking through Confucius* (ch. 2, pp. 69-127). Albany, NY: State University of New York Press.蔣戈為、李志林（譯）（1996）：《孔子哲學思微》。南京：江蘇人民出版社。

Hall, D. L., & Ames, R. T. (1988). *Thinking from the Han: Self, truth, and transcendence in Chinese and Western culture.* Albany, NY: State University of

New York Press. 施忠連（譯）（1999）：《漢哲學思維的文化探源》。南京：江蘇人民出版社。

Husserl, E. (1891). *Philosophe der arithmetik. psychologische und logische untersuchungen.* Erster Band. Halle A. S.: C. Pfeffer.

Natanson, M. (1973/1982). *Edmund Husserl: Philosopher of infinite tasks.* Evanston: Northwestern University Press. 高俊一（譯）：《現象學大師：胡塞爾》。台北：允晨文化。

第十二章
「無限智心」及其「自我坎陷」的文化反思

　　本書第十一章以相當長的篇幅反覆論證：新儒家所謂的「內在超越」其實並不是西方傳統形上學中所說的「超越」，而僅只是一種主觀的「超越感」（sense of transcendence）。該章又指出：熊十力所謂的「體用不二」，是一種宗教中常用的弔詭言語，他所謂的「本體」，是中國文化傳統中所指的「實體」（entity），不是西方傳統形上學中所說的「超越的本體」。西方哲學中的「本體」和「超越」是中國人很難理解的兩個概念。以中國人傳統的「體／用」觀為基礎，可以發展出中國傳統「有機論」的科學，但卻很難發展出近代西方「機械論」的科學。

「假設」或「呈現」

　　牟宗三本人雖然瞧不起維根斯坦的前期哲學，可是他又在邏輯實證論影響之下，刻意扭曲康德哲學，其主要因素是牟宗三在熊十力影響之下，所形成的終極關懷。在第一章曾提到：牟宗三曾數次回憶：他大三時，曾經聽到熊十力與馮友蘭的良知之爭：一日熊先生與馮友蘭對談。馮氏謂王陽明所講的良知是一個假設，熊先生聽之，大為驚訝說：「良知是呈現，你怎麼說是假設！」在《生命的學問》一書中，牟宗三（1970：136）談及聽後的感覺：「良知是真實，是呈現，這在當時，是從所未聞的。這霹靂一聲，直是發聾振聵，把人的覺悟提升到宋明儒者的層次。」從此之後，「良知是呈現」之義，即牢記於牟宗三的心中，指引了青年牟宗三日後治學的大方向。在這一則著名的公案，馮友蘭顯然是採取西方哲學從笛卡兒以來「主／客」二元對立的「極端經驗論」（radical empiricism）立場，認為：凡是不能呈現在意識流之內的一切事物，都是一種「假設」，所以

他才會說王陽明所講的「良知」是一種「假設」。可是，對於主張「體用不二」的熊十力而言，「良知」是一種「活生生的存在」，所以他才會大為驚訝，說：「良知是呈現，你怎麼說是假設！」

第一節　智的直覺

這樣的一場對話深刻影響了青年牟宗三日後治學的方向。牟氏承繼了熊十力「性智」的思路，進一步發展出他以「智的直覺」作為核心的思想體系。依西方二元論的文化傳統，人類理性的能力是有限的，而上帝是無限的，「有限是有限，無限是無限」，人與上帝之間睽隔不通，人永遠不可能變成上帝。康德哲學承認人有「感觸的直覺」，但不承認人有「智的直覺」，因此人們只能認識感觸界中的現象，而不能認識智思界中的物自身。他把「智的直覺」劃給了上帝。

無限智心

在《智的直覺與中國哲學》一書中，牟宗三（1971）認為：依照中國傳統，人聖之間並不像西方人與上帝那樣睽隔不通。人可以有「智的直覺」。若是只從知性和感性看人的能力，因為人的知解能力有限，他當然有能有不能。但若展露出「智的直覺」，則人亦可知本體和物自身，而呈現出「無限智心」。具有無限性的人不是上帝，他跟基督教信仰中的上帝有其根本性的不同。在儒釋道三家哲學中，他們分別稱為聖、佛或真人。聖、佛、真人都是「無限的存在」，所以說「人雖有限而可無限」。

在《圓善論》中，牟宗三（1985：307）對「無限智心」所作的描述是：

仁與天俱代表無限的理性、無限的智心。若能通過道德的實踐而踐仁，則仁體挺立，天道亦隨之挺立；主觀地説是仁體，客觀地説是道體，結果只是一個無限的智心，無限的理性（此不能有二），即「一個使一切存在為真實的存在，為有價值意義的存在」之奧體：存有論的原理。這完全是由踐仁以挺立者。踐仁而至此即是大人的生命，聖哲之生命。一切存在俱涵潤在這大人底生命中，由大人底生命轉載之，俱覆在這無限的智心

理性下，而由此無限的智心理性涵蓋之，此即所謂天覆地載也。

　　在牟宗三的思想體系中，「人雖有限而可無限」是一個非常重要的命題。牟宗三以此作爲基礎，建立了他自己的道德形上學，同時對康德哲學進行批判。他認爲：所謂「道德」，就是「依無條件的定然命令而行」。發此無條件的定然命令者，康德稱之爲「自由意志」，中國儒者稱之爲本心、仁體或良知，意即吾人之「性體」。

兩層存有論

　　《大乘起信論》相傳爲古印度僧人馬鳴所造，由眞諦譯成中文。後來有人指出：此書不是馬鳴所撰，而是中國和尙的托名之作。牟宗三則從義理上斷定：該書爲眞諦之作品，眞諦是自造自譯。牟宗三以爲，《起信論》是典型的「眞心爲主，虛妄熏習是客」的系統。這一系統通過超越的分解而肯定人可有一超越的眞心，此眞心是一切流轉法與還滅法的根據，是成佛之所以可能的根據，也是頓悟的根據，其基本法義就是一心開二門。一心開二門是一心法有二種門，一是眞如門，一是生滅門。雖是二門，然而任何一門皆可「總攝一切法」。生滅門是流轉地總攝一切法，眞如門是還滅地總攝一切法，所以二門圓融爲一，並不相離。「心眞如」就是「心生死」而如之，就是心生滅法的實相，也就是說，「心眞如」就是化妄念之執著，而進入無執無著無差別之狀態。

　　牟宗三將《大乘起信論》中一心開二門的思想進一步推廣，認爲它是中西哲學的共同架構，整個中西哲學都是一心開二門。在西方，生滅門相當於康德所說的感觸界（phenomena），眞如門相當於他所說的智思界（noumena）。但他認爲中西哲學對二門的側重各有不同，在西方，它積極地展示了以知識論爲代表的生滅門，但對智思界的展示則是不夠的。中國哲學則積極地展示了眞如門，而對於生滅門、對於經驗的知識則意識不很清楚，是消極的，這也就是說西方哲學家充分展示了執的存有論，即現象界的存有論，並沒有充分證成或開出本體界的存有論；中國哲學則積極展示了無執的存有論，對執的存有論並沒有給予積極重視。

　　他認爲：在基督教文化傳統之下的西方哲學，所探討的僅只是「現象

界的存有論」（phenomenal ontology），根本無法想像有所謂「本體界的存有論」（noumenal ontology）。可是，依「人有限而可無限」的中國哲學傳統，則可以開出「兩層存有論」：就人的有限性而言，可以就康德所說的「感觸界」，建立「執的存有論」，亦即「現象界的存有論」；就人的無限性而言，可以就康德所說的「智思界」，建立「無執的存有論」，亦即「本體界的存有論」（牟宗三，1975：30）。

這是牟宗三哲學中非常重要的論點。康德是歐洲啟蒙運動時期最重要的哲學家，康德哲學的問世，象徵著歐洲啟蒙運動的開始。本書第四章指出：康德在著手寫《純粹理性批判》之前，先出版了《通靈者之夢》，而該書原來的題目是《形上學之夢與通靈者之夢》。更清楚地說，康德將傳統形上學所思考的觀念和通靈的現象一起排除在其知識論的範疇之外，所以牟宗三指責他只探討「現象界的存有論」，而無法想像「本體界的存有論」。

本書第二章又復指出：後來西方哲學家發現，西方傳統的宗教形上學固然不能成為科學研究的對象，但是科學形上學的理念對於科學理論的建構仍然是必要的。在眾多哲學家反覆辯難之下，才逐步發展出科學哲學的演化系譜。因此，牟宗三的這個論點基本上是正確的。

絕對的本心仁體

牟宗三（1975）認為：肯定人有智的直覺是全部中國哲學的基礎，「如果人類真的不能有智的直覺，則全部中國哲學必完全倒塌，以往幾千年的心血必完全白費」。

《中庸》第一章開宗明義地說：「天命之謂性，率性之謂道，修道之謂教。」此處所謂的「性」，是指發布無條件定然律令的道德本體，宋明理學家稱之為「天地之性」，而不是「氣質之性」，通常稱之為本心、仁體或良知。依照牟宗三（1975：191）的說法：

性是道德行為底超越根據，而其本身又是絕對而無限地普遍的，因此它不是個類名，所以名曰性體——性即是體。性體既是絕對而無限地普遍的，所以它雖特顯於人類，而卻不為人類所限，不只限於人類而為一類概

念，它雖特彰顯於成吾人之道德行為，而卻不為道德界所限，只封於道德界而無涉於存在界。它是涵蓋乾坤，唯一切存在之源的。（修正資料來源：國家教育研究院「臺灣教育研究資訊網」（naer.edu.tw）第三章，頁27）

對牟宗三而言，「性體」是形而上的，是絕對而無限的，它創生一切，遍潤一切，它的呈現必然是與天地萬物為一體，所以「天命之謂性，率性之謂道」的說法才有可能成立，它的命令才有可能成為無條件的定然命令。

在儒家文化中有一個普遍的說法：要做為一個「人」，必須要有「天良」或「良心」。說一個人沒有「天良」或「良心」，就等於是罵他「不是人」、「和禽獸一樣」。牟宗三認為中國人在其生活世界中所謂的「天良」或「良心」和儒家所謂的「本心」、「仁心」是同義的，它們的根源都是普通而絕對的「性體」。如果性體不是絕對而無限的，則與之同義的「本心」也會受到限制，不再是「本心」，而轉化成為心理學層次的「認知心」，喪失掉自主自律的原則，「仁心」之感通也就喪失了必然性。因此，牟宗三（1975）強調：

當吾人由無條件的定然命令以說本心仁體或性體時。此本心仁體或性體本質上就是無限的，這裡沒有任何曲折，乃是在其自身即絕對自體挺立的。唯有如此絕對自體挺立，所以才能有無條件的定然命令。（頁192）

本心仁體既絕對而無限，則由本心之明覺所發的直覺必然是智的直覺。只有在本心仁體在其自身即自體挺立而為絕對而無限時，智的直覺始可能。（頁193）

第二節 批判康德的道德哲學

牟宗三認為，智的直覺不但在理論上必須加以肯定，而且在實際上也

一定會呈現出來。本心仁體不是一個孤懸的、假設的絕對而無限的物，不是一設準，在我們的實踐中它可以隨時躍動、隨時呈現。孟子說：「今人乍見孺子將入於井，皆有怵惕惻隱之心。」這就表示本心是隨時在躍動、在呈現。對牟宗三而言，智的直覺不是抽象的理性體，它是心能，是本心明覺之活動。它不是假定，而是呈現，是在實踐的體證中具體且眞實的呈現。

從笛卡兒「主／客」二元論的哲學來看，康德哲學中的認識論可以適用於包括「人」自身在內的所有被認識的對象。更清楚地說，當人以「主／客」二元對立的方式反思自身時，作爲被認識對象的「人」自身，其本體也是超越的，但作爲認識之主體的「人」卻可以運用其「理論理性」，建構出包含有「先驗理念」在內的社會科學或心理學理論。「良心」就是這樣的一種「先驗理念」，它並不是道德法則。

道德的神學

康德哲學中的道德無上律令，並不是來自良心，而是來自「實踐理性」。康德認爲：「道德情感、良心、愛一個人的鄰居、尊敬我們自己，這並沒有強制性」（牟宗三，1982）。良心固然是生而固有的，但它不是理性，也不是道德法則。康德曾經給良心下過一個定義：「我們人心中一個內部法庭之意識，便是良心」。它是人心中的檢察官，具有「注視或守護在它之內的法則之力量」。但它是負責監督法律之執行，而非立法者。它的判斷所依據的標準或法則係由純粹理性提供。良心是心，法則是理，康德將「理」與「心」拆分爲二。

康德道德哲學的三大設準是「自由意志」、「靈魂不滅」和「上帝存在」。在他看來，沒有「意志自由」，道德律令就不是發自內心，就不是自主自律的必然行爲。在「理論理性」的認識領域，靈魂是必然會死的，但在「實踐理性」的道德領域，靈魂不死恰恰是善行惡行得以受到獎懲的保證，而上帝則是獎善懲惡、德福一致的保證者。

牟宗三在此指出了康德哲學的不足之處：康德在個人的自由意志之外，還假設有一絕對的「上帝存在」。使上帝與自由意志不能同一，牟認爲這是康德的「不透之論」。他認爲，當吾人就「無條件的定然命令」說

自由意志時，自由自律只能是因，不能是果。它必須是條件串上的「第一因」，它只能限制別的，而絕不為其他條件所限制。如是「第一因」與發布無條件定然命令的自由意志必然是全同。「天地間不能有兩個絕對而無限的實體」。假若承認上帝是絕對而無限，而不承認自由意志之絕對與無限，則自由就變成了非自由，自律就變成了非自律，自由意志從而受到制約，如是就陷入了自相矛盾。因而當個人由「無條件的定然命令」說本心、仁體、性體或自由意志時，它只能是絕對而無限的，如有上帝，這上帝就是本心、仁體、性體或自由意志，總之，「只有一實體，並無兩實體」。

牟宗三認為，智的直覺既本於本心仁體之絕對普遍性、無限性以及創生性，則「上帝存在」和「靈魂不滅」即不必要。在他看來，本心仁體就是純一不滅、永恆常在之本體，「要說靈魂不滅，不能與此本心仁體之外，又別有一個靈魂不滅」。在他看來，康德所說的「自由意志」如同王陽明的良知或劉蕺山的「心意」一樣，都是性體、心體之異名，故而，雖然提出道德的形上學主張，「但因他視自由為假設，不是一呈現，又因他忘掉意志即本心，他遂只成了一個『道德的神學』，而並未做出這種道德意義的形上學，即由道德進路而契接的形上學，簡言之，即並未作成一個『道德的形上學』」（牟宗三，1968：173）。

第三節　良知的傲慢

牟氏對於他所提出的「智的直覺」論固然是信心滿滿，他不僅以之作為「判教」的基準，以之整理儒家在中國歷史發展上的「統緒」，而且吸引了眾多弟子門徒，成為港台新儒家的一代宗師。

然而，有些受過西方哲學訓練的青年學者卻對牟氏的哲學體系提出了強烈的質疑。用前一章所提到的現象學來說，我們固然可以說：牟氏以康德的「自律性道德」整理宋明理學的「統緒」時，他是以一種「實存主義式的本體論」在檢視宋明儒者。可是，倘若我們用「現象學式的本體論」來檢視他對宋明理學的分析，我們便可以看到，他跟熊氏一樣，也會遭到同樣的質疑，更清楚地說，對於所謂的「本體」，每個人都可以根據自己

的生命經驗，而有不同的體悟：孔子的「仁體」，張載說它是「誠體」，朱熹說它是「理體」，王守仁說它是「心體」，到了劉蕺山就變成了「獨體」！用牟氏自己的話來說，這就是所謂的「天道性命是一」，也就是一般人所謂的「天人合一」。

「天人合一」的危險

本書第十章曾經以相當長的篇幅批評新儒家的「內在超越」說，我一再強調：就西方哲學嚴格的「超越」定義而言，新儒家所說的「內在超越」，其實只是一種「超越感」。「人」即使變成了「聖人」、「神」或「佛」，他也無法變成超越的「形上天」或「主宰天」。「天道性命是一」或「天人合一」的一元化思想體系蘊涵了一個極大的危險：就中國社會的現實而言，它很可能成為帝制化儒家「三綱」之說的思想基礎。更清楚地說，當每一個憑藉自己的「良知獨體」或「自由無限心體」來詮釋自己所謂的「天道」，在「三綱」中占有較大權力的「君、父、夫」，便很可能開始自我膨脹，而以「天理」的代理人自居。在《拯救與逍遙》一書中，劉小楓（1991：106）曾經藉著分析屈原自殺前留下的〈天問〉一文，尖銳批評儒家的「天人同一」說：

先儒十分重視以人的意志去實現天的意志，這就是一種天人同一。「天將以夫子為木鐸」，「故天縱之將聖，又多能也」，「夫天未欲平治天下也，如欲平治天下，當今之世，捨我其誰也？」「此天之與我者，先立乎其大者，則其小者不能奪也，此為大人而已矣」，「君子小人之反也，君子大心則天而道」，「唯聖人為不求知天，天職既立，天功既成，形具而神生，好惡喜怒哀樂藏焉；夫是之謂天情。……大天而思之，孰與物畜而致之！從天而頌之，孰與制天命而用之！」這樣一來，個體人格當然會感到自己的意志的無限膨脹，個體當然會以為自己的人格本身自足，不待外求，心體自足，光明透亮，具足萬德，寂然不動是也。（頁106）

基於這樣的信念，「誰不會自信個體人格的自足意志和無所不能呢？中國的儒生大都有天下唯我是命的氣概」。由此發展到唯意志論是相當容

易的事，「收拾精神，自作主宰，萬物皆備於我，有何欠闕？」這固然可以譽之爲人格主體的極大弘揚，對個體人格的絕對肯定，但「銅板的另一面卻是唯我獨尊，夜郎自大」。任何事物不知道自己的界限，就會走向反面，這條辯證法則多少是沒有錯的，也爲歷史所證實（頁98-99）。

「宰制性」與「抗宰制性」

林安梧（1996）說：中國一本論傳統下的儒學，一方面有其「一元化的宰制性」，一方面又有「抗一元化的宰制性」，兩者之間形成一種極爲奇詭的總體結構。不幸的是：在「三綱」的前提條件下，總是「一元化的宰制性」占優勢，「抗一元化的宰制性」沉默不語。結果便形成史華茲（Schwartz, 1975）所說的「社會─政治─文化上的規範秩序」與「事物實際狀態」之間的「悲劇性矛盾」：

人類秩序的頂點是無所不在的王權，可以這樣說，它是以下兩者之間的聯繫的中心環節：其一是國王，它是對維護人類正常秩序負最終責任的人；其二是至高無上的上帝，或曰天，它維持了掌握自然力的鬼神的世界，以及祖先神靈世界的和諧和秩序。至高無上的上帝從不偏離自然界秩序中的正常的變化，然而國王──還要擴大到王族，以及貴族和國王之下的官吏──可能可悲地背離道，這樣就產生了無秩序社會中各種各樣的不和諧和混亂的現象。

在這種「不和諧和混亂」的情況下，當「抗一元化的宰制性」力量不足以與掌握有「一元化的宰制力量」的王公貴族相抗衡時，他便可能像屈原一樣的「問天」：

授殷天下，其位安施？
反成乃亡，其罪伊何？
爭遣伐器，何以行之？
並驅擊翼，何以將之？

　　他對「天道」的提問當然得不到任何答案，最後只好投江自殺。我這樣批評牟宗三，並非意圖否定牟氏的學術成就，也不是要否定「良心」在中國文化中的核心地位。事實上，牟氏對中華文化傳統的分析是相當精到的，「良心」對於現代社會中的中國人也仍然有非常重要的意義。我所要指出的是：牟氏過分強調「自律性道德」的重要性，卻忽略掉「外在超越」的上帝在西方所扮演的角色，很可能使人產生「良知的傲慢」，而陷入「主體主義」或「人類中心主義」的危機（曾慶豹，2008）。

第四節　良知的自我坎陷

　　「良知的自我坎陷」是牟宗三思想體系中一個非常重要的概念，也是牟氏哲學最常受人質疑之處。牟宗三（1975）認為，康德的思想架構開啟了兩個世界：現象界（phenomena）和本體界（noumena）。以佛教《大乘起信論》的名詞來說，就是「一心開二門」，康德哲學把生滅門開得很好，但真如門卻開不出來。所以，牟宗三根據中國「一心開二門」的傳統消化康德，把康德所說的「超越的理念論」與「經驗的實在論」，轉成兩層存有論：「執的存有論」和「無執的存有論」。前者是識心，後者就是智心，這就是徹底的唯心論。由「無執的存有論」透出「徹底的唯心論」，亦稱徹底的實在論。因為智心與物如同時呈現（智如不二），智心是絕對的心，物如是絕對的實在；故同時是徹底的唯心論，亦即是徹底的實在論。

自由無限心的「雙向開出」

　　在《現象與物自身》一書中，牟宗三（1975）指出，自由無限心是道德的實體，由此可以開出「道德界」，它又是形而上的實體，由此又可以開出「存在界」。這存在界的存在，即是「物之在其自己」（物自身）之存在，「物之在其自己」就是物之本來面目，物之實相。由「自由無限心」開存在界，可以成立一個「本體界的存有論」，又名「無執的存有論」，對於「自由無限心」的意義與作用，有了清楚而明確的表象，則對於「物之在其自己」的真實意義，亦可有清楚而明確的表象：它是一個「朗現」，

不是隱晦的彼岸。

要由「自由無限心」開出「知性」，則是一個「逆反」的過程。知性、認知主體，是由「自由無限心」（知體明覺）之「自我坎陷」而成，牟宗三名之爲「知性之辯證的開顯」。知性本質上就是一種「執」，它執持自己而靜處一邊，成爲認知主體，同時亦把「物之在其自己」的「物」，推出去而視之爲對象，因而亦成爲現象。所以「現象」是由「知性之執」而執成的，即「物之在其自己」而挑起的。知性之執，依佛家亦可名爲「識心之執」，識心是通名，知性、想像，以及由感性所發的感觸直覺，則是識心之不同的形態。識心之執，從其知性形態之執，直到感性之執，由此而成立一個「現象界的存有論」，亦可稱爲「執的存有論」。

理性的運用／架構表現

在牟宗三青年時代，許多中國知識分子都在尋求拯救國家的方法，五四時期，中國知識分子普遍相信：「民主」和「科學」是可以救中國的兩尊「洋菩薩」。牟宗三窮畢生之力，發展出他博大精深的思想體系，對於「無限智心」該如何開出「民主」與「科學」的問題，當然要有所交待。

在《政道與治道》一書中，牟宗三（1985）認爲：儒家所講的德行修養，是「理性的運用表現」，科學與民主政治是「理性的架構表現」，什麼叫「理性的運用表現」呢？牟宗三說：「運用表現」（Functional Presentation）中之「運用」，亦曰「作用」或「功能」。在中文日常使用中，有時「運用」較順，有時「作用」較順，而「功能」一詞則不常用。「運用表現」即禪宗所謂「作用見性」，宋明儒者所謂「即用見體」，《易經》中的說法，則是「於變易中見不易」，「這些話實是偏重在見體」。「我今說『理性之運用表現』，則偏重在表現。表現是具體以成用，或承體之起用，這是在具體生活中牽連著『事』說的。」（頁46）

而「架構表現」（constructive presentation, frame presentation）則是指通過一個有結構的媒介，這個有結構的媒介本身並不具有價值或意義，只是它所表現實踐理性的一個工具。它是爲「實踐理性」服務的，本身是以「觀解理性」（「理論理性」）爲根據，不是「實踐理性」。

實體的結構和功能

從牟宗三的析論中，我們可以看出：牟氏所謂理性的「運用／架構」表現，其實就是指一個「實體」（entity）的「結構」和「功能」。換句話說，牟先生在這裡費盡心思、拐彎抹角地要為中國的「民主」和「科學」找到一條出路，但他卻無法擺脫中國傳統「體用觀」的影響，不知不覺地用理性的「運用／架構」表現來說明中、西文明的根本差異。

問題是：中國傳統的「體用觀」跟康德哲學中對於「本體／現象」的劃分是完全不相同的兩回事。不論是在中國或是在西方，任何一個「實體」（entity）都必然有其結構和功能；但在康德哲學中，「實體」並不等於「本體」（noumenon）。在基督教文化影響之下，康德認為：任何一個「實體」的「本體」都是屬於「智思界」（intelligible world）的範疇，也是形上學的範疇，雖然可以尋思，但卻是超越的。

牟宗三所說的「無限智心」固然可以說是（儒家實踐）「理性之運用表現」，這種「理性之運用表現」當然有其「本體」，這就是牟氏所說的「即用見體」、「作用見性」、「於變易中見不易」。西方的「民主」與「科學」當然也可以說是「理性之架構表現」。可是牟氏未及深思的是：在西方文化中，促成此種「架構表現」的「理論或實踐」理性究竟是什麼？

「全盤西化」乎？

相反的，牟宗三在思考此一問題的時候是用「倒果為因」的方法，想要從（儒家實踐）「理性之運用表現」，推出（西方民主與科學）的「理性之架構表現」。結果他認為：儒家所講的內聖之德行與科學民主有關係，但不是直接關係，科學民主有其獨立之特性。從「理性的運用表現」無法直接推出「理性的架構表現」來，所以要從德性轉出科學與民主，「必不是直轉，而是曲轉」，不能「直通」，而必須「曲通」。對這種「轉折的突變」，牟宗三（1983：57）的說明是：

德性，在其直接的道德意義中，在其作用表現中，雖不含有架構表現中的科學與民主，但道德理性，依其本性而言之，卻不能不要求代表知識

的科學與表現正義公道的民主政治。而內在於科學與民主而言，成就這兩者的「理性之架構表現」其本性卻又與德性之道德意義與作用表現相違反，即觀解理性與實踐理性相違反。即在此違反上逆顯出一個「逆」的意義。它要求一個與其本性相違反的東西。這顯然是一種矛盾。它所要求的東西必須由其自己之否定轉而為逆其自性之反對物（即成為觀解理性）始成立。它要求一個與其本性相違反的東西。這表面或平列地觀之，是矛盾；但若內在貫通地觀之，則若必須在此一逆中始能滿足其要求，實現其要求，則此表面之矛盾即在一實現或滿足中得消融。

從這段論述，我們已經可以看出：牟氏哲學的困難所在，牟氏一再強調：儒家的德行修養跟科學與民主的本性相違反，「觀解理性與實踐理性相違反」，「理性的作用表現」與「理性的架構表現」相違反，然則儒家文化要如何開出民主與科學？除了「全盤西化」還有別的途徑嗎？

第五節　牟宗三的弔詭

牟氏當然不會用「全盤西化」這四個字，他講的是「曲通」，是「良知的自我坎陷」。在《現象與物自身》一書中，牟宗三（1975：122）對「良知的自我坎陷」這個概念所作的說明是：

知體明覺不能永停在明覺之感應中，它必須自覺地自我否定（亦曰自我坎陷），轉而為「知性」；此知性與物為對，始能使物成為「對象」，從而究知其曲折之相。它必須經由這一步自我坎陷，它始能充分實現其自己，此即所謂辯證的開顯。它經由自我坎陷轉為知性，它始能解決那屬於人的一切特殊問題，而其道德的心願亦始能暢達無阻。

「知體明覺」必須「自我坎陷」始能轉為「知性」，始能充分實現其自己，這是牟宗三一再強調的明確主張。我們必須把這樣的主張分別放置在「科學」和「民主」的脈絡裡，才能回答良知「如何」自我坎陷的問題，將所謂的「曲通」用在「科學」方面，牟氏的說法是：

　　人之成德與知識的多少並無關係，可是「誠心求知」這一行為卻必然為道德理性所要求所意欲。既要求此行為，而若落下來真地去做此行為，則從「主體活動之能」方面說，卻必須轉為「觀解理性」（理論理性），即由動態的成德之道德理性轉為靜態的成知識之觀解理性。這一步轉，我們可以說是道德理性之自我坎陷（自我否定）：經此坎陷，從動態轉為靜態，從無對轉為有對，從踐履上的直貫轉為理解上的橫列。

　　在此一轉中，觀解理性之自性是與道德不相干的，它的架構表現以及其成果（即知識）亦是與道德不相干的。在此我們可以說，觀解理性之活動及成果都是「非道德的」（不是反道德，亦不是超道德）。因此遂有普通所謂「道德中立」之說。

　　在上述引文中，牟氏新增加的說法是「從動態轉為靜態」、「從無對轉為有對」、「從踐履上的直貫轉為理解上的橫列」。這些概念其實跟「知體明覺」轉為「知性」一樣，是一種「同語反覆」，它們並沒有回答「良知如何自我坎陷」的問題。可是從這段引文的後半部，我們可以看出：牟氏對於「科學」的認識，是典型的「實證主義」科學觀，這種科學觀所蘊藏的問題，在本書第二章中已經有相當細緻的討論。針對上述引文的前半部，我想問的問題是：「誠心求知」既然是「道德理性所要求所意欲」者，在以「觀解理性」（理論理性）追求知識的時候，為什麼道德理性必須「自我坎陷」（自我否定）呢？一旦道德理性（良知）「自我坎陷」掉了，還有什麼力量可以支持他去「誠心求知」？

治權的民主

　　牟氏 1983 年出版的《政道與治道》中，添加了一篇「新版序言」，題為〈從儒家的當前使命說中國的現代意義〉，是牟宗三在東海大學「中國文化研討會」上的講辭。在這篇演講裡，牟宗三（1983：1-31）強調：儒家的學問原先是講「內聖外王」。宋明儒則特重「內聖」這一面，要求每一個人都要通過道德的實踐，做聖賢的工夫。對外王一面就不足夠，而要求民主政治乃是「新外王」的第一義。西方自文藝復興以後所創造出的近代文明有個共同的基本精神，可以用「對列之局」（co-ordination）來加

以說明，這就是《大學》所嚮往的治國平天下理想：「絜矩之道」，「絜者合也，矩者指方形。絜矩之道即是要求合成一個方形」。若欲比他人高，去征服而使他人隸屬於我，即不能成「絜矩」。西方的社會原有階級的存在，「社會中有些不同的力向，有些中流砥柱在那裡撐著」，經過長期的奮鬥才達成政治的現代化，形成他們的「對列之局」。

　　同是要求現代化，西方與中國的源泉不同；西方是根據階級鬥爭而來，中國社會則只是「職業殊途，倫理本位」，階級的分野不清楚。中國以前取得政權的方式是靠打天下而來的，政治的泉源是非理性的、是皇帝打來的，旁人不能過問，所能過問的只是第二義以下的。除了政權來源這一方面不能觸及之外，中國以往在其他方面是非常自由、平等，我們可以說，中國以前只有「治權的民主」，而沒有「政權的民主」。從考進士、科甲取士等處，即可見治權是很民主的。但是，真正的民主政治是在「政權的民主」上表現的，唯有政權民主，治權的民主才能真正保障得住。以往沒有政權的民主，故而治權的民主亦無保障，祇有靠「聖君賢相」的出現。然而這種有賴於好皇帝、好宰相出現的情形是不可靠的，所以中國以前理性的表現只是在作用上表現。在此雖是相當的民主、自由，然因政權不民主，此處的民主亦無真保障，所以還是得要求現代化。

一個人的自由

　　所謂「治權的民主」其實就是一般學者所說的「民本主義」。在《政道與治道》第二章「論中國的治道」中，牟氏對儒家德化的治道、道家道化的治道，以及法家物化的治道都有相當精到的分析。他認為中國文化傳統中，理性的作用表現方式，可以用「隸屬」（sub-ordination）一詞來代表：「中國文化幾千年來的表現，『職業殊途，倫理本位』、治權民主，在這個制度的安排下，大體不錯，亦有相當的合理性，所以我們說中國早有了理性的作用表現」；「另外一方面，我們又常感到中國文化的不夠，這個不夠的關鍵即在政權不民主，亦即缺乏理性的架構表現。在這種情形之下，整個文化在現實上的表現，大體上呈現的即是個『Sub-ordination』

的形態。這就是黑格爾所說的，東方世界只知道一個人是自由的。這一個人即是皇帝。」而即此一人是自由的，也不是真正的自由，不是架構表現下之理性的自由，只是情欲、氣質的奴隸，隨意揮灑的自由。此須了解黑格爾的歷史哲學所說自由之意義。「以前的宰相代表治權，然而宰相有多大權力呢？今天要你做宰相，你就做，明天不要你做，把你殺掉，亦無可奈何、毫無辦法」（牟宗三，1983：26）。

凝固既有秩序的超越觀

　　牟氏對於中國傳統政治特色的描述跟史華茲（1975）的講法幾乎是一致的。值得特別強調的是，史華茲（1975）雖然同意：如果「理性主義」這個詞是指「將秩序的觀念置於頭等地位」的話，中國已經形成了一種「理性主義」。然而，史華茲（1985）很清楚地指出：中國人所崇拜的祖先神靈和他們對於「天」的概念是截然不同的。中國人把天視為是「超越的統治者」，袘以一種統一的道德意志，維持世界上的正常秩序。可是，中國人所崇拜的祖先或神靈卻只是完成自己的職責，具有某種非凡的能力，或有特殊的道德成就而已。這種超越觀凝固現存的社會秩序，而不是要改變或超越它們。

　　這裡我們便可以看出牟氏哲學的癥結所在。在上一章中，我們很清楚地說明：牟氏所謂的「內在超越」，其實只是一種「內在超越感」。用曾慶豹（2008）的話來說，他沒有在「愚拙的上帝（天）」和「道德的人」之間作出斷然的分際，反倒一直強調「天人合一」的「內在超越感」，結果卻讓他的哲學體系不自覺地滑入「主體主義」的陷阱。牟宗三（1983：27）說：

　　中國以往的學術是向上講的，儒釋道三教，講學問都是如此。儒家講成聖賢，道家講成真人、成至人，佛家講成佛、成菩薩，這都是重個人修養的向上發展。在向上發展的方向中，對列之局是出不來的，所以中國人喜歡講「天地萬物一體」、「物我雙忘」。在第一關上，喜歡講「首出庶物」，把自己透出來，「先天而天弗違」。依儒家講，此乃是先見本體，有如禪宗所說的「截斷眾流」、「涵蓋乾坤」。先把主體透出來，這是講

聖賢學問、往高處講的一定方式；這是講道德、宗教，不是在講政治，更
不是要每個人都做皇帝。

　　牟氏本人非常了解「道德」和「政治」的分際。然而，中國歷史上掌
握權力的「聖君賢相」卻很難將「政治」和「道德」切分開來。要將這兩
者切割爲二，牟氏就不得不針對他的「道德主體主義」進一步提出「良知
的自我坎陷說」：

　　此政體既是屬於客觀實踐方面的一個客觀的架子，則自不是道德理性
上之作用表現所能盡。內在於此政體本身上說，它是理性之架構表現，而
此理性也頓時失去其人格中德性之意義，即具體地說的實踐理性之意義，
而轉爲非道德意義的觀解理性。觀解理性之架構表現與此政體直接相對
應。但此政體本身之全部卻爲道德理性所要求，或者說，此政體之出現就
是一個最高的或最大的道德價值之實現。此即表示欲實現此價值，道德理
性不能不自其作用表現之形態中自我坎陷，讓開一步，而轉爲觀解理性之
架構表現。當人們內在於此架構表現中，遂見出政治有其獨立的意義，自
成一獨立的境域，而暫時脫離了道德，似與道德不相干在架構表現中，此
政體內之各成分，如權力之安排、權利義務之訂定，皆是對等平列的。因
此遂有獨立的政治科學（牟宗三，1983：59）。

　　仔細閱讀牟氏「良知的自我坎陷說」，我們不難看出其「道德主體主
義」的弔詭。牟氏一方面認爲：民主政體的出現「就是一個最高的或最大
的道德價值之出現」，一方面又強調：欲實現此價值，道德理性必須「自
其自我表現之型態中自我坎陷」，其中奧妙就是透過「觀解理性之架構表
現」。至於爲什麼透過「觀解理性之架構表現」，就能夠把「自我否定」
掉的「道德理性」再轉變成爲「最高的或最大的價值」，最是令人百思不
得其解。這或許可以說是在當時的「歷史理性」下，中國知識分子對於
「民主」這尊「洋菩薩」的迷信吧？

第六節　反思新儒家：徐復觀的學術觀

本書第三部分從中國傳統的「體用觀」，談到熊十力主張的「體用不一不異」；再從新儒家主張的「內在超越」，說明中國學者經常把康德哲學的「超驗」和「先驗」混為一談；然後說明牟宗三哲學所謂「無限智心」為什麼會受到學術界的批判。

棄武從文，決志學術

對港台新儒家學術路線批判最為深入的人，其實是新儒家第三代的徐復觀（1904-1982）。徐氏是湖北浠水縣人，出身貧苦農家；原名秉常，字佛觀，後由熊十力改名為復觀。師範學校畢業後，曾當過小學校長。1928年，東渡日本，相繼就學於明治大學經濟系與陸軍士官學校步兵科。1931年，九一八事變後，他與同學抗議，而被日本政府驅逐出境。

抗戰軍興，徐氏先進入桂系，後來轉到國民政府參謀本部總長辦公室、軍事要員會委員長侍從室擔任幕僚。1942年，受蔣介石賞識，以國軍少將軍階擔任軍令部駐延安聯絡參謀。1949年，到香港創辦自由主義刊物《民主評論》，從此決定棄武從文。

徐氏轉向學術的心路歷程跟熊十力十分類似。熊十力在致力學術之前，本來是革命者，但他在1903-1918年間的革命經歷卻使他深深感到，中華民族之所以淪落，其實是由於社會風氣尤其是「士習」墮落：「士習於浮淺，無深遠之慮；逞於僥倖，無堅卓之志；安於自私，無公正之抱；偷取浮名，無久大之業；苟圖囂動，無建樹之計；輕易流轉，無固執之操」；其根本原因在於「學絕道廢」。「生命力空虛已至極度」，以至「人心死，人氣盡，人理亡」，因此，「欲救中國，必須先救學術，必須有人出來挺身講學，以造成風氣」。但他所謂學術，並不是一般的學術研究，而是窮究宇宙真理、人生實性的「本原之學」，亦即本體論（熊十力，2001）。

基於這種認識，熊十力遂由投身革命轉向「決志學術」，以「窮究本體」、究明大道為終身職志。他首先試圖從佛學入手。但在研究佛學的唯識論之後，卻發現佛學不能使他究明大道。因而反己自求，並且發現他所

悟「與孔門傳授之《大易》之義，甚相密契」，乃決然歸宗儒家，確信孔門才是真正開萬世之太平的正心救世之學。

在《讀經示要》中，熊十力（2001）批判清代漢學家熱衷於考據訓詁所產生的種種弊端，可以導致「學術亡國」，同時批判梁啟超和胡適所謂「考據方法符合西洋科學方法」、「乾嘉學派的出現相當於歐洲的文藝復興」等論點，斥之爲「理不求其眞，事不究其實」的「影響之談」。

批判考據派

徐復觀（1988）主張的「思想史研究」，意味著一種超越考據，而指向思想本身的內在結構與發展歷史的研究途徑。在徐復觀看來，考據派主要存在有三個問題：第一，在方法上執著於「以語源爲治思想史的方法」，以爲通過訓詁找到一個字的原形、原音、原義，便足以治思想史，其實這「完全是由缺乏文化演進觀念而來的錯覺」。用這種方法治思想史，所作論斷並不是以資料的歸納爲基礎，而是以語源作爲基礎，作無限制的推演，所以其結論「幾無不乖謬」。

第二，即使不是執著於「語源」，而能夠把許多材料匯集在一起，缺乏抽象思辨能力，仍不能從這些資料中抽取出可以貫通各材料的中心觀念，並合理地顯現出潛在的思想結構。

第三，缺乏科學態度或如古人所謂「敬」的態度。在研究過程中，固執自己的主觀成見，不能「對於研究對象作客觀的認定」，並「隨對象的轉折而轉折，以窮究其本身所含的構造」。在學術討論中執著於自己的意見，拒絕承認他人的不同看法。甚至明知錯誤還要文過飾非、百般狡辯。在學問門類上，則是固執考據學立場，而拒斥思想義理的研究。（頁2-6）

兩種「文化系統」

徐復觀對於考據派的批評跟本書系的立場是完全一致的。本書系居於「批判實在論」的立場，依照「分析二元論」的主張（Archer, 1996），採取「文化系統」的研究取向，其目的就是要「對於研究對象作客觀的認定」，「以窮究其本身所含的構造」。在《中國思想史論集》的「代序」中，徐復觀（1988）說：我們與西方的比較研究，是兩種不同的劇場，兩

種不同演出相互間的比較研究，而不是我們穿上西方舞台的服裝，用上他們的道具的比較研究。我們中國哲學思想有無世界的意義，有無現代的價值，是要深入到現代世界實際所遭遇到的各種問題中去加以衡量，而不是要在西方的哲學著作中去加以衡量。（頁2）

　　我完全同意這樣的論點。本書第二部分以三章的篇幅析論西方科學的發展，第三部分以四章的篇幅反思中國「有機論」的科學，正是要說明中國人和西方人在這「兩種不同的劇場」上，如何作「不同的演出」。我尊重李約瑟的研究，但不完全接受他的論點，就是不想「穿上西方舞台的服裝，用上他們的道具」，作比較研究。本書第八章深入回顧中國天文學的發展歷史，就是想要跟讀者「到現代世界實際遭遇到的各種問題中」，一起反思「中國哲學思想有無現代的價值」。在同一篇文章中，徐復觀（1988）又說：

　　我們「簡易」的哲學思想，是要求生命、生活中深透進去，作重新地發現，是否要假借西方炫學式的哲學架子以自重，我非常懷疑。我們在能與西方相通的地方，可以證人心之所同；我們與西方相異的地方，或可以補西方文化之所缺。這也和我們要吸收西方所有，而為我們所沒有的，以補我們之所缺，是同樣的道理。（頁2）

　　本書認為：天文學的發展是我們「能與西方相通的地方，可以證人心之所同」，它同時顯示出「我們與西方相異的地方」。《周髀》一書，可以說明我們「簡易」的哲學思想，和歐幾里德的《幾何原本》相較，不難看出，這就是「西方所有，而為我們所沒有的」，我們根本無法「假借西方炫學式的哲學架子以自重」，而必須虛心吸納「以補我們之缺」。本書之所以必須以一本書的篇幅，來糾正牟宗三對於康德知識論一個核心概念的誤譯，其道理亦在於此。

思辯的邏輯結構

　　在《中國思想史論集》中，徐復觀（1988）說：

　　西方的思想家，是以思辨為主；思辨的本身，必形成一邏輯的結構。
中國的思想家，係出自內外生活的體驗，因而具體性多於抽象性。但生活
體驗經過了反省，與提煉而將其說出時，也常會澄汰其衝突矛盾的成分，
而顯出一種合於邏輯的結構。這也可以說是「事實真理」與「理論真理」
的一致點、接合點。但這種結構，在中國的思想家中，都是以潛伏的狀態
存在。因此，把中國思想家的這種潛伏著的結構，如實的顯現出來，這便
是今日研究思想史者的任務；也是較之研究西方思想史更為困難的任務。
（頁 2-3）

　　從本書第二部分的析論，可以清楚地看出：西方思想家這種「以思辨
為主」的特性。康德哲學代表歐洲啟蒙運動的開始，在西方近代文明的發
展中具有承先啟後的作用，其中蘊涵有一嚴謹的邏輯結構，因此也有「不
容誤解」的特色。本書系特以《科學哲學的演化系譜》，說明康德知識論
的重要地位。在〈向孔子的思想性格回歸〉一文中，徐復觀（1979）說：
中國思想家當然也有「潛伏的結構」。然而，我們要如何將「這種潛伏的
結構，如實的顯現出來」呢？

　　在思考這個問題的時候，徐復觀將批判的矛頭指向了新儒家。一切民
族的文化都從宗教開始，都從天道、天命開始，但中國文化的特色是從天
道、天命一步一步地向下落，落在具體的人的生命、行為之上，然而熊十
力與唐君毅等人「卻是反其道而行，要從具體生命、行為，層層向上推，
推到形而上的天命天道處立足，以為不如此，便立足不穩。沒有想到，形
而上的東西，一套一套的有如走馬燈，在思想史上，從來沒有穩過」，他
們其實「都是受了希臘系統哲學的影響」，而「把中國文化發展的方向弄
顛倒了」。（頁 432-433）

批判形而上學的思辯體系

　　我們千萬不能忽略徐復觀跟新儒家之間的緊密關係。他原名「佛
觀」，後來熊十力為他改名「復觀」。但是在〈有關中國思想史中一個基
題的考察──釋《論語》「五十而知天命」〉一文中，徐復觀（1982）說：

　　熊先生的大著《原儒》，我看過好多次，都不能看完。〔……〕我對《原儒》始終不十分同意。尤其熊先生堅持他那一套唯心論的哲學系統，這就中國文化本身來說，就對現實來說，都是可以不必的。（頁392）

　　針對反對思辨體系與形而上學這一點，徐復觀批判的矛頭不僅指向熊十力及唐、牟諸師友，也指向方東美、康有為等人，更指向馬列毛以及西方的整個思辨哲學傳統。在他看來，所有形而上學的思辨體系都具有同樣的「思想性格」，即「都帶有濃厚的獨裁性格」。一切獨裁政治都是以這種性格的思想作為意識形態，其結果必然是造成「鮮血淋漓」的悲慘局面。不僅馬列主義的思辨體系，在實踐中會造成中國乃至人類莫大的災害，假如順著康有為的大同思想，順著熊十力先生晚年的「乾坤衍」哲學，以及方東美先生縹緲的形上學，而付之於政治實踐，也必然形成政治的獨裁，造成人類的災害。

對中國文化作『現代的疏釋』

　　因此，徐復觀（1981）認為：思想史研究即是「對中國文化作『現代的疏釋』」，這「遠比個人哲學的建立更為重要」。（頁410）徐復觀（1988）認為：這本是很尋常的事。但一般人在實際上之所以做不到這一點，只是因為從各個人的主觀成見中，浮出了一層薄霧，遮迷了自己的眼睛，以致看不清對象，或者把自己的主觀成見，先塗在客觀的對象上面，把自己主觀成見的活動，當作是客觀對象的活動，這自然就容易作出指鹿為馬的研究結論。此種主觀成見的根源，是因為有種人在自我的欣賞、陶醉中，把自己的分量，因為感情的發酵而充分的漲大了，於是常常會在精神的酩酊狀態下看問題，也在精神的酩酊狀態中運用方法，所以稍微有一點聲名地位的人，更易陷於這種狀態而不自覺。（頁5-6）

　　從本章對於牟宗三哲學的批判，我們可以看出：喜好以形而上學作思辨的學者，往往「把自己的主觀成見，當作是客觀對象的活動」，因而作出「指鹿為馬」的結論。他們構思出來的思想體系，也因而具有「廣大悉備，漏洞百出」的性格。

「敬義挾持」

然則，我們該如何避免步入這樣的陷阱中呢？徐復觀（1988）說：

敬是一個人的精神的凝歛與集中，可以把因發酵而漲大了的自我，回復到原有的分量；於是先前中漲大了的自我而來的主觀成見所結成的薄霧，也自然會隨漲大部分的收縮而煙消雲歛，以浮出自覺所研究的客觀對象，使自己清明的智性，直接投射於客觀對象之上；隨工夫之積累，而深入到客觀對象之中，即不言科學方法，也常能暗合於科學方法。（頁5-6）

《宋明理學的科學詮釋》一書的第四部分「性理的探索」中，曾經以三章的篇幅說明：朱子「心統性情」的修養論、「窮理致知」的知識論和「敬義挾持」的實踐論，都是以「寂然不動、感而遂通」的自我鍛煉作爲基礎。

根據該書第十一章的分析，「敬」確實「是一個人精神的凝歛與集中」，可以使主觀的成見煙消雲散，「以浮出自覺所研究的客觀對象，使自己深明的智性」，「深入到客觀之中」。朱子理學所主張的「敬義挾持」，「即不言科學方法，也常合於科學方法」這就是徐復觀（1988）所說的：

敬是道德修養上的要求。但黃勉齋稱朱元晦是「窮理以致其知，反躬以踐其實；居敬者所以成始成終也。謂：致知不以敬，則昏惑紛擾，無以察義理之歸；躬行不以敬，則怠惰放肆，無以致義理之實」這話便說明敬乃貫徹於道德活動，知識活動之中的共同精神狀態。在求知的活動中，爲什麼需要這種精神狀態？因爲求知的最基本要求，首先是要對於研究對象，作客觀的認定；並且在研究過程中，應隨著對象的轉折而轉折，以窮究其自身所含的構造。就研究思想史來說，首先是要很客觀地承認此一思想，並當著手研究之際，是要先順著前人的思想去思想；隨著前人思想之展開而展開；才能真正了解他中間所含藏的問題，及其所經過的曲折；由此提出懷疑、評判，才能與前人思想的本身相應。否則僅能算是一種猜

度。（頁 5-6）

徐復觀在這段文字中所講的研究方法，就是我撰寫「中西會通四聖諦」「苦、集、滅、道」書系時，所採用的研究方法。他在《象山學述》前言中（徐復觀，2001）說：

古人無下定義之習慣，對名詞之使用，至欠嚴格。……故僅持一二名詞以論古人之思想，實冒最大之危險。且古人亦極少以一組織嚴密、體制完整之論文，敘述其思想者。……若非從其全部著作中求其指歸所在，而僅演繹其一二凸出之語言，以爲古人之學術即在於此，其危險性亦與上述者無異。至在古人浩瀚之文字語言中，僅引其與己意相近者以證成己意，其爲不當，更不待論。（頁 461）

正是因爲古人思想具備這樣的特色，不論是在《宋明理學的科學詮釋》中分析朱子理學，或是在本書析論中國古代的天文學和藥學，我都盡力「順著前人的思想去思想，隨著前人思想之展開而展開」，希望能夠「眞正了解他中間所含的問題，及其所經過的曲折」。徐復觀（1988）認爲：

心的文化、心的哲學則「只能稱爲『形而中學』，而不應講成形而上學」。「心的文化」既是以生命中的「具體存在」而不是「信仰或由思辨所建立的某種形而上的東西」作爲基點，則其「思想性格」便不是思辨的而是「實證」或「現成」的，不是觀想的而是「實踐」的，不是「過高過激」的而是「中庸的」，不是個人或少數的，而是「大眾化、社會化的」。（頁 242-249）

「三統並建」

我非常贊同徐復觀的這個論點。「中西會通四聖諦」書系以儒學、天文學、藥學的發展爲例，說明中華文化發展的大方向，就是發展客觀的知

識體系。就儒學的三期發展而言，先秦儒家的核心是「道學」，宋明儒家
所追求的目標則是牟宗三（1988）所謂「道統、學統、政統」的「三統並
建」，其特色即在於徐復觀此處所謂的「形而中學」（黃光國，2022）。然
而，由於古人思想「不下定義、不求精確、不重思辨」，所以儒學想要追
求第三期的發展，必須吸納西方文明之優點；本書系必須講究《科學哲學
的演化系譜》，本書必須以一本書的篇幅，糾正牟宗三對康德知識論中一
個核心概念的錯譯。

朱子的貢獻與侷限

　　朱子是儒學第二期發展的關鍵人物，他四十六歲時和呂祖謙合作，將
北宋四子的主要思想編成《進思錄》，再加上邵雍的思想，在四十八歲時
獨力完成《周易本義》及《四書章句集注》。在中國歷史上，《周易》的
詮釋發展成為兩派六宗，周敦頤、張載、二程等北宋四子的思想屬於「義
理派」的「儒理宗」；而邵雍則是屬「機祥宗」。朱熹的《周易本義》將
陳摶的「龍圖易」置於卷首，但其序言卻主張「不占而已」，所以徐復觀
（1985）說：

　　某些思想家在理論上容或有一定程度的「形而上性」，但立基於心性
之上的修養工夫與實踐體驗卻必然會使他們像朱熹那樣走向「對形而上性
的消解」，「穩住在人間的、現世的、平鋪的人文世界而形上世界、鬼神
世界漸漸被消解掉，只成為一種可有可無的浮光掠影」。（頁 608-609）

　　「鬼神世界漸漸被消解掉」，並非意指朱子從此不談鬼神，而是在朱
子思想裡，有關「鬼神」的議題，已經被「自性」的討論所取代。這一
點，從本書第九章提到：朱子晚年以「空同道士鄒訢」為名，作《周易參
同契考異》一節，可以看得最為清楚。根據統計，朱子著作中，總共提到
「性」字 3398 次，這在中國學術史上是空前未有的紀錄。之所以如此，
是因為他想解決孔子生前未能說清楚的「性與天道」議題。

　　然而，由於古人論學存有徐復觀（1955）在《象山學述》中所說的根
本難題，朱熹花費如許筆墨，仍然未能說清楚先秦儒學所說的「自性」到

底是什麼，而必須借助於西方式的思辨方式。因此，「中西會通四聖諦」
「苦、集、滅、道」的「道」部，我寫了一本《玄奘與榮格的自性探索》，
試圖破解這個千古難題。

本章小結：文化反思與科學進路之開展

　　身爲儒學第三期發展的代表人之一，徐復觀對前輩的其他人物作出如
此嚴厲的批評，具有十分重要的學術意義，必須仔細加以申論。

傳承儒家的四種進路

　　在〈「性」與「天道」概念辨析：從人文學詮釋到社會科學詮釋〉一
文中，周琬琳（2018）引用牟宗三的論點，認爲儒家對於「性」的討論，
陸王一系的「尊德性」偏向「道德的進路」，程朱一系的「道問學」偏向
「宇宙論的進路」，而我是採取「科學的進路」。這個區分十分重要，因
爲程朱陸王已經構成了儒學第二期發展最重要的內容。牟宗三採取的是
「哲學的進路」，而我主張的「科學進路」只是在萌芽階段。

　　周琬琳沒有說清楚的是：「宇宙論的進路」其實也是一種「哲學的進
路」，不過朱熹的「宇宙論的進路」，其哲學基礎是源自《易經》的中國
哲學；而牟宗三的「哲學的進路」，其哲學基礎卻是「中哲化西哲」後的
哲學。這兩種進路和我採取的「科學的進路」有明顯的不同，必須做明
確的分辨。王陽明的「道德進路」，其哲學基礎其實也是傳統中國哲學的
「宇宙論」，不過因爲他的「道德進路」講究「尊德性」，其關注的焦點
在於「實踐」，而通常被認爲是儒家的「正統」，但它在「知識」方面卻
留下了許多難題，必須用科學的「進路」來加以解決。

　　徐復觀對新儒家前輩的批判顯示：他們偏好建構龐大的「形而上學」
知識體系，這種「哲學的進路」其實已經走到難以爲繼的困境。在我看
來，要想傳承儒家香火，必須嚴肅思改「科學的進路」。爲什麼呢？

傳承儒家的科學進路

　　在《歷史哲學》一書中，牟宗三（1988）說他畢生研究中國文化，

目的在於重建中國文化、開出中國文化的新型態。他認爲：唯有道統、學統、政統三統並建，儒家式人文主義徹底透出，才能開出中國文化的新型態。他說：

　　道統之肯定，此即肯定道德宗教之價值，護住孔子所開闢之人生宇宙之本源。

　　學統之開出，此即轉出「知性本體」以融納希臘傳統，開出學術之獨立性。

　　政統之繼續，此即由認識正體之發展而肯定民主政治爲必然。

　　牟宗三說得很清楚，道統是道德宗教，學統核心是科學，政統就是民主政治。牟宗三認爲：道統是一種比科學知識更具綱維性的聖賢之學，是立國之本、是文化創造的源泉、是政統和學統的生命和價值之源。政統和學統是道德的客觀實現，失去了道統，政統和學統就會步步下降，日趨墮落，而失去政統與學統，道統也會日益枯萎和退縮。他以爲，三統之建立就是「儒家人文主義」的眞正完成，也就是儒家眞正轉進第三期之發展。牟宗三說他畢生所做的學術工作，旨在肯定儒家的「道統」，至於「吸納希臘傳統」，開出獨立之「學統」，則他力有未逮，有待後人繼續努力。

　　本書第五章〈實在論與啟蒙的辯證〉指出：康德在撰寫《純粹理性批判》之前，先出版《通靈者之夢》。此一事實顯示：歐洲啟蒙運動發生之後，歐洲思想家刻意迴避「自性」問題，並將其研究聚焦於「意識」與「自我」，而不深入探索「潛意識」的問題，造成了另一種的「遮蔽」。本書第十一章〈內在超越：「先驗」與「超驗」之間〉又指出：由於儒家重視「心性之學」，並追求「內在超越」，許多中國學者都分不清「先驗」與「超驗」的差別，牟宗三之所以會將康德知識論中的「先驗理念論」有系統地翻譯成「超驗觀念論」，其實是有其文化基礎的。

　　在下一章中，我將依據本書系的主張，用我在《玄奘與榮格：自性的探索》一書中所建構的「自我」與「自性」的心理動力模型，重新詮釋牟宗三所謂「無限智心」和熊十力所說的「性智顯發」，藉以闡明「科學的進路」對於建立儒家人文主義學術傳統的重要性。

參考文獻

牟宗三（1968）：《心體與性體（一）、（二）》。台北：正中書局。

牟宗三（1970）：《生命的學問》。台北：三民書局。

牟宗三（1971）：《智的直覺與中國哲學》。北京：中國社會科學出版社。

牟宗三（1975）：《現象與物自身》。台北：台灣學生書局。

牟宗三（1982）：《康德的道德哲學》。台北：台灣學生書局。

牟宗三（1983）：《政道與治道》（三版）。台北：台灣學生書局。

牟宗三（1985）：《圓善論》。台北：台灣學生書局。

牟宗三（1988）：《歷史哲學》。台北：台灣學生書局。

林安梧（1996）：〈實踐的異化與克服之可能〉。《當代新儒家哲學史論》。台北：明文書局。

周琬琳（2018）：〈「性」與「天道」概念辨析：從人文學詮釋到社會科學詮釋〉。「第二十四屆世界哲學大會」暨「學以成人」國際學術研討會。北京：北京大學出版社。

曾慶豹（2008）：《上帝、關係與言說—批判神學與神學的批判》。上海：華東師範大學出版社。

劉小楓（1991）：《拯救與逍遙》。台北：久大文化。

徐復觀（1955）：《象山學述》。民主評論社。

徐復觀（1979）：《兩漢思想史〔卷三〕》。台北：台灣學生書局。

徐復觀（1981）：〈中國文學論集續篇自序〉。書目季刊，15(1)，148-150。

徐復觀（1982）：〈向孔子的思想性格回歸〉。《中國思想史論集續篇》。台北：時報文化。

徐復觀（1982）：《中國思想史論集續篇》。台北：時報文化。

徐復觀（1985）：《中國思想史論集續篇》。台北：時報文化。

徐復觀（1988）：《中國思想史論集》。台北：台灣學生書局。

黃光國（2022）：〈三統並建與儒學第三期的發展〉。鵝湖月刊，(567)，5-17

徐復觀（2001）：〈《象山學述》前言〉。《徐復觀雜文補編》。台北：中央研究院中國文哲研究所。

熊十力（2001）：《讀經示要》。武漢：湖北教育出版社。

Archer, M. S. (1996). *Culture and agency: The place of culture in social theory (Revised edition).* UK: Cambridge University Press.

Schwartz, B. I. (1975). Transcendence in ancient China. *Daedalus, 104*(spring), 1-7.

Schwartz, B. I. (1985). *The world of thought in ancient China.* Cambridge: Havard University Press.

第十三章

「無限智心」與「性智顯發」的科學詮釋

本書第十二章對牟宗三的「無限智心」和「良知的自我坎陷」之說，提出了嚴厲的批判，其最後一節又引用徐復觀的學術觀，對港台第一代及第三代新儒家代表人物的「形而上學」研究取向，提出批判。《宋明理學的科學詮釋》指出：心性之學是儒學第二期發展亟待解決的重要問題；本書第五章討論〈實在論與啟蒙的辯證〉時，又復指出：與心性密切關聯的潛意識，是康德哲學刻意迴避的一項議題。康德的刻意閃避反倒可能形成對人性了解的另一種「遮蔽」。

本書系「道」部中的《儒理與般若：自性的修養》一書，將仔細說明：我如何以本書系主張的知識論策略，建構出「自我」與「自性」的心理動力模型。傅偉勳（1985）提倡「批判的詮釋學」，主張對既往既有重要的學術成果不只要作「批判的繼承」，而且要有「創造的發展」；本書對牟宗三的科學觀作嚴肅的批判之後，本章將以「自我」與「自性」的心理動力模型為基礎，先簡要說明繼承儒家哲學進路的局限，然後從儒家修養和佛教修持的觀點，對牟宗三所謂的「良知」和「無限智心」、熊十力所說的「性智顯發」，以及朱子所作的《參同契考異》，重新作科學的詮釋，希望讓讀者了解：為什麼儒學第三期的發展必須「中西會通」，吸納西方文明的菁華，並對科學哲學有相應的理解，方能促進儒家文化更進一步的發展。

第一節　「自我」與「自性」的形式結構

針對本土心理學發展的需要，我曾經建構出一個普世性的〈自我的

曼陀羅模型〉（黃光國，2011；Hwang, 2011），說明文化傳統與個人行動之間的關聯。這個理論所關注的焦點，是自我在其生活世界中所採取的行動。在這個理論模型中，所謂「自我」，是指業經社會化而具有反思能力的個人，其生活世界可以用曼陀羅內圓外方的結構圖來表示（見圖 13-1）。

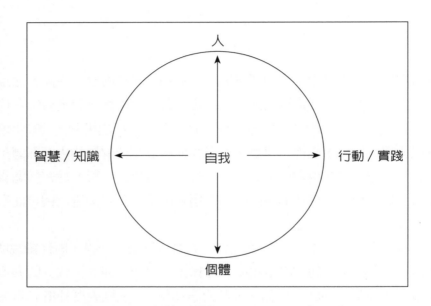

圖 13-1　自我的曼陀羅模型人／自我／個體

圖 13-1 中的「自我」處於兩個雙向箭頭之中心：橫向雙箭頭的一端指向「行動」或「實踐」（praxis），另一端則指向「知識」；縱向雙箭頭向上的一端指向「人」（person），向下的一端指向「個體」（individual）。從文化心理學的角度來看，這五個概念都有特殊的涵義，都必須作進一步的分疏：

「人」、「自我」和「個體」的區分，是人類學者哈里斯（Grace G. Harris）（1989）所提出來的。她指出，在西方的學術傳統裡，個體、自我和人這三個概念有截然不同的意義：「個體」（individual）是一種生物學層次（biologistic）的概念，是把人（human being）當作是人類中的一個個體，和宇宙中許多有生命的個體並沒有兩樣。

「人」（person）是一種社會學層次（sociologistic）或文化層次的概念，這是把人看作是「社會中的施為者」（agent-in-society），他在社會秩序中會採取一定的立場，並策劃一系列的行動，以達成某種特定的目標。每一個文化，對於個體該怎麼做才算扮演好各種不同的角色，都會作出不同的界定，並賦予一定的意義和價值，藉由各種社會化管道，傳遞給個人。

「自我」（self）是一種心理學層次（psychologistic）的概念。在圖13-1的概念架構中，「自我」是經驗匯聚的中樞（locus of experience），他在各種不同的情境脈絡中，能夠作出不同的行動，並可能對自己的行動進行反思。

生活世界中的心理力場

任何一個文化傳統為了幫助個人處理「生、老、病、死」的問題，必然會發展出各種生命的「智慧」，其中有一部分會代代相傳，成為所謂的「文化遺產」。除此之外，人們為了解決他們在生活世界中所遭逢的各種問題，還會學習到許多必要的「知識」，至於如何建構科學的「客觀知識」，則是西方啟蒙運動發生之後，人類的共同成就。

圖13-1中橫向雙箭頭的一端指向「行動」或「知識」；縱向雙箭頭分別指向「人」與「個體」。這意思是說，「生活世界」中的自我，其實是處於一種力場（field of forces）之中。當他要採取行動時，他的決定可能會受到幾種力量的拉扯。尤其是自我認同於某種社會角色時，他一方面必須思考：自我應當如何行動，才配稱為是一個社會性的「人」；一方面又因為自己同時是生物性的「個體」，而受到各種欲望的拉扯。當他要採取行動獲得某種資源，以滿足自己的需求，而遭到問題時，他可能先以「個人知識庫」中所儲存的資訊進行反思；如果問題仍然無法解決，他可能更進一步，進入「社會知識庫」中去找尋答案。

在我提出〈自我的曼陀羅模型〉之後，張蘭石（2016）指出：黃光國建構〈自我的曼陀羅模型〉的靈感，來自婆羅浮屠佛塔，其中的「曼陀羅」本來是三維的，代表自我生命境界的逐步提升。在黃光國對〈自我的曼陀羅模型〉的初步（二維）詮釋中，「智慧」與「實踐」是兩端牽制的，「智

慧與實踐的會合」似乎是不可能的；若〈自我的曼陀羅模型〉能補充三維的建構，說明「自性」的豎向發展，便可詮釋「智慧與實踐的會合」。當分處兩端的「知識／智慧」與「行動／實踐」會合於「自性」，科學微世界的主客對立思辨，與生活世界的主客冥合境界便能相應。

八面體：自性的形式結構

我完全贊同這個說法。其實立體的「婆羅浮屠」佛塔亦不足以代表「自性」。榮格晚年作品《基督教時代》的最後一章，試圖用「四方位體」（quaternity）來描繪「自性」的結構。在他繪製的許多張圖中，有一張是由正反兩個金字塔構成的八面體（ogdoad）（圖 13-2）。很可以用來表示「自性」的形式結構。

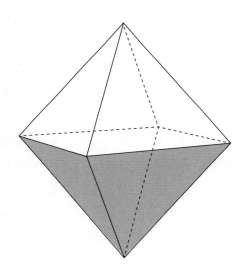

圖 13-2　八面體：初生時的「自性」

圖 13-2 的八面體由兩個對反的金字塔組成代表初生那一刹那的「自性」。出生之後，「自我」的「意識」由其「潛意識」分化而出，此時，下半部倒立的金字塔代表「集體潛意識」，兩個金字塔之間的「四方位體」，代表出生的那一刹那。圖 13-3 的八面體中上半部的金字塔代表出生之後的生命。懸在其間的〈自我的曼陀羅模型〉，代表個人生命中某一

特定時刻「自我」所處的狀態。

　　成長後的自我具有兩種基本的能力：「反思性」（reflexivity）是個人能對自己的生命經驗，作各種不同方式的反思；「能知性」（knowlegibility）使他能在自己的生命歷程中學到各種不同的「知識」，儲存在「個人潛意識」（personal subconscious）中。

　　當「自我」以其「意識」回想他過去的生命經驗時，從出生到現在所有的生命經驗都儲存在他的「個人潛意識」裡。可是，即使運用個人所有的「生命智慧」，他的意識也很難進入「集體潛意識」之中。

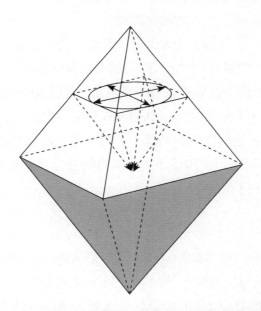

圖 13-3　八面體：「自性」的形式結構

　　以本書第一節所述的先驗性形式架構作為基礎，我們便可以檢視朱熹、王陽明和牟宗三等人對傳承儒家所採取之進路的侷限。

第二節　「理學」與「心學」的「教判」

　　《中庸》上說：「君子尊德性而道問學，致廣大而盡精微，極高明而

道中庸」，朱陸之間「道問學」與「尊德性」之爭，是儒家思想內部的爭執，用朱熹的話來說：「尊德性，所以存心而極乎道體之大也；道問學，所以致知而盡乎道體之細也。」兩人也都意識到兩者不能去其一，只是側重點與進德的次序不一樣，按黃宗羲的話來說，是陸以「尊德性爲宗」，朱以「道問學爲主」。陸主張發明本心，「先立乎其大」；朱認爲「格物窮理」，則吾知自致（劉述先，1982）。用〈自我的曼陀羅模型〉來說，「道問學」的方向，是要把先秦儒家的「智慧」轉變成客觀的「知識」體系，所以朱熹會去思考儒、道共同的「太極」問題；陸九淵注重的是儒家思想的實踐問題，所以他反對在接受「陰／陽」的宇宙論之後，進一步去探索「太極」或「無極」等本體論的問題。

　　再回到張載的「人性論」上來說，「天地之性」就是純然至善的「性體」；「物質之性」則是作爲生物之「個體」（individual）所具有的自然天賦。張載說：「形而後有氣質之性，善反之，則天地之性存焉」。「反」是「反思」的意思，「反思性」（reflectivity）是「自我」之「心」的重要功能之一，自我反思後所作出的判斷，並不一定是要實踐道德律令，但也可以實踐道德律令，所以王陽明說：「知善知惡是良知」；張載說：「善反之，天地之性存焉」。

牟宗三的「教判」

　　「天地之性」是一種客觀的存有，至於個人的「自我」要不要實踐道德律令，則是取決於其主觀的「善的意志」，這就是王陽明所說的「爲善去惡是格物」。張橫渠說：「心能盡性，人能宏道也。性不知檢其心，非道宏人也」。在這個語境中，所謂的「性」是指「天地之性」，「性不知檢其心」的內容意義，則是說明「性體」的特性是「存有而不活動」，這是它跟「即活動即存有」之「心體」的最大不同之處。牟宗三（1968a）因此判定：陸王一系繼承了先秦儒家的「正統」，程朱一系則是「別子爲宗」。

　　整體而言，牟宗三認爲：陸王一系是傳承先秦儒家的道德（實踐）進路；程朱一系則是企圖用「陰陽氣化宇宙觀」來將儒家思想轉化成爲知識系統，所以可稱之爲「宇宙論的進路」。他本人則是要以「中哲化西哲」

的方式，梳理儒家的「道統」，所以可稱爲「哲學的進路」。

　　牟本人也強調：他的說法並不是要貶視朱子之學術貢獻，而是爲了還歷史之本來面目。他說：「朱子之系統自有其莊嚴宏偉處，如其本性而明澈之，亦當屬可喜之事，非貶視也。此兩系統一縱一橫，一經一緯。經之縱亦需要緯之橫來補充。」（牟宗三，1968a，頁 59）。由此分判再反觀宋明儒學之所以爲「新」，關鍵不在於胡劉陸王這一大系，反倒在於伊川朱子這一小系。因爲胡劉陸王之「新」，是本著孔孟原有之意而開出之新。而伊川、朱子之「新」，則是「轉向」上的新，這種新雖然與先秦及宋明儒之大宗有所不合，但就此一意義而言，只有伊川、朱子之「新」，才是眞正的「新」，他們才能稱得上是眞正的「新儒家」。

　　話雖然是這麼說，可是在牟宗三（1968b）的同一主題著作裡，我們卻到處可以看到如此類的貶抑之詞：

　　終於順伊川之分解綱領而走上橫攝系統，此一系統澈底是漸教，亦澈底是唯智主義的他律道德。（頁 111）

　　朱子於體之上悟解及工夫自始即有欠缺。（頁 11）

　　大抵朱子只知後天之敬，而不知先天之敬。（頁 11）

　　朱子固偉大，能開一新傳統，其取得正宗之地位，實只是別子爲宗也。人忘其舊，遂以爲其紹孔孟之大宗矣。

自律倫理學

　　牟宗三深受康德哲學的影響，非常在意道德「自律」與「他律」之分。所以會作出這樣的評價。康德道德形上學的首要課題，是要找出作爲道德之根本「善」的純粹形式條件。康德認爲：依循「善的意志」所表現出來的行爲，必須具備三項形式條件：
1. 純粹來自義務，並非源自個人對外在功利的好惡傾向。

2. 純粹義務性的行為，係由意志上的形式原理所規定，絕不帶有任何現實動機。

3. 義務是尊敬道德法則而導致的「行為必然性」。

　　康德主張：所有道德法則都是以「斷言律令」（categoricalimperative）的形式存在，它和「假言律令」（hypothetical imperative）有所不同：前者不附帶任何經驗性的條件，純粹是先驗的形式律令，是「為義務而義務」可以施諸於一切的理性者，具有強制性與箴規（maxime）的普遍性；後者是條件式的陳述，告訴行動者其行為可能導致的經驗性後果，譬如：「你若想致富，便應當努力工作」，敘述特殊手段與特殊目的之間的關係，是以不具任何道德意義。人以其「善的意志」規律自己的行為，為義務而義務地實踐「斷言律令」的道德法則，這種行為是「自律」（autonomous）的。反之，依「假言律令」而作的行為，則是依「善的意旨」之外的因素所做出的行動，所以是「他律」（heteronomous）。依照康德「善」的形式條件來看，任何快樂主義與功利主義所建立的道德理論，都是他律性道德，缺乏普遍而先驗的道德意義。

理性的了解

　　牟宗三基於捍衛儒家「道統」的立場，一心想要證明：儒家的倫理與道德是「自律」的，所以他才會作出這樣的評價。問題是：這樣的評價對朱子其實並不公平。

　　牟宗三在《心體與性體·序》中說：「今且未及言悟道，姑就宋、明六百年中彼體道諸大儒所留之語言文字視作一期學術先客觀了解之，亦是欲窺此學者之一助。」他將「了解」區分成「感性之了解、知性之了解和理性之了解」；「彷彿一二，望文生義，曰感性之了解。意義釐清而確定，曰知性之了解。會而通之，得其系統之原委。曰理性之了解」，他自承《心體與性體》中之所作，只是盡力於「語意之釐清與系統之確定」，至於是否已達到「全之盡之」的「通過知性之了解而理性之了解」，則「未敢必也」。因為「理性之了解亦非只客觀了解而已，要能融納於生命中方為真實，且亦須有相應之生命為其基點，否則未有能通解古人之語意而得其原委者也」。更清楚地說，牟宗三認為：《心體與性體》能夠釐清古人

之語意、確定其思想之系統；至於它是否能夠「融納古人所發明之實理於個體之生命中」而彼此相互呼應，則還不敢自信說已經做到。

牟先生的「夫子自道」固然是一種「自謙」的說法，可是，如果用他評價宋明理學的方式來評價自己畢生致力之所在，《心體與性體》一書的成就，難道不是一種「橫攝系統」？他創立的港台新儒家，究竟是儒家的「道統」，還是「別子為宗」？「正統」和「別子」的區分，會不會妨害中國人「良知理性」的整合？

第三節　末那識的「恆審思量」

除此之外，牟宗三的哲學進路還有一個更嚴重的問題。從「自我」與「自性」的先驗性形式架構來看，即「存有而不活動」的「性」與「既活動即存有」的「心」，應當有「不一不二」的「體用」關係，牟宗三為了「判教」，梳理儒家的「道統」，刻意將它們拆解為「心體」與「性體」，分別加以析論。這是牟宗三的哲學進路跟我主張的「科學進路」最明顯的差異所在。

唐三藏的慧見

這種差異同時也蘊含了「外在超越」與「內在超越」的巨大差別。在西方追求「外在超越」的文化傳統所產生出來的科學哲學裡，其「本體論」指的是外在對象的「本體」（noumenon）或「物自身」（thing-in-itself），但在華人追求「內在超越」的文化傳統裡所發展出來的「體用觀」，其「本體」卻是指「宇宙」或「自性」。本書第五章指出：熊十力是近代新儒家學者對「儒佛會通」致力最深的代表人物，他的《新唯識論》雖然已經有見於阿賴耶識的深層心理意涵，但他仍在儒佛之辯的範圍內打轉，而不能從現代心理學的角度深入分析這個議題。

這正是本書系第四冊《儒理與般若：自性的修養》的主要目的。該書回顧佛教的歷史發展指出：唐三藏玄奘法師是位深具慧眼的歷史人物，他到印度求學時，刻意從當時龍樹中觀衍生出來的眾多學派中選擇瑜伽行派作為學習對象；回到中國後，又在弟子窺基的建議下，將瑜伽行派十大論

師的著作編譯並整合成《成唯識論》。

　　從該書的論述中可以看出：大乘佛教對於「阿賴耶識／末那識／意識」跟當時中國人所說的「心、意、識」是互相對應的；它們跟榮格心理學中所說的「意識／個人潛意識／集體潛意識」可以說是「同體而異謂」。這兩組不同的結構可以用來說明「批判實在論」所主張的「分層化的本體論」（stratified ontology）：在不同的論述脈絡下，不同的學者針對同樣的認識對象，可以用不同的語言建構類似的知識體系（Bhaskar, 1975）。從「建構實在論」的角度來看，這些知識體系應當是可以彼此翻譯的，這稱爲「本體論的外推」（ontological strangification），翻譯時如果找不到恰當的對應語言，則反映兩套（文化）論述脈絡最明顯的歧異之處（Wallner, 1994）。

　　在《儒理與般若：自性的修養》中，我以「自我」與「自性」的形式結構說明佛教所主張的「三佛身」；同時又指出：玄奘大師對於「阿賴耶識／末那識／意識」所做的詮釋，更適合用來說明華人文化中所重視的「自我修養」。更清楚地說，「自我」與「自性」的形式結構是普世性的；而玄奘對於「阿賴耶識／末那識／意識」所作的詮釋則是具文化特殊性的（cultural specific）。茲分述如後：

三佛身

　　佛教中認爲，佛有三身：法身、報身、應化身。「法身」又名自性身，或法性身，即常住不滅，人人本具的眞性，不過眾生「迷而不顯」，佛是「覺而證得」。「報身」由佛的智慧功德所成，有「自受用報身」和「他受用報身」之分，「自受用報身」是佛自己受用內證法樂之身，「他受用報身」是佛爲十地菩薩說法而變現的身。用榮格心理學的概念來說，圖 13-2 所繪「自性」的結構，就是心理學者對於「法身」的想像。「應化身」又名應身、變化身，即此一法身應眾生之機緣而變現出來的佛身（圖 13-3）。

　　佛有三身，佛也因此而有三德：法身德、解脫德、般若德，三者互相配對。佛性也因而有三種，即正因佛性、了因佛性、緣因佛性。「正因佛性」是法身如來之因；「了因佛性」是報身如來之因；「緣因佛性」是

應身如來之因。諸法如不變的眞理，名「法身如來」；這不變的眞理和行者的智慧融匯在一起，妙成功德，名「報身如來」；證得此眞理，隨機應化，勝用無窮，名「應身如來」。法身如來是「體」，報身如來是「相」，應身如來是「用」，一而成三，三即是一。

《六祖壇經》記載禪宗六祖慧能得道經過的故事，能用來說明這種「三佛身」的概念。五祖弘忍大師半夜召見慧能，爲他講解《金剛經》，說到「應無所住，而生其心」時，慧能幡然大悟，而作一偈：「何期自性，本自清淨；何期自性，本不生滅；何期自性，本自具足；何期自性，本無動搖；何期自性，能生萬法」。

「集體潛意識」：能生萬法

用本章所提出的理論架構來說，弘忍法師看到慧能所寫的偈「菩提本無樹，明鏡亦非台，本來無一物，何處惹塵埃」，知道他是可造之材，所以半夜召見慧能爲他說法，這是弘忍爲應此機緣而示現的「應身」，在慧能則是由其智慧所成的「報身」。

慧能開悟後，自家的感受是「自受用報身」。他爲十方大德、諸地菩薩所說的法，則是「他受用報身」。初生時的「八面體」（圖 13-2）可以用來說明他所悟得的「報身」。至於「法身」則無法用任何圖像加以表達。佛法說法四十九年，竟無一法可得，即是因此之故。

因爲代表自性的「八面體」是個人與生俱來的先驗性形式架構，所以說它「本不生滅」、「本無動搖」，生無所得，死無所喪。因爲它沒有任何的實質內容，所以慧能說它「本自清淨」，又因爲它的「集體潛意識」具有無限大的潛能，可以與宇宙相通，所以說它「本自具足」，這是就它的「結構」而言。至於說它「能生萬法」，則是說它的「功能」。

「集體潛意識」爲什麼「能生萬法」呢？「集體潛意識」可以說是原始佛教中所說的「阿賴耶識」（alaya-vijnana），在佛教中又稱爲「一切種子滅」，是三乘佛法唯一所依的「如來藏」或「眞如」，其因地別名稱爲「八識田」或「識田」，譬如種子植入田中即可化爲萬有，佛教稱之爲「業報」。

從榮格的心理分析來看，「集體潛意識」中潛藏有無數的「原型」

（archetype），其一切生命的「原型」都像圖 13-2 所示的「種子」，所以佛法稱之為「一切種子識」。在人初生之前，作為「種子」的「原型」雖然只是「先驗性的形式架構」（transcendental formal structure），其內容空無一物，但出生之後，卻像種子植入田中一樣，會因其「自性」與自身所處環境交互作用，而有各種不同可能的發展。所以《大乘密嚴經》上說：「阿賴耶識恆與一切染淨之法而作、所依」，但作為其本體的「藏識」，卻是「性常圓潔，不增不滅」。

末那識：「能知」與「反思」

末那識（manas vijnana）和意識都必須以阿賴耶識作為基礎。意識是傳統佛教中所說的「六識」之一，它和眼、耳、鼻、舌、身等五識一樣，都由特定的器官執掌，佛教稱之為「六根」。但作為第六識的「意識」，能夠起到「主導」的作用，並不像其他「五識」，只有「了別」的功能。這樣的「意識」，華人文化中通常稱之為「識」，它是人格兩種重要的心理功能，「能知性」是它能覺察前五識跟外界（佛教稱之為「塵」）接觸所收到訊息；「反思性」是它能將這些訊息整理成「知識」，儲存在「個人知識庫」裡。

所謂「個人知識庫」是西方社會學者的說法。心理學者通常稱之為「個人潛意識」；佛教則稱之為「末那識」。因為「末那識」是個人生命經驗的儲藏所，佛教認為：它「恆與執我相應」，「常與阿賴耶識一時俱轉」。「意識依『心』得立」，「恆審思量」，這些佛經中的概念，都可以放置在「自我」與「自性」的心理動力模型中，用現代心理學的語言，重新加以詮釋：

從榮格的心理分析來看，「集體潛意識」中與生俱有無數的「原型」，這些「原型」本來是空無一物的「先驗性形式架構」（如圖 13-2），在個人成長的歷程中，會因為個人與外界（塵世）的互動經驗，而填入各種不同的實質內容，所以真諦譯《決定藏論》上說：「阿賴耶識為所依五識身和意識得生」；其中最重要的是關於「自我」的意識，所以說：末那識「恆與執我相應」，「常與阿賴耶識一時俱轉」。

由於末那識會攀緣阿賴耶識，執持有情身一切法，進行主觀感應，並

形成自我意識，「執我」會產生《成唯識論》上所說的「四惑」，即我痴、我見、我慢、我愛等四種根本煩惱。我痴，在佛教中又稱爲「無明」，它指的是「愚於我之相而迷於無我之理」。我見，通常又稱爲「我執」，「對於非我之法計度爲我」。我慢，是一般人所說的「倨傲之心」，「得所執之我，令心高攀」。我愛經常和「我貪」共生，「對於所執之我，深生耽著」。

恆審思量

三藏法師玄奘所造的〈八識規矩頌〉的第七識頌曰：「恆審思量我相隨，有情日夜鎮昏迷。」有人認爲「恆審」兩字識玄奘翻譯《成唯識論》時所「增飾」，原文並無此字。這樣的「增飾」指出：華人文化中末那識最爲殊勝的心理功能。因爲其他諸說，於恆、審二義或得其一或者全缺，第八識恆而無審，不執我而無間斷；第六識審而不恆，執我而有間斷；前五識則恆審全缺。惟第七識二義俱足，能夠在「意」的指引之下，使「有情日夜鎮昏迷」，不論是白天清醒或夜晚睡眠時，都不爲「昏迷」所亂，所以說「意識因『心』得立」，而〈第七識頌〉也緊接著說：

四惑八大相應起，六轉呼爲染淨依。
極喜初心平等性，無功用行我恆摧。
如來現起他受用，十地菩薩所被機。

在這段頌偈中，最緊要的關鍵識：「無功用行」和「有功用行」的分別。有情眾生大多是「無功用行我恆催」；若是發心修行，「有功用行」，則可以「如來現起他受用」，所以說，這一點是「十地菩薩所被機」。

第四節 「良知」與「天理」

上一節的析論顯示：「自我」與「自性」的形式結構是普世性的，玄奘大師對於「阿賴耶識／末那識／意識」的詮釋是文化特殊性的。我們可以再用同樣的知識論策略，說明朱熹和王陽明針對「性與天道」問題的論

點，比較儒佛二家針對同一議題的不同觀點，爲儒佛會通後的彼此互補提供理論基礎。

天泉證道

王陽明是儒家思想的實踐者。他一生追求儒家理想的歷程，很像是宗教信徒求「道」的「信、解、行、證」，可以用〈自我的曼陀羅模型〉來加以解釋。他在青壯之年受到宦官劉瑾的迫害，晚年再度復出，立下戰功。這個過程，在《自性的心理分析》一書有十分清楚的析論。

嘉靖六年（1527）五月，田州的少數民族在土司岑猛帶領之下與明朝的地方官發生衝突，朝廷命王陽明兼任都察院左都禦史，總督兩廣及江西、湖廣軍務，前往廣西，征討思恩、田州之亂。

王陽明先上《辭免重任乞恩養病疏》，以病疏奏請免任。但朝廷不納其言，接連遣使，敦促他盡快啟程。在朝廷催促之下，王陽明毅然決定赴任。

是年九月初八日，王門弟子錢德洪和王畿乘船訪問張元沖，在船上討論爲學宗旨。王畿說：「先生說知善知惡是良知，爲善去惡是格物，此恐怕不是究竟話頭。」錢德洪問：「這話怎麼說？」王畿曰：「心體既是無善無惡，意亦是無善無惡，知亦是無善無惡，物亦是無善無惡。若說意有善有惡，畢竟心亦未是無善無惡。」錢德洪曰：「心體原來無善無惡，今習染既久，覺心體上見有善惡在，爲善去惡，正是要回復那本體的功夫。若見得本體如此，只說無功夫可用，恐只是見耳。」

四句教

這裡最值得注意的是：儒家所說的「本體」，是指「內在超越」的「本體」，所以「見有善惡在」。可是，用康德哲學的概念來說，「見」是感官知覺到的經驗現象，「本體」則是超越的「物自身」（thing-in-itself），所以應當是「無善無惡」的。王陽明常說，「心的本體」是「良知」，而「良知」卻是「知善知惡」的。王畿的問題反映出：因爲缺乏恰當思想工具的疏理，所以連王門弟子都感到相當困惑。兩人因此決定向王陽明請教。

　　當晚半夜時分，前來爲王陽明餞行的客人陸續散去。等到客人告辭完畢，王陽明要進入內室休息，忽然聽到有人來報告，說錢德洪和王畿有事向先生請教。王陽明轉身走出庭外，與弟子移步天泉橋上。錢德洪以自己與王畿論辯的問題請教王陽明，王陽明喜曰：「正要二君有此一問！我今將行，朋友中更無有論及此者，二君之見正好相取，不可相病。」王陽明先調和錢、王二人之間的分歧。隨即叮嚀道：「二君以後與學者言，務要依我四句宗旨：無善無惡是心之體，有善有惡是意之動，知善知惡是良知，爲善去惡是格物。以此自修：直臍聖位；以此接人，更無差失。」

　　我曾經將王陽明的「四句教」翻譯成英文：

The noumenon of mind has nothing to do with good and evil,

It may intend to do good or evil.

Conscience knows what is good and what is evil,

Practicing good without being evil means self-rectification.

　　在康德哲學中，「本體」（noumenon）一詞又稱爲「物自身」，並不是儒家所說的「心體」。王陽明之所以強調它「無善無惡」，旨在說明它是超越的，但他並沒有進一步作「內在」、「外在」的區分。用〈自我的曼陀羅模型〉來看，「人」的「良知」卻是「知善知惡」的，在個體「私欲」的驅使之下，「自我」卻可能意圖爲善，也可能爲惡，所以王陽明要求弟子「知行合一」、「在事上磨練」、時時刻刻戒愼恐懼、「存天理，去人欲」、以「格物」的方法「致良知」。

「自性」與「至善」

　　放置於「自我」與「自性」的形式架構中來看，我們可以用圖 13-4 來說明：「自性」是包含意識和潛意識在內的人格總體，「良知（至善）」應當是個人意義與人格取向的中心。一個人的作爲如果都朝向此一中心，做任何事都不違背良心，「爲善去惡是格物」，則他必然是心理健康的。然而，「有善有惡意之動」，我們不能保證每個人都是「利根之人」，都「知善知惡」，所以必須「致良知」，努力修養，「轉識成智」，將自己的

「知識」轉化成爲生活世界中的「智慧」，使自己的一切行動，都朝向「至善」的方向。

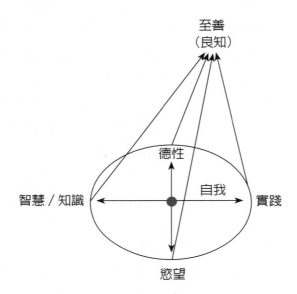

圖 13-4　朝向「至善」的心理動力模型

　　王陽明曾經說：「良知是造化的精靈。這些精靈，生天生地，成鬼成帝，皆從此出，眞是與物無對。人若復得他完完全全，無少虧欠，自不覺手舞足蹈，不知天地間更有何樂可代。」這是王陽明對於「良知」的主觀體驗，所以有人認爲他是「主觀唯心論者」，想要教導弟子作出符合「良知」的道德行動，牟宗三（1984）稱之爲「道德的進路」（moral approach）。朱熹從儒家的天道觀析論「心」、「性」之間的關聯，並發展出「心統性情」之說，牟宗三（1984）稱之爲「宇宙論的進路」（cosmological approach）。

「性與天道」

　　朱熹是儒家思想第二期發展的集大成者。他編注的《四書章句集注》經元仁宗欽定爲科舉考試的指定讀物，歷經元、明、清三個朝代將近七百年，對中華文化的近代發展，造成了重大的影響。他在註釋《孟子》〈盡

心篇（上）〉時，有一段十分重要的說法：

　　蓋天者，理之自然，而人之所由以生者也；性者，理之全體，而人之所得以生者也；心則人之所以主於身，而具是理者也。天大無外，而性稟其全，故人之本心，其體廓然，亦無限量，惟其梏於形氣之私，滯於聞見之小，是以有所蔽而不盡。《孟子集註大全・卷十三》

　　這段話必須放置在本書第五章有關「陰陽氣化宇宙論」的論述脈絡中仔細析論，該章追溯《易經》的根源，強調：太極的運作，必須從「數、氣、象、理」四個層面來加以理解。在這樣的文化傳統裡，朱子認為：「蓋天者理之自然，而人之所由以生者也。性者理之全體，而人之所得以生者也」。這個說法，是從「理學」的立場對《論語》中，〈性與天道〉章的重新詮釋。朱子對該章的「集註」又說：

　　性者，人所受之天理。天道者，天理自然之本體。其實一理也。

陰陽氣化宇宙論

　　依照「陰陽氣化宇宙觀」，天地間萬事萬物的運作，都可以用太極運作的「數、氣、象、理」來作出詮釋，這就是朱熹所謂的「一理」。基於這樣的前提，朱熹進一步從不同的角度討論性與天道的關係：

　　性與天道，性是就人物上說，天道是陰陽五行。
　　吉甫問性與天道。曰：「譬如一條長連底物事，其流行者是天道，人得之者為性。乾之元亨利貞，天道也，人得之，則為仁義禮智之性。」
　　至於性與天道，乃是此理之精微。蓋性者是人所受於天，有許多道理，為心之體者也。天道者，謂自然之本體所以流行而付與萬物，人物得之以為性者也。《朱子語類・卷二十八》

　　這種論述方式反映出儒家傳統的陰陽氣化宇宙觀。天道流行，人得之

以爲性，天德和人的仁義禮智之性有一種互相對應的關係。性和天道的內容則又要通過理的觀念來規定。所以朱子對於「性」的先驗性詮釋稱爲「理學」。

從社會科學本土化的角度來看，上述引文有兩點必須在此特別一提：第一，天德和仁義禮智之間的對應關係，有非常重要的意涵，必須建構「含攝文化的理論」來仔細說明。這方面的議題，將留待《傳承儒家的科學進路》一書，再作交代。第二，「天道者，諸自然之本體」，此處朱子所謂的「本體」和熊十力所說的「本體」是一樣的，這可以作爲本書論點之佳證。現在我們還是得先扣緊本節之主題：《朱子語類》中收錄了一段他晚年跟徐富的對話，朱熹引述《易經》中的觀念，說明他對於「性」的看法：

> 問：「先生説太極有是性則有陰陽五行云云，此説性是如何？曰：想是某舊説，近思量又不然。此性字爲稟於天者言。若太極，只當説理，自是移易不得。易言一陰一陽之謂道，繼之者則謂之善，至於成之者方謂之性。此謂天所賦於人物，人物所受於天者也。」（卷九四）

「天地之性」與「氣質之性」

「性」是「天所賦予人物，人物所賦於天者」，這個定義，很像榮格所說的「自性」。榮格認爲「自性」是包含「意識」和「潛意識」在內的「總體人格」，朱熹繼承了周敦頤對「天地之性」和「氣質之性」的區分，但在儒家陰陽宇宙觀的大前提下，又認爲這兩者原本不可區分爲二：

> 才説太極，便帶著陰陽；才説性，便帶著氣。不帶著陰陽與氣，太極與性那裡收附？然要得分明，又不可不拆開説。《朱子語類・卷九四》

《老子・第四十二章》說：「萬物負陰而抱陽，沖氣以爲和」，人既然身爲宇宙間的萬物之一，所以朱熹在思想成熟之後的晚年，反覆闡釋他的這種見解：

　　氣質之性只是此性墮在氣質之中，故隨氣質而自爲一性，正周子所謂各一其性者。向使原無本然之性，則此氣質之性又何從得來耶？《朱子語類‧卷五十八‧答徐子融四書之第三書》

　　依他的看法，性本無二，但我們又不能不在「本然之性」與「氣質之性」之間作出必要的分殊。

　　氣質是陰陽五行所爲，性則太極之全體。但論氣質之性，則此全體在氣質之中耳，非別有一性也。（中略）人生而靜，是未發時，以上即是人物未生之時，不可謂性。才謂之性，便是人生以後，此理墮在形氣之中，不全是性之本體矣。然其本又未嘗外此。要人即此而見得其不雜於此者耳。易大傳言繼之者善，是指未生之前。孟子言性善，是指已生以後。雖曰已生，然其本體初不相雜也。《朱子語類‧卷六十一‧答嚴時亨三書之第一書》

　　朱子在說這段話時，顯然已經覺察到：出生前後對於「自性」的理解，是個非常重要的關鍵時刻。然而，因爲他缺乏必要的理論工具，所以不容易把話說清楚。放置在「自我」與「自性」的形式架構中來看，朱子所要表達的是：在「未生之前」或者初生時的「自性」，是「人物未生之時」純然的「天地之性」，可以用圖 13-2 的八面體來表達，所以說：「易大傳言繼之者善」，「孟子言性善，是指已生以後。雖曰已生，然其本體初不相雜也」。「人生以後」，逐漸長大成人，「此理墮在行氣之中，不全是性之本體矣」，其「自性」便需要以圖 13-1 及圖 13-3 來加以表達。

　　這是我用「自我」與「自性」的形式結構對朱熹言「性」所作的詮釋。朱熹對於「性」的詮釋構成了一邏輯上的弔詭：人物未生之時，根本談不上有「性」，人生以後，此理或「性」墮在形氣之中，已經不全是性之本體，因此，吾人無法從「氣質之性」抽離地談性之在其自身。由此可見，朱子並不相信有獨立自存的「性之本體」，它是因氣質而見，卻又不與氣質相雜，與之形成一種不離不雜的微妙關係。

純善的「本然之性」

　　朱子很清楚地以這種弔詭的論述，解釋《中庸》所說的「天命之謂性」：

　　蓋性須是箇氣質，方說得箇性字。若人生而靜以上，只說箇天道，下性字不得。所以子貢曰：夫子之言性與天道，不可得而聞也，便是如此。所謂天命之謂性者，是就人身中指出這箇是天命之性，不雜氣稟者而言爾。若才說性時，則便是夾氣稟而言，所以說時，便已不是性也。《朱子語類・卷九五》

　　《易經・繫辭上傳》五章說：「一陰一陽之謂道，繼之者，善也；成之者，性也。」朱熹承襲了這種想法，認爲：「本然之性」只是「至善」，可是從「氣質」的角度來看，它就可能有「昏明開塞剛柔強弱」的變化：

　　論性不論氣不備，論氣不論性不明。蓋本然之性，只是至善。然不以氣質而論之，則莫知其有昏明開塞剛柔強弱，故有所不備。徒論氣質之性，而不自本原言之，則雖知有昏明開塞剛柔強弱之不同，而不知至善之源未嘗有異，故其論有所不明。須是合性與氣觀之然後盡。蓋性即氣，氣即性也。若孟子專於性善，則有些是論性不論氣；韓愈三品之說，則是論氣不論性。《朱子語類・卷五九》

朱子說：

　　性只是理。萬理之總名。此理亦只是天地間公共之理，稟得來便爲我所有。天之所命，如朝廷指揮差除人去做官，性如官職，官便有職事。《朱子語類・卷一一七》

　　用榮格心理學的概念來說，這種「天地間公共之理」儲存在「集體潛意識」之中，它是與生俱來的，得自於遺傳，所以說「稟得來便爲我所

有」。由於性本身沒有氣質的夾雜，所以它是純然至善的。

「心」與「理」

至於「心」與「理」之間的關係，《朱子語類》卷五有以下許多說法：

心者氣之精爽。

問：靈處是心抑是性？曰：靈處只是心，不是性。性只是理。

所覺者心之理也。能覺者氣之靈也。

性便是心所有之理，心便是理之所會之地。

心以性爲體，心將性做餡子模樣。蓋心之所以具是理者，以有性故也。

性猶太極也，心猶陰陽也。太極只在陰陽之中，非能離陰陽也。

心之理是太極，心之動靜是陰陽。

朱子用太極與陰陽來比喻性與心的關係。太極不即是陰陽，卻又在陰陽之中，不能離開陰陽。用榮格的心理學來說，「理」儲存在人的集體潛意識之中，而心則是意識的作用。所以說：「心者氣之精爽」，「性便是心所有之理，心便是理之所會之地。」

心的本體雖然是虛靈不昧，純然至善具眾理而應萬事，但心的作用卻未必如是：

或問：心有善惡否？曰：心是動底物事，自然有善惡。且如惻隱是善也，見孺子入井而無惻隱之心，便是惡矣。離著善便是惡。然心之本體未嘗不善，又卻不可說惡全不是心。若不是心，是什麼做出來？（下略）

　　「心之本體」雖然未嘗不善，但心的作用卻可以爲善，也可以爲惡，這一點對於跟王陽明「四句教」中所謂的「有善有惡意之動」又可以互相呼應。以上的析論顯示：由於「陰陽氣化宇宙觀」的文化傳統不善於建構以「外在超越」之「物自身」爲基礎的客觀理論來說明它自身，因此，它涉及「心性之學」的論述在歷史上並沒有完成，而顯得漏洞百出。我可以再舉一個具體的例子來說明這一點。

第五節　「無限智心」與「性智顯發」

　　朱子在註釋《孟子》〈盡心篇上〉時，還有一段著名的說法：

　　天大無外，而性稟其全，故人之本心，其體廓然，亦無限量，惟其梏於形氣之私，滯於聞見之小，是以有所蔽而不盡。人能即事即物，窮究其理，至於一日會貫通徹而無所遺焉，則有以全其本心廓然之體，而吾之所以爲性，與天之所以爲天者，皆不外乎此，而一以貫之矣。

　　有人認爲：朱子的上述論點，很像是認知心理學家的說法。然而，在多元文化主義的全球化時代（global age of multiculturalization），要想闡揚儒家的「心性之學」，還是得採用我所主張的知識論策略，建構「自我」與「自性」的心理動力模型，來說明「儒、釋、道」三教合一的文化傳統如何吸納西方文明的精華，以發展本土社會科學。

「心智」與「心態」

　　芝加哥大學教授 Richard Shweder 所提的一項文化心理學基本原則「心智」與「心態」：「一種心智，多種心態；普世主義，考量分殊」（One mind, many mentalities; universalism without uniformity）（Shweder, Goodnow, Hatano, LeVine, Markus, & Miller, 1998: 871）。所謂「心智」是指「人類認知歷程實際或可能之概念內容的整體」（totality of actual and potential conceptual contents of human cognitive process）（Shweder, 2000: 210）它主要是由生物因素所決定的。所謂「心態」是被認知及被激發之

「心智」的子集合（that cognized and activated subset of mind），某些特定
個人或人民曾經投注並擁有它，因此可以作為文化心理學者研究的對象。

人類共有的「心智」是由自然因素所決定的，某一文化中所獨有的
「心態」則是由社會文化因素所決定的。本章所提到的「自我」與「自性」
的心理動力模型，既可以說明：人類普遍的「心智」，也可以用來說明：
某一文化中人們特殊的「心態」。更清楚地說，在人類文明發展之初，人
是用「符號」（symbols）來代表其生活世界中的重要事物。在文化系統發
展成熟之後，語言和文字變成了文化最重要的承載體。依照理查德·艾
倫·史威德（Richard Allan Shweder）等人的定義，某一文化中特有的「心
態」，可以說是該文化「被認知及被激發之『心智』的子集合」。甲文化
中所發展出來的理念或文化產品（artifacts），如果已經翻譯成乙文化的文
字，並儲存在乙文化的「社會知識庫」中而開始在乙文化中流傳，乙文化
中的人們便有可能獲得這些訊息，並以自己的方式，將其儲存在「個人知
識庫」裡，成為其個人潛意識（記憶）的一部分，而在日後為個人所用。
相反的，如果這些理念或文化產品沒有翻譯成乙文化的文字，該文化中的
人們便只有少數熟習甲文化之語言的人，才有可能因為自己的某些特殊目
的，而去獲取這些理念或文化產品。

「四聖諦」

至於一個人是否會決定以有系統的方式去學習某一種文化系統，則是
取決於個人由其生命經驗（視域）累積而培養出來的「意志」。用玄奘法
師將「心、意、識」（阿賴耶識／末那識／意識）三分的架構來說，這是
「心、意、識」中的「意」和「識」，也就是作「恆審思量」的「末那識」。

我們可以再用佛教所說的「苦、集、滅、道」四聖諦來闡明這個論
點。「諦」是真實不虛之意，在佛教中指真實之理。苦諦是講現實的種種
苦難；集諦是造成生命痛苦的各種原因；滅諦是滅絕苦的根源；道諦是為
達成理想目標應當遵循的方法。

關於「苦諦」，佛教認為人生無是不苦，共有八苦：生、老、病、
死、怨憎會、愛別離、求不得、五蘊盛。這是針對人生的概括敘說，至於
每個人在其現實生活中的感受，則是因人而異的。

「集諦」是造成諸般痛苦的原因，這是個人對於苦因的推究。佛教認為苦的原因有兩種，業（karma）是致苦的正因，煩惱是致苦的助因。業是指「行為」，內在的思想稱為「意業」，表之為語言稱為「語業」，發之為行動則稱之為「身業」。

「滅諦」是明白集諦的道理之後，斷絕苦的根源，也就是業和煩惱。既不作業，就不受報。從而達到永恆的寂滅，此種境界，即是佛教所謂的「涅槃」（Nirvana）。

「道諦」，就是離苦得樂達到涅槃境界的方法。釋迦牟尼將這些方法歸結為「八正道」（Aryastangikamarga）。其具體內容為：正見、正思維、正語、正業、正命、正精進、正念、正定。

「性智顯發」與「無限智心」

對於生活世界中的人們而言，每個人都會因緣際會，而其有獨特的「苦、集滅、道」。譬如熊十力，年輕時投身革命事業受挫後，進入支那內學院精研佛學，以有系統的方式將佛學與國學知識經由其「個人潛意識」，而薰習其「集體潛意識」，思想成熟後，才能「性智顯發」，獨排眾議，寫成《新唯識論》，走出自己的哲學之「道」。

再如本書論述的焦點人物牟宗三，青年時期在北京大學遭到「全盤西化派」的排擠，因而以堅定無比的意志，精研中西哲學，獨立將康德的三大批判書翻譯成中文，又梳理儒家的道統，撰成三巨冊的《心體與性體》，展現出他的「無限智心」，而成為港台新儒家的「一代宗師」。

用本節開始所引的朱子之言來說，他們倆都「能事即物窮其理，至於一日會通貫徹而無遺」，切身感受到「天大無外而性秉其全，故人之本心其體廓然亦無限量」，提出以「無限智心」或「性智顯發」作為核心概念的哲學思想，等待後來學者做整合性的科學詮釋。

朱子的《參同契考異》

朱子在其思想最為成熟的晚年，曾經寫過一本《參同契考異》，其中有一段話，很可以用來闡明牟宗三「無限智心」和熊十力「性智顯發」所要表述的境界。本書第九章提到，《參同契》原本是一本講煉丹術的道家

經典。朱子晚年，卻以「空同道士鄒訴」的化名，寫了一本《參同契考異》，用他的理學觀點，重新加以詮釋。《參同契》下篇有一段文字是：

　　惟斯之妙術兮，審諦不誑。語傳於億世後兮，昭然而可考。煥若星經漢兮，昺如水宗海。思之務令熟兮，反覆視上下。千周粲彬彬兮，萬遍將可觀。神明或告人兮，魂靈忽自悟。探端索其緒兮，必得其門戶。天道無適莫兮，常傳與賢者。

　　「惟斯之妙術」，是指煉丹術。道家之煉丹可分「內丹」和「外丹」。「外丹」是以爐鼎燒煉藥石藥物，希望能煉成可以使人長生不死的丹藥；「內丹」則是以身體為爐鼎，精、氣、神為藥物，經過一段時間的修煉，希望能夠煉精化氣，煉氣化神，煉神還虛，而復歸於道。將整段文義一起考量，「語傳於億世後兮，昭然而可考」，其中所說的「語」，顯然是某一種「內丹術」。朱子則從他主張的理學觀點，對這段話的註釋是：

　　言其書指著明，學者但能讀千周萬遍，則當自曉悟，如神明告之也。董遇云：讀書千遍，其義自見。又曰：思之，思之又重思之；思之不通，鬼神將教之，非鬼神之力也，精神之極也。非妄語也。

精神之極

　　將這兩段文字放置在本章的論述脈絡中，我們不難看出：不論是道家的《參同契》，或是朱子對它的註釋，其實都是在講潛意識的作用。《參同契》說：「思之務令熟兮，反覆視上下。千周粲彬彬兮，萬遍將可觀。神明或告人兮，魂靈忽自悟。探端索其緒兮，必得其門戶。」朱子理學對於同樣心理作用的描述是：「思之，思之又重思之；思之不通，鬼神將教之」，不論是朱子，或是《參同契》的原作者，他們都很清楚：這種「神明或告人」的「魂靈忽自悟」，其實「非鬼神之力」，而是「精神之極」也。

　　放置在本章的論述脈絡中來看，這可以說是潛意識的作用，也可以說是末那說「恆審思量」的功能。在東亞講究「內在超越」的文化傳統

裡，不論是道家的「修煉」，或是儒家的「修養」，甚或是漢傳佛教的「修心」，都可能感受到這種境界。這是從心的「作用」在推知其「本體」。這樣反躬自省，推求而得的「本體」，不同的哲學會依照自己建構的思惟體系，而給予不同的名稱，譬如，朱子所謂的「性體」，王陽明所講的「心體」，乃至於牟宗三的「無限智心」，熊十力所講的「性智顯發」，其實都是「異名而同謂」，用不同的名詞在指稱同樣的心理功能。

本書第十章提到，在中華文化傳統裡，學者一提到「本體論」的時候，通常傾向於將之理解為「體用觀」之「體」，甚或是熊十力所謂的「體用不一不二」，但大家很難理解西方科學哲學中的「本體論」。

相反的，在西方追求「外在超越」的文化傳統裡，開啟歐洲啟蒙運動的大哲學家康德，為了發展自己的思想體系，卻刻意排除通靈現象，並將所有的傳統形上學理念都排除在「科學」的範疇之外。依照這樣的知識論，科學家所建構出來的理論，僅只有空洞的「先驗性形式架構」，而沒有具體的實質內涵，不能讓我們了解人類創生能力的多樣性，極可能造成另一種的「遮蔽」。

儒學第三期發展的方向

邵康節在他所著的《梅花易數》卷首，提了一首〈觀易吟〉：

> 一物從來有一身，一身還有一乾坤。
> 能知萬物備於我，肯把三才別立根。
> 天向一中分體用，人於心上起經綸。
> 天人焉有兩般義，道不虛行只在人。

在我看來「能知萬物備於我」的「備」，是指人具有學習各種不同知識的「潛能」，而不是人天生就已經具備有各種不同的知識。所以生存於天地之中的每個人，都可以依據他對自己內外條件的衡量，去學習各種知識系統（別立根）。「天向一中分體用」的「體用」，是傳統中國的知識論；「人於心上起經綸」的「經綸」，則是傳統中國的知識。「天人合一」的文化傳統認為：「天下殊途而同歸，一致而百慮」，不論人類創造出什

麼樣的知識，最後都同樣要「復歸於道」，所以說「天人爲有兩般義，道不虛行只在人」。

以追求「內在超越」做爲目標的文化，不可能從其傳統中衍生出追求客觀知識的哲學思想體系。因此本書系反覆說明：儒學第三期發展最重要的任務，就是華人知識社群必須懂得如何以「好學、力行、知恥」的「三達德」，去吸納西方文明之優長。在「中、西會通」的過程中，對西方科學哲學的演化系譜有相應的理解。本書系不惜以一本書批判牟宗三對康德知識論一個核心概念的「系統性誤譯」，其道理即在於此。

本土社會科學之「道」

我從 1980 年代之初期，開始參與心理學本土化運動。1990 年代初期，心理學本土化運動發生路線之爭，我才覺察到：心理學本土化運動成敗的關鍵，其實不在於本土心理學研究成果的累積，而在於科學哲學的相應理解。因而下定決定，撰寫《社會科學的理路》（黃光國，2001）。當時書中所引的著作，都已經有中文譯本，但是並沒有人將這些科學哲學整理成「文化系統」，我也只是因爲自身研究的經驗，「直覺地」認爲：要想解決心理學本土化運動所遭遇到的各種難題，需要這些科學哲學。我分析文化系統的知識論策略，是在撰寫《儒家關係主義：哲學反思、理論建構與實徵研究》一書的過程中發展出來的（黃光國，2009），其後提出「文化系統」的概念（Hwang, 2015），不斷跟國內外學者進行論辯，前後在國際期刊及專書上發表了 120 篇以上的英文論文，才提出完整分析文化系統的知識論策略。

在這個過程裡，我深刻體會到：必須要有人將西方科學哲學的著作翻譯成中文，使其儲存在中文的「社會知識庫」裡，它才可能成爲中國人「集體潛意識」的創生資源。本土心理學運動遭遇到許多難以解決的問題，必須有意識地去理解各種不同的科學哲學，這是「集」。跟國內外學者反覆進行辯論，旗幟鮮明地反對「實證主義」、「科學主義」，這是「滅」。最後發展出「分析文化系統的知識論策略」，進而能夠指出科學哲學演化系譜，將其潛意識提升到意識的層次，這是悟出社會科學本土化之「道」。在這個過程中，我才了解玄奘在翻譯《成唯識論》時，爲什麼

要在末那識的「思量」功能前面加上「恆審」二字。原來「苦、集、滅、道」的「自性覺醒」，並不只是在意識清醒中進行，它還必須借助於睡夢中末那識的「恆審思量」，這就是六祖慧能大師晚年所說的「煩惱即菩提」！

本章小結：繼承與創發

　　嚴格說來，本書以科學哲學作為基礎，批判牟宗三的科學觀，對牟先生而言並不太公平。牟宗三於 1991 年以八十高齡去世。在他過世之前，《社會科學的理路》一書中所引的許多科學著作雖然已經問世，但還沒有翻譯成中文，沒有進入中文世界。不僅如此，牟先生一生的志業，在於梳理儒家的「道統」，這是「傳承儒家的哲學進路」（黃光國，2019）。只要他的論述能夠「成一家之言」，吸引學者在他開創的「道」上，繼續往前邁進，他的畢生努力便必須予以肯定。

　　相形之下，我治學的主要目標是開創非西方國家的本土社會科學，尤其是建立華人本土社會科學的學術傳統。這種傳承儒家的科學進路，旨在建立牟宗三主張以「三統並建」復興儒家人文主義所說的「學統」。為了達成牟先生畢生的宏願，我們不得不對他的科學觀進行嚴屬的批判。用傅偉勳「創造的詮釋學」來說，唯有「批判的繼承」，才有「創造的發展」。

參考文獻

牟宗三（1968a）：《心體與性體（一）》。台北：正中書局。

牟宗三（1968b）：《心體與性體（二）》。台北：正中書局。

牟宗三（1984）：《中國哲學的特質》。台北：台灣學生書局。

黃光國（2001）：《社會科學的理路》。新北市：心理出版社。

黃光國（2009）：《儒家關係主義：哲學反思、理論建構與實徵研究》。新北市：心理出版社。

黃光國（2011）：《心理學的科學革命方案》。新北市：心理出版社。

黃光國（2019）：〈傳承儒家的科學進路〉。《哲學與文化》，46(10)，5-28。

張蘭石（2016）：〈四句的應用：心靈現象之多面向研究法〉。《本土心理學研

究》，46，25-71。

傅偉勳（1985）：〈老莊、郭象與禪宗：禪道哲理聯貫性的詮釋學試探〉。《哲學與文化》，139，2-18。

劉述先（1982）：〈朱陸異同的一重公案：宋代儒家內部的分疏問題之省察〉。《朱子哲學思想的發展與完成》（頁427-470）。台北：東大圖書公司。

Bhaskar, R. A. (1975). *A Realist Theory of Science*. London: Verso.

Harris, G. G. (1989). Concepts of individual, self, and person in description and analysis. *American Anthropologist, 91*, 599-612.

Hwang, K. K. (2011).The Mandala Model of Self. *Psychological Studies, 56*(4), 329-334.

Hwang, K. K (2015). Cultural system vs. Pan-cultural dimensions: Philosophical reflection on approaches for indigenous psychology. *Journal for the Theory of Social Behavior, 45*(1), 1-24.

Shweder, R. A. (2000). The psychology of practice and the practice of the three psychologies. *Asian Journal of Social Psychology, 3*, 207-222.

Shweder, R. A., Goodnow, J., Hatano, G., LeVine, R. A., Markus, H., & Miller, P. (1998). The cultural psychology of development: One mind, many mentalities. In W. Damon & R. M. Lerner (Eds.), *Handbook of child psychology: Theoretical models of human development* (pp. 865-937). Hoboken, NJ, US: John Wiley & Sons Inc.

Wallner, F. (1994). *Constructive realism: Aspects of a new epistemological movement*. Wien: W. Braumuller.

國家圖書館出版品預行編目(CIP)資料

超越與實在：牟宗三的科學觀／黃光國著.--
初版.--臺北市：五南圖書出版股份有限公
司, 2024.07
面；　公分
ISBN 978-626-393-462-7(平裝)

1.CST: 牟宗三　2.CST: 學術思想
3.CST: 哲學

128.9　　　　　　　　　　113008691

1B3U

超越與實在：牟宗三的科學觀

作　　　者 — 黃光國（296.7）

發 行 人 — 楊榮川

總 經 理 — 楊士清

總 編 輯 — 楊秀麗

副總編輯 — 王俐文

責任編輯 — 金明芬

封面設計 — 徐碧霞

出 版 者 — 五南圖書出版股份有限公司

地　　　址：106台北市大安區和平東路二段339號4樓

電　　　話：(02)2705-5066　　傳　　真：(02)2706-6100

網　　　址：https://www.wunan.com.tw

電子郵件：wunan@wunan.com.tw

劃撥帳號：01068953

戶　　　名：五南圖書出版股份有限公司

法律顧問　林勝安律師

出版日期　2024年7月初版一刷

定　　　價　新臺幣550元

經典永恆・名著常在

五十週年的獻禮——經典名著文庫

五南，五十年了，半個世紀，人生旅程的一大半，走過來了。
思索著，邁向百年的未來歷程，能為知識界、文化學術界作些什麼？
在速食文化的生態下，有什麼值得讓人雋永品味的？

歷代經典・當今名著，經過時間的洗禮，千錘百鍊，流傳至今，光芒耀人；
不僅使我們能領悟前人的智慧，同時也增深加廣我們思考的深度與視野。
我們決心投入巨資，有計畫的系統梳選，成立「經典名著文庫」，
希望收入古今中外思想性的、充滿睿智與獨見的經典、名著。
這是一項理想性的、永續性的巨大出版工程。
不在意讀者的眾寡，只考慮它的學術價值，力求完整展現先哲思想的軌跡；
為知識界開啟一片智慧之窗，營造一座百花綻放的世界文明公園，
任君遨遊、取菁吸蜜、嘉惠學子！